D1723268

Christophe Massin · Lieben oder leiden

Christophe Massin

Lieben
oder leiden

Gefühle wahrnehmen
und wandeln

Aus dem Französischen
von Sabine Ecker, München

ENNSTHALER VERLAG STEYR

Erklärung

Die in diesem Buch angeführten Vorstellungen, Vorschläge und Therapiemethoden sind nicht als Ersatz für eine professionelle medizinische oder therapeutische Behandlung gedacht. Jede Anwendung der in diesem Buch angeführten Ratschläge geschieht nach alleinigem Gutdünken des Lesers. Autoren, Verlag, Berater, Vertreiber, Händler und alle anderen Personen, die mit diesem Buch in Zusammenhang stehen, können weder Haftung noch Verantwortung für eventuelle Folgen übernehmen, die direkt oder indirekt aus den in diesem Buch gegebenen Informationen resultieren oder resultieren sollten.

Titel der französischen Originalausgabe:
Dr. Christophe Massin: Souffrir ou aimer. Transformer l'émotion.
Préface de Alexandre Jollien
© 2013, Odile Jacob, Paris

Übersetzt aus dem Französischen von Sabine Ecker, München

www.ennsthaler.at

ISBN 978-3-85068-996-0
Christophe Massin · Lieben oder leiden
Alle Rechte vorbehalten
Copyright © 2019 by Ennsthaler Verlag, Steyr
Ennsthaler Gesellschaft m.b.H. & Co KG, 4400 Steyr, Austria
Satz und Umschlaggestaltung: Thomas Traxl und Ennsthaler Verlag
Umschlagbild: © GeorgePeters / iStockphoto.com
Druck und Bindung: Těšínská Tiskárna, Český Těšín

Inhalt

Vorwort der Übersetzerin 9
Vorwort von Alexandre Jollien 10
  Sich befreien, lieben und leben 10
Einleitung 15

ERSTER TEIL
Nur ich

Leiden, ein Mangel an Eigenliebe 26

KAPITEL 1: Der Ursprung allen Leidens 29
  Primäre und sekundäre Emotionen 30
  Dumpfes oder stechendes Leiden 32
  Ablehnung der Emotion bringt Leiden 35
  Hinnehmen ist leiden 41

KAPITEL 2: Emotionen erkennen 44
  Das emotionale Ich und sein Spektrum,
  seine Farben und Formen 46
  Unterdrückte Gefühle erkennen 50
  Erste Versöhnung mit ungeliebten Gefühlsregungen 53
    Traurigkeit – Wut – Angst – Freude – Ekel und Abscheu

KAPITEL 3: Umgang mit Emotionen 62
  Der Sinn dieser Entwicklung 64
    Der Prozess des Vereinfachens – Der Reinigungsprozess
  Dem Gefühl seine wahre Stärke geben 66

Zugang zum emotionalen Schmerz 68

Widerstände durchqueren müssen 70
Geistige Hindernisse aufheben – Die Sperre der sekundären
Emotionen durchbrechen – Emotionen an sich heranlassen –
Natürliche Körperregungen wiederentdecken

Die Kontrolle der Emotion 78

KAPITEL 4: Den Verstand vom kindlichen Denken befreien . . 81

Den Verstand vom emotionalen Einfluss befreien 82

Fragestellungen der Gefühlsregung klar ausdrücken 84

Die kindlichen Strategien des Mentalen durchschauen 88
Interpretation – Projektion – Verformung – Erfindung –
Fantasie oder Wirklichkeit – Rationalisierung

KAPITEL 5: Umgang mit Ablehnung 96

Selbstzerstörende Ablehnung 96

Zurück zum Ursprung der Gefühle 99
Die Schliche der Vergangenheit erkennen –
Wiederherstellen einer gesunden Aggression – Torpedierung
und Selbstzerstörung beruflicher Pläne

Ablehnung in der Beziehung mit anderen 105

Sich von der Opferrolle befreien 108
»Die anderen lieben mich nicht«

Die Falle des endlosen Kreisens in Emotionen 111

Emotionen der Ablehnung 112
Schuld – Hass und Gewalt – Eifersucht und Neid

KAPITEL 6: Sich auf die Liebe einlassen 118

Widerstand gegen Liebe 119

Erwartung und Anspruch 123

Hindernisse abbauen, um annehmen zu können 126

Liebe im therapeutischen Prozess? 128

ZWEITER TEIL
Ich und die anderen; die anderen und ich

Vom Patienten zum spirituell Suchenden 133

KAPITEL 7: Das Verdrängen von Emotionen 136
Die Ursachen der Gefühlsregungen 137
Nichts Gutes ohne Schlechtes, nichts Angenehmes
ohne Unangenehmes 139
Der Preis für die Ablehnung der Gefühlsregung 142

KAPITEL 8: Ein neues Verhältnis zur Gefühlsregung 145
Die Praxis des Annehmens: innere Vereinigung 147
Die Falle der falschen Akzeptanz 155

KAPITEL 9: »Lying« – Eine Erfahrung 165
Das Herz sprechen lassen 167
Unannehmbares annehmen 170
Verzweiflung – Beklemmende Angst – Zorn
Sich öffnen und dann 178
Das innere Kind lieben, um es zu befreien 179

KAPITEL 10: Leben – voll und ganz 181
Ich und das Leben 183
Ich und die anderen 189
Wunsch und Bedürfnis in ihrer Dualität erkennen 193
Annehmen auf dem Prüfstein der Andersartigkeit 195
Waffenstillstand 205
Die Liebe des anderen 210

DRITTER TEIL
Nur die anderen

Das Ich auslöschen – die neue Herausforderung 219
Unterdrückung der Liebe beenden 222

KAPITEL 11: Gefühle wandeln 224
Kein Innen ohne Außen 226
Kein Aufopfern, sondern Erfüllung 227
Kreativität 228
Unser Innenleben hegen und pflegen 230
Freude an Aktivität 232

KAPITEL 12: Das Ich auslöschen 234
Wenn sich das Ich beim »Lying« auslöscht 234
Über die Emotion hinaus 237

KAPITEL 13: Dem Mentalen den Käfig öffnen 243
Den Denkmalsockel des Ego untergraben 244
Die Wurzeln der Grundeinstellung lockern 246
Über die Überzeugung hinaus 250

KAPITEL 14: Nur von sich selbst abhängig 253
Mangel und Abhängigkeit 255
»Nicht-Mangel« 258

Schlusswort 260
**Epilog – Eine Meditation zur Wandlung
des emotionalen Schmerzes** 268
Dank 271
Quellenangaben und Endnoten 272
Über den Autor 275
Über die Übersetzerin 276

Vorwort der Übersetzerin

Jeder hat Gefühle – immer! Gefühle altern nicht. Gefühle sind Erbe der Menschheit.

Christophe Massin gelingt eine einzigartige Darstellung knisternder Gefühlswelten. Mit jedem Lesen erschließt sich ein neuer Blickwinkel, man sieht und findet – wie bei großer Literatur. Dieses Buch hat bereits unzähligen Menschen geholfen und ist ein Wegbegleiter, auf den man immer wieder zurückgreift, nicht nur, um Probleme zu lösen, Gefühle wahrzunehmen und zu wandeln.

Als Alternative zum üblichen »Coaching-Rummel« ist *Lieben oder leiden* ein Zugang zur wirksamsten Achtsamkeit in uns und für uns. Menschen kommen einander näher durch ihr Denken, Fühlen und Handeln.

Im Januar 2019 wurde ein neuer Freundschaftsvertrag zwischen Deutschland und Frankreich unterzeichnet, der natürlich auch ein Teil des gesamteuropäischen Hauses sein soll. Wenige Monate später erscheint dieses Buch als ein »Baustein« dieses Gebäudes: französischer Autor, deutsche Übersetzerin, österreichischer Verlag. Das ist gelebtes Europa – das ist Europa.

Als Übersetzerin sehe ich mich als »Botschafterin« und wünsche, dass dieses Buch für jeden Leser ein Beitrag ist auf dem Weg zu Liebe und innerem Frieden.

Sabine Ecker
München, im März 2019

Vorwort von Alexandre Jollien

Sich befreien, lieben und leben

Lieben und glücklich sein, das ist eine sehr spezielle, köstliche und lebenswichtige Kunst. So viele Gefahren lauern heutzutage auf den, der sich auf einen spirituellen Weg macht! Narzissmus, Wehleidigkeit, Eitelkeit, Kälte und falscher Idealismus – es sind so viele Versuchungen, die ihm auflauern und seinen Impuls vom Weg abbringen. Ganz zu schweigen von dem inzwischen immensen »Jahrmarkt« der vielfältigsten Therapien, die mehr verunsichern, als dass sie den Herzen helfen, die mit quälenden Sorgen und Leid kämpfen. Wenn sich eine meisterliche Stimme voller Güte erhebt, sollte man sich also freuen und ihr *sehr genau* zuhören.

Die Lektüre von *Lieben oder leiden* hat mich erhoben. Zunächst hat sie meine Kleinheit, meine unterdrückte Ablehnung und Empörung aus Angst, nicht zu gefallen, und die Furcht, geradewegs in einen bodenlosen Abgrund zu fallen, ans Licht gebracht. Der Autor nimmt uns an die Hand und führt uns zu einer Erfahrung, die uns dem Leben öffnet: lernen mit der Emotion zu leben, aufhören, sich zu ängstigen, der Wut mit Verachtung zu begegnen und der Traurigkeit ihr trauriges Schicksal zu bescheren. Gewiss, Emotionen töten nicht, und sie genau zu spüren, heißt zweifellos, uns vor dem zu warnen, was uns zerstört: Rachegefühle, Hass, Selbstekel und Neid – diese ganze »Bande von Hofschranzen«, die früher oder später in unsere Herzen Einzug hält und wie Parasiten den freien Lauf des »Ja« behindert. Die Emotion leben, heißt keinesfalls, sich zum Sklaven oder verrückten Narren zu machen. Im Gegenteil, es handelt sich um die Übung von unbegrenzter Zärtlichkeit: ohne Wertung, mit weit geöffneten Armen und unzerstörbarem Wohlwollen empfangen, was uns begegnet.

Das ist vielleicht die höchste Stufe des Muts! Aber verklären wir nicht! Das wäre ein weiterer Gewaltakt für das Mentale.

Im Lauf der Lektüre wurde mir klar, dass Liebe auf Kraft, Größe und Behutsamkeit basiert. Also tauchte eine beängstigende Frage auf: Bin ich denn frei genug, wirklich zu lieben? Meister Eckhart geht in seiner ersten deutschen Predigt auf die Stelle des Evangeliums ein, in der Jesus die Händler energisch aus dem Tempel vertreibt. Er tolerierte nicht, dass man die Liebe zu Gott mit Handel verknüpft. Ist es mit mancher Beziehung nicht genauso? Nichts ohne Gegenleistung? Manchmal kaufen oder leihen wir uns Zuneigung, schlüpfen dabei in Rollen, in denen wir das tun, was den anderen vielleicht umstimmt. Christophe Massin versteht es, uns Mut zu machen, die gewaltige Hürde zu nehmen: Nicht mehr um jeden Preis gefallen, selbstlos und bedingungslos lieben, ohne Hintergedanken lieben. Kurz: Er lädt zu ungezwungener und heiterer Liebe ein.

Weisheit nimmt ein lächelndes menschliches Gesicht an. Seite für Seite zeigt der Autor Klarheit und Wohlwollen gegenüber der Jagd nach Illusionen und für das ernsthafte und behutsame Zu-Fall-Bringen der Projektionen, die uns daran hindern, ganz einfach anzunehmen, was ist. Hier spielt sich alles ab. Das Mentale macht uns immer wieder taub für die Stimme des Herzens. Es lehnt die Realität unentwegt ab, disqualifiziert, wenn das Herz nur das große »Ja« von sich gibt. Kurz gesagt: Christophe Massins Werk befreit uns und gibt dem spirituellen Leben einen Sinn: lieben. Schritt für Schritt zeigt uns der Autor mit Geduld und Kraft, wie wir unser Herz öffnen können.

Bei der Lektüre hat mich das Buch zunächst aus der Fassung gebracht, zum Glück: Die Diagnose ist gefunden, klar: Ich liebe das Leben noch nicht ungezwungen. Derjenige, der leidet, will sich zu Recht von diesen schmerzhaften Mechanismen befreien. Die hier vorgestellte Methode geht aber viel weiter. Es handelt sich um nichts Geringeres, als völlig ohne Abhängigkeit glücklich zu leben und das Leben zu lieben. Das ist Weisheit! Und zwar die Weisheit, die die echten Geschmacksarten entdeckt und sich nicht auf Süßliches beschränkt, sondern auch Salziges und Bitteres zu schätzen weiß.

Unzufriedenheit, Verstimmung, Neid und Angst sind keine Gegner, die man niederringen muss. Ohne authentische und tiefe Versöhnung mit sich (dem Schlechtesten genauso wie dem Besten) und der Welt, ist keine echte Freude möglich. Und es fehlt »das Salz des Lebens«. Christophe Massin, der geduldige und wohlwollende Meister der Kunst des bedingungslosen Ja-Sagens zu allem, was der Alltag bringt oder manchmal auch auferlegt, lädt uns ein, unsere Egozentrik zu überwinden, um uns zu dem werden zu lassen, was wir wirklich sind. Seien wir ehrlich: Nur allzu oft machen wir Männchen, statt wirklich zu lieben, nur weil wir gefallen wollen.

Lieben oder leiden ist gleichermaßen wertvoll und nützlich. Es zeigt den Sinn und die Erfüllung des Lebens. Es ist keine Kleinigkeit, lieben zu können oder vielmehr zu lernen, wie man ohne Abhängigkeit, Anspruch und Angst liebt. Lieben lernen, das ist die befreiende und revolutionäre Bestimmung dieses Werks! Ja, revolutionär, denn das Ich möchte geliebt, verhätschelt und bewundert werden. Dem Weg des Herzens folgen ist einfach und schwierig zugleich, wenn tausend Konditionierungen auf dem Menschen lasten. Man muss gleich zwei gefürchtete Klippen umschiffen, die viele scheitern lassen, die die Spiritualität instrumentalisieren, um das empfindliche Ego zu verhätscheln: Reduktion der Menschlichkeit auf die Psychologie und Verneinung der Menschlichkeit. Der Autor trifft uns dort, wo wir uns häufig herumtreiben: in Ablehnung und Unzufriedenheit, hin und her gerissen von belastenden Idealen und Fehltritten des Alltags.

Er hilft, Niedergeschlagenheit und unseliges Schuldgefühl aufzuspüren und unsere Übertragungen, eine nach der anderen, zu beseitigen. Immer wieder zeigt die Erfahrung, wie schwierig es ist, sich wirklich zu wandeln, wie stark die Macht der Gewohnheit ist und dass wir immer wieder die gleichen Fehler machen.

Inspiriert vom außergewöhnlich brillanten Swami Prajnanpad, zieht der Autor Konsequenzen aus der Aussage: »Das Mentale macht nichts anderes, als Dinge nicht zu sehen, wie sie sind, sondern interpretiert sie mit der Erfahrung aus der Vergangenheit.«[1]

Lieben oder leiden lesen, das ist nicht nur ein Weg in Richtung Befreiung, sondern hilft auch, unsere angeborene Neigung, Nein zu sagen, aufzugeben. Auch ein vom Kindheitstrauma »geheiltes« Ego kann sich bitterlich in einen Ehekrach stürzen oder wider jeglichen Verstand bei Rot über die Ampel fahren, die ewig nicht auf Grün schaltet.

Kann ich sagen, dass das Buch, das wir in Händen halten, eine gute, ja sogar eine sehr gute Sache ist? Es handelt sich nicht nur um ein beachtenswertes psychologisches Werk, sondern auch um einen offenen, vorurteilsfreien Begleiter auf dem Weg zur Weisheit. Christophe Massin arbeitet einen soliden, ehrlichen, konkreten, vorsichtigen und weisen Weg heraus. Dabei ist er immer an der Seite desjenigen, der sich auf den Weg zum »Ja« begibt. Um zur Erfüllung zu kommen, Freude und Liebe zu erfahren, muss man Lüge, Panzerung und »Sicherheiten«, die uns von der Einfachheit des Lebens trennen, ablegen. Er schlägt eine radikale, aber fruchtbare Wende vor und bietet damit mehr als nur Wohlgefühl: vom Patienten zum spirituell Suchenden werden, ohne dabei auch nur einen Schritt auszulassen. Psychische Verletzungen zu verneinen, bedeutet gleichzeitig, sich zu misshandeln, und dabei hängen zu bleiben, ist vielleicht das festeste mentale Gefängnis. *Lieben oder leiden* begleitet den »Voranschreitenden«, wohin *sein* Weg ihn führt. Wenn wir zu sehr zu einem großen Weisen werden wollen, verpassen wir die Augenblicke der vielen kleinen »Ja« am Wegesrand.

Ja, annehmen kann häufig zu einer zusätzlichen Herausforderung werden: »Ich muss zu allem »Ja« sagen, damit mich der andere annimmt und endlich liebt.« Das Ego ist unerbittlich. Man muss sich von der Meinung frei machen, das Überwinden der Ablehnung sei einfach herstellbar, das geschieht vielmehr ungewollt.

Das Praktizieren von »Lying«* kann der Geburtsort dieser glücklichen und schmerzhaften Errungenschaft sein. Es ist das Mentale, das Licht ohne jeglichen Schatten will und uns dabei des Lebens zu 100 Prozent beraubt.

Eines der großen Verdienste des Autors ist, dass er Lauheit und Misstrauen des kleinen Ichs hinauskomplimentiert, damit wir in jedem Augenblick und ohne Vorbehalt die Welt annehmen können. Diese feierliche Hochzeit mit dem Leben blüht aus der Versöhnung mit allem auf, was in unserem Herzen wohnt, und bringt freie und glückliche Selbstlosigkeit, nur ein anderes Wort für Liebe. Ich wünsche diesem Werk der Weisheit Glück auf den Weg und hoffe, es kann unzähligen Menschen das Herz öffnen hin zur Begeisterung und dem freien Weg zur Liebe.

Alexandre JOLLIEN

(Philosoph und Schriftsteller, kam 1975 im schweizerischen Wallis mit zerebraler Kinderlähmung zur Welt und lebte bis zu seinem zwanzigsten Lebensjahr in Spezialkliniken. In seinem ersten Buch »Lob der Schwachheit« tritt er fiktiv mit Sokrates in einen Dialog. Er ist Autor zahlreicher Werke zur Spiritualität.)

---

* Lying ist eine Praxis, die von Swami Prajnanpad entwickelt wurde, um Zugang zu den unterbewussten Schichten der Psyche zu erhalten und befreiende Erfahrung zur bedingungslosen Akzeptanz des emotionalen Schmerzes zu ermöglichen. Diese Methode wird in Kapitel 9 behandelt.

Einleitung

Jeder Mensch macht im Leben früher oder später die Erfahrung von Höhen und Tiefen und überwindet sie nach bestem Wissen und Können. Wenn Unbehagen und Leid andauern, sich Misserfolge im Liebes- oder Berufsleben wiederholen, fängt er an, seine Unfähigkeit, daran etwas zu ändern, infrage zu stellen. Warum leidet er, warum kann er weder seine Wünsche erfüllen noch sein Leben gestalten? Warum ist er Opfer von Zweifel, Unzufriedenheit und Mangel? Geht er dieser Frage zusammen mit einem Therapeuten nach, kommt er im Allgemeinen zu dem Ergebnis, dass er sich ungeliebt gefühlt und Missbrauch, Mangel, Verluste oder Brüche im Gefühlsleben durchgemacht hat. Hier entsteht unweigerlich ein grundlegender Zusammenhang zwischen Verletzung der Liebe und damit Leid.

Im Alter von zwanzig Jahren, als ich bereits Medizin studierte, stellte ich fest, dass ich Hilfe bräuchte, um mit irgendetwas fertigzuwerden. Aus fachlicher Sicht erschien mir Psychoanalyse eine naheliegende Antwort, zumal ich bereits einige Werke von Sigmund Freud gelesen hatte. Ich ließ mich allerdings nicht auf seine Methode ein, denn ich spürte, dass sie nicht vollständig dem entsprach, was ich in mir trug. Ohne dass ich es explizit formuliert hätte und obwohl ich mit Freuds Ansicht über unsere Schattenseiten übereinstimmte, fehlte mir bei seinem Ansatz die positive Dimension für das charismatische Potenzial im Menschen.

Die Lektüre eines Buchs von Arnaud Desjardins* zur Lehre seines indischen Meisters, Swami Prajnanpad, war für mich der entscheidende Anstoß. Ich fand darin ein Klima der spirituellen Öffnung und gleichzeitig genaue Angaben, die mir halfen, das Funktionieren meiner Psyche anzugehen, auch in emotionaler und unterbewusster Dimension. Während der Lektüre dieses Buchs habe ich auch in Fernost Weise getroffen, die eine Qualität von Freude, Liebe und heiterer Gelassenheit ausstrahlten, die ich bis dahin noch nie bei einem Menschen wahrgenommen hatte. Außerdem bestätigten sie mich in dem, was ich gerade gelesen hatte. Als eher skeptischer Mensch musste ich mit eigenen Augen gesehen haben, bevor ich überzeugt war. Ihre Art zu leben bewies, dass innere Wandlung möglich ist, und sie es ist, die vom Leid befreit, ungeachtet der anderen Versuche, die manche von ihnen durchlaufen hatten.

Ich erkannte allerdings, dass sie mir nicht zwangsläufig fertige Antworten lieferten, die ich in meinem Alltag umsetzen konnte, auch wenn mich ihre Ausstrahlung tief berührt hatte. Entweder schien mir der kulturelle und rituelle Kontext, die bildhafte oder religiöse Sprache zu fremd, oder ich hörte Reden, die mich zu sehr an den schrecklichen Religionsunterricht meiner Kindheit erinnerten. Die leicht zugängliche, klare und präzise Sprache von Swami Prajnanpad hob sich deutlich davon ab. Ich konnte sie

---

* Der Filmemacher Arnaud Desjardins (1926–2011) interessierte sich für orientalische Spiritualität, über die er Filme gedreht und Bücher geschrieben hat. Er war Schüler des indischen Meisters Swami Prajnanpad (1891–1975), der Yoga der Weisheit (Adhyatma Yoga) lehrte. Desjardins brachte diese Methode nach Frankreich und unterrichtete sie dort. Er schrieb zahlreiche Bücher zu diesem Thema, die im Verlag »La Table ronde« veröffentlicht wurden. Ein weiterer Schüler Prajnanpads ist Daniel Roumanoff, der Briefe dieses Meisters gesammelt und veröffentlicht sowie Gespräche mit ihm aufgezeichnet hat (Verlag L'Originel). Neben seiner spirituellen Verwirklichung zeichnete Prajnanpad aus, dass er die Kultur des Sanskrit, ein Physikstudium und einen ausgeprägten Sinn für Psychologie zu einem spirituellen Gebäude in sich vereinte.

mir sofort aneignen und seine Anleitungen anwenden, und zwar so, wie ich war, ohne ein fremdartiges Credo oder irgendein Ideal akzeptieren oder umsetzen zu müssen.

Swami Prajnanpad hatte diese Methode in der Zeit vor dem Zweiten Weltkrieg entwickelt: Man kann sich vorstellen, wie innovativ und gewagt das in Indien zu dieser Zeit und anfangs der 1970er-Jahre auch in Frankreich war, als ich sie durch Arnaud Desjardins kennenlernte, der sie nach dem Tod seines Meisters wiederum weitertrug. Ich konnte zunächst für mich selbst die Erfahrung dieser Mischung aus Verstehen der Psyche und Öffnung zur spirituellen Dimension machen. Dies hat im Lauf der Zeit mein Innenleben gewandelt. Dann wollte ich die neuartige Verbindung von Psychotherapie und Spiritualität vertiefen und daraus den Kern einer therapeutischen Praxis als Psychiater formen.

Seit dreißig Jahren kommen Menschen mit diesem Anliegen zu mir: »Bei mir stimmt etwas in meinem Inneren nicht, ich verstehe mich nicht, ich brauche Hilfe.« Jeder erwartet sich von dieser Methode Linderung seines Leidens und die Möglichkeit, tiefe Wünsche zur Erfüllung zu bringen. Schon beim ersten Gespräch kann ich einen Einblick in die Beziehung dieser Person zu sich selbst bekommen: Liebt sie sich? Die Antwort, die mir häufig kommt, ist: »Wenig ... kaum ... überhaupt nicht.« Sie schätzt sich falsch ein und wertet sich ab, sie behandelt sich schlecht, ohne sich darüber im Klaren zu sein, ja sie hasst sich sogar.

Ein Aspekt, dem ich besondere Aufmerksamkeit widme, ist die Beziehung, die diese Person zu ihren Gefühlen hat. Es ist selten eine wirklich positive. Zwischen denjenigen, die von ihren Emotionen abgeschnitten sind, und jenen, die im Gegensatz dazu von ihnen überwältigt sind, bleibt nur eine Minderheit, die einen guten und intelligenten Umgang mit ihren Emotionen pflegt. In der Tat sehen die meisten, die zur Therapie kommen, die Emotion als eine Art Störenfried, von dem man sich befreien muss. Man kann diese negative Auffassung verstehen, denn die Emotion bringt unser psychisches Leben durcheinander und bestimmt den

Augenblick. Sie entwischt unserem Wunsch nach Kontrolle und macht uns anfällig in sozialen Beziehungen.

Nun ist es aber nicht so sehr die Emotion, die der Unruhestifter ist, als vielmehr die schlechte Beziehung, die wir mit ihr pflegen: Sie zu unterdrücken, bringt dauerhaft körperliche und psychische Störungen. Die Anwesenheit von Emotionen und vor allem ihr freier Lauf sind also die wichtigsten Merkmale psychischer Gesundheit. Ich stelle fest, dass manche, die bereits ernsthafte Therapiearbeit in anderen Bereichen geleistet haben, durch einschlägige Verbindungen zu ihrer Vergangenheit ihr Funktionieren analysieren und erklären können, jedoch beim Prozess des Wandels an ihre Grenzen stoßen. Sie beschränken sich auf eine intellektuelle, verbale Ebene, ihnen fehlt jedoch die tiefe Verbindung mit sich selbst. Erst wenn sie Kontakt zur mentalen Ebene und gleichzeitig zum damit verbundenen emotionalen und körperlichen Empfinden knüpfen, kann Veränderung eintreten. Die körperlich empfundene Emotion ruft den Reiz der Authentizität hervor, die Zustimmung bringt: »Ja, das hat mich getroffen, verletzt und diese oder jene Folgeerscheinung gebracht ...«

Schließlich birgt Emotion ein großes Potenzial: Durch sie nehmen wir wahr, was uns berührt, sowohl im Positiven als auch im Negativen, und wir treten in Kontakt mit unserem Empfindungsvermögen. Sie ist der direkte, notwendige Zugang zu unserem Herzen, sie ist das »Rohmaterial«, das man mit innerer Arbeit in offene und stabile Gefühle wie Liebe, Freude und heitere Gelassenheit wandeln muss. All diese Elemente haben mich dazu geführt, der Emotion einen zentralen Platz im Prozess einzuräumen, der zur Freiheit von Leid führt. Die Erfahrung hat mich überzeugt, dass die Verschmelzung von Arbeit mit Emotionen und spiritueller Praxis zu einer einzigen Methode es möglich machen, den Weg bis zum Ende zu gehen. Zunächst, um das Leid zu lindern, und dann, um emotionales Leben dauerhaft in reiches, glückliches und liebevolles inneres Leben zu wandeln:

- *Die therapeutische Zuwendung befreit davon, dass es einem schlecht ergangen ist oder man nicht geliebt war. Von den sich daraus ergebenden Folgen,* nämlich zu leiden, sich mit dem Leben herumzuplagen und von anderen abhängig zu sein, weil man sich selbst nicht liebt, heilt sie.
- *Der spirituelle Aspekt lässt entdecken, was es heißt zu lieben,* ob sich selbst, die anderen oder das Leben, denn nur Liebe bringt dauerhafte und immer wieder neue Freude ins Herz.

Swami Prajnanpad fasste die großen Etappen der inneren Wandlung kurz und bündig zusammen: »Nur ich; ich und die anderen, die anderen und ich; nur die anderen.«[2] Ich stütze mich bei meinen Ausführungen auf diese Etappen: Der erste Teil des Buchs (»Nur ich«) ist dem Leiden gewidmet, das uns auf uns selbst fokussiert, der zweite Teil (»Ich und die anderen; die anderen und ich«) ist der Beziehung unter dem Aspekt der Emotion gewidmet und der dritte (»Nur die anderen«) der Liebe.*

Um meine Worte mit mehr Leben zu füllen, illustriere ich diese Methode anhand eines Mannes und einer Frau, die sich auf dieses Abenteuer eingelassen haben. Jeder der beiden steht für sein Geschlecht und ist dabei Stellvertreter für die Entwicklungen und Schwierigkeiten derer, die diesen Weg mit mir gegangen sind.

---

* Anmerkung der Übersetzerin: Bei Swami Prajnanpad entsteht am Ende einer Wandlung von Gefühlen beziehungsweise Emotionen als Ergebnis ein positives Empfinden.

Erster Teil
Nur ich

»Das Ego ist die Stimme der Vergangenheit ... nichts anderes
als unbefriedigte, unterdrückte Gefühle.
Das unbefriedigte Gefühl weint ...
auch Unzufriedenheit ist Symbol des Ego.«³

Beginnen wir mit der Therapie, eigentlich mit der besonderen
Behandlung bei psychischen Leiden. Die Person kommt mit ihren Verletzungen, sie hat sich ungeliebt gefühlt und erwartet Gehör und Verständnis, um Klarheit für ihr Inneres zu bekommen
und aus der Schwäche herauszukommen. Nach und nach wird
sie dahin geführt zu entdecken, dass ihr Leiden kein Schicksal
ist, sondern das Ergebnis einer Funktionsstörung ihres Gefühls-
lebens. Wie eine Kaskade zieht diese Störung wiederum andere
nach und wirbelt das Leben stark durcheinander.

Ich beschränke mich darauf, was im Bereich meiner Praxiser-
fahrung liegt, die Form von Leiden, die noch nicht als psychisch
krank angesehen wird und nicht medikamentös behandelt werden muss. Es handelt sich demnach um ein Leiden in Zusammenhang mit den Höhen und Tiefen des Lebens, einer nicht har-
monischen Kindheit, deren Spätfolgen eine Entwicklung beim
Erwachsenwerden behindern.

Warum Leiden? »Getrennt sein von dem, was man liebt, ist
Leid; mit dem konfrontiert zu sein, was man ablehnt, ist Leid«,
sagte Buddha. Wenn wir eine Erfahrung von heftigem und dau-
erhaftem Leid machen, beschuldigen wir gewöhnlich das auslösende Ereignis: Ich leide, weil mich der andere schlecht behandelt hat, weil ich einen Angehörigen oder meine Stelle verloren
habe, weil ich krank bin, weil ich versagt habe und so weiter. Ich
leide also wegen anderer, der Gesellschaft, des Lebens, die mich
um das bringen, was ich will, oder mir Schwierigkeiten auferlegen, auf die ich gut und gern verzichten könnte. Wenn mich
mein Partner betrügt und sitzen lässt, ist es klar, dass ich leide,
weil er mich nicht – oder nicht mehr – liebt. Wenn ich durch

die Führerscheinprüfung falle, nachdem ich so viel Zeit und Geld in Fahrstunden investiert habe und meines Erachtens nur einen winzigen Fehler gemacht habe, ist der Prüfer schuld. Wenn man bei mir ein Krebsleiden diagnostiziert, frage ich mich, warum mir das Leben so etwas aufbürdet, warum ausgerechnet ich? Auch wenn wir das nicht explizit denken, der Gedanke einer Ungerechtigkeit, eines unverdienten Schlags geistert im Hintergrund in unserem Kopf herum. Der andere, das Leben, alle lieben mich nicht, wenn sie mir so etwas auferlegen. Anders ausgedrückt, ich fühle mich geliebt, wenn andere oder das Leben meiner Erwartung entsprechen. Die Sprache drückt das gut aus: »Das Leben meint es gut mit mir – das Leben bestraft mich.«

Leiden überträgt Mangel an Liebe, dessen Opfer ich bin, und umgekehrt. Glück entsteht aus dem Gefühl, von anderen oder vom Leben durch Erfüllung meiner Sehnsüchte geliebt zu werden. Dieses Grundschema entsteht direkt aus dem kindlichen Verhalten, das nach einem dualen Muster reagiert. Das Kind fühlt sich geliebt, wenn seine Erwartungen erfüllt werden. Ein »Nein« und Grenzen interpretiert es als Härte oder Bosheit. Es braucht jahrelangen Abstand, um die elterliche Liebe zu erkennen, die hinter diesen Grenzen und erlittenen Frustrationen steckt, um ihm zu helfen, erwachsen zu werden. Als Erwachsene sehen wir ein, dass ein Teil des Lebens aus Schwierigkeiten besteht, die uns wehtun. Wenn sie in tolerablen Größenordnungen bleiben, mit denen wir umgehen können, »bestehen« wir die Prüfung, ohne daran zu zerbrechen oder zerstört zu werden. Wenn uns Leid überwältigt, bedeutet das, dass ältere Grundsteine unserer Psyche aktiviert werden und die Art, wie wir Dinge sehen, beeinflussen. Wir finden dieses duale Muster wieder, entweder ganz offensichtlich oder verschleiert (»Nichts klappt, ich habe keine Chance, das Leben ist gegen mich.«) und mit dem Verstand rechtfertigend (das drückt sich dann durch desillusionierte, kritische Betrachtungen zu Leben, Gesellschaft, anderem Geschlecht aus). Leiden kennzeichnet eine andere Stufe in einer

Situation, die uns berührt: Es wühlt auf und schlägt uns nieder, es dauert zu lange, es bleibt stecken, und für einen außenstehenden Betrachter scheint es maßlos übertrieben.

Das heißt, wenn andere oder die reale Außenwelt unsere Erwartungen enttäuschen, fassen wir das als Nicht-Liebe auf und leiden. Es ist leicht, bittere Enttäuschungen in der Liebe und bei Beziehungen zu erkennen – da stellen wir schnell und einfach die Verbindung her: »Der andere liebt mich nicht, wie ich es will, und mir geht es schlecht« –, anders ist es bei Problemen im Beruf und Alltagsleben. Aber schauen wir einmal genauer hin: Wenn mein Banker mein Kontodefizit nicht akzeptiert, ich die gewünschte Beförderung nicht bekomme oder wenn mein Chef zu viel Druck ausübt, fühle ich mich dann wirklich geliebt?

Wenn die leidende Person in ihrem Innersten die Verantwortung dem Leben oder anderen zuschreibt, resultiert hieraus eine unmittelbare und unerbittliche Konsequenz. Sie kann ihr Leiden nur beenden, wenn sie sich der Außenwelt zuwendet. So sehe ich nicht geheilte Verletzungen durch eine Trennung auch noch zehn, zwanzig Jahre danach. Der andere ist gegangen und nicht zurückgekommen, aber das Leiden ist unverändert geblieben. *Solange die reale Außenwelt die Ursache des Leidens ist, hängt die Hoffnung auf Besserung von ihr ab.* Der Leidende bleibt machtlos und abhängig vom Schicksal, er ist darauf beschränkt, auf bessere Zeiten zu warten.

Es ist wie in der Mathematik, wo eine unlösbare Aufgabe auf eine schlechte Aufgabenstellung hindeutet. Liegt der Fehler vielleicht bei den Vorgaben? Greifen wir die anfängliche Aussage unseres Beispiels nochmals auf: Ich leide, weil mein Partner mich verlassen hat. Die Logik scheint einfach und unbezweifelbar, schließlich ist es durchaus normal, unter solchen Bedingungen zu leiden! Nein, es ist normal, dass es einem schlecht geht, dass man Kummer hat, wütend ist, aber es ist nicht normal, monatelang innere Höllenqualen zu erleben, von denen man sich nicht erholt. Es zeigt sich etwas Überzogenes, das eine verständliche

Reaktion übersteigt. Die einfache Verletzung infiziert sich, eitert und heilt nicht. Welches Element wird das entscheidende sein, um diese beiden Wahlmöglichkeiten zum Kippen zu bringen? Ich war geliebt oder glaubte mich vom anderen geliebt und bin es nicht mehr, also leide ich und werde so lange leiden, bis ich diese Liebe wiedergewinne. Und selbst wenn der andere zufällig zurückkäme (das soll ja vorkommen!), garantiert seine Rückkehr mein Glück noch lange nicht. Ich habe Vertrauen verloren, bin misstrauisch, bin ihm böse, weil er mich verletzt hat.

Ich will hier einen wichtigen praktischen Aspekt für die Heilung von Leiden betonen: Wenn Leiden eine endlose Komplexität im Mentalen zeigt, dann kann das Leiden zu dieser zentralen Dimension der Nicht-Liebe im Emotionalen zusammengefasst werden. Wir haben also einen großen Impuls, uns dem Leiden über die Gefühlswelt anzunähern. So laufen wir weniger Gefahr, dass wir uns im Labyrinth der psychologischen Erklärungen verirren.

Leiden,
ein Mangel an Eigenliebe

Könnte Leiden andere Ursachen haben? In dieser primären Sicht der Dinge stehe ich hilflos da, genau wie ein verlassenes Kind ohne eigene Ressourcen. Ein Kind erwartet verlässliche, bedingungslose Unterstützung von seinen Eltern, offenkundiger Beweis ihrer Liebe, denn das Kind verfügt noch nicht über ausreichend psychische und physische Fähigkeiten, um dem Leben die Stirn zu bieten. Bei ihm entspricht das Bedürfnis, geliebt zu werden, der objektiven Notwendigkeit, gestärkt, beruhigt zu sein und sich entwickeln zu können. Es verinnerlicht das, was es an Liebe von seinen Eltern durch ihre Taten und ihr Verhalten bekommt, und entwickelt so im Lauf der Jahre eigene Fähigkeiten, das Leben zu meistern. *Wenn ich leide, steht meine aussichtslose Position damit in Verbindung, dass ich mich in meiner emotionalen Welt noch mit der Position des Kindes identifiziere, das von anderen abhängig ist.* Ich kann nichts oder nicht genug für mich tun, um mich aus dem Sumpf zu befreien. Anders ausgedrückt, es kommt mir nicht einmal in den Sinn, dass »mich selbst zu lieben« etwas bewegen könnte. Mich zu lieben heißt – wie für einen Elternteil dem Kind gegenüber –, ein wohlwollendes Gefühl für mich selbst zu empfinden und so zu handeln, dass mein Bedürfnis des Augenblicks erfüllt wird. Die leidende Person sieht diese Möglichkeit nicht, so sehr ist ihre Erwartung auf die Außenwelt fokussiert. Der Mangel an Liebe anderer verschleiert den Mangel an Eigenliebe.

Man kann ein ganzes Leben verbringen in der Überzeugung, dass die anderen und das Leben gegen uns sind, ohne zu merken, dass es unsere eigene Liebe ist, die uns so sehr fehlt. Wir können nicht auf die unvergängliche Liebe der anderen zählen, und selbst wenn wir dieses Glück hätten, würde der Tod hier ein Ende setzen. Die einzige Liebe, die uns während unseres Lebens als Erwachsene begleiten kann, ist die, die wir uns selbst entgegenbringen. Sie bewahrt uns vor Leid.

Liebesverweigerung gegen sich selbst kommt bei einem Großteil der Leidenden offen zum Tragen, denn sie beschuldigen sich selbst ihres Versagens. Jemand, der sitzen gelassen wurde, fühlt sich als Versager und der Liebe nicht würdig. Er ist nichts wert, deshalb lässt man ihn im Stich. Er hasst sich so, wie er ist, er hasst sein Leben, er macht sich Vorwürfe, er ärgert sich. Er hasst sich manchmal so sehr, dass er in Depression fällt, sein Leben ablehnt und sich schließlich das Leben nehmen will. In diesem Stadium übersteigt Liebesverweigerung bei Weitem die Abwesenheit von Wohlwollen zu sich selbst und wird zu einem heftigen negativen Empfinden. Man stellt deutlich fest, dass das Leiden im gleichen Maß ansteigt wie die Verweigerung. Sie spitzt sich im Selbsthass zu und nimmt krankhafte Züge an. Wir können um uns herum diese gleichen Linien zwischen Lebensfreude und Eigenliebe, zwischen Leiden und mangelnder Selbstliebe beobachten.

Man widerspricht dem, dass man sich absichtlich selbst nicht liebt, weil das die Ebene des bewussten Wollens übersteigt. Eine Person, die voll in der Krise steckt, läuft sogar Gefahr, noch tiefer in die Krise zu geraten, wenn man ihr sagt, dass ihr Leiden von ihrem Mangel an Eigenliebe kommt. Noch eine Unzulänglichkeit, noch ein Schuldgefühl mehr ... Von der Liebesverweigerung zur Eigenliebe zu kommen, setzt eine schwierige und subtile Entwicklung voraus und braucht Zeit. Diese Änderung erfordert all unsere Ressourcen, sowohl kognitive als auch emotionale und körperliche. Denn nur mit Bestimmtheit zu erklären, dass man sich lieben muss, um nicht mehr zu leiden, bringt kaum ein Ergebnis.

Ich habe entschieden, die Dinge unter einem anderen Blickwinkel anzugehen. Ich beschreibe die Charakteristika der Nicht-Liebe zu sich selbst, anstatt von der Eigenliebe auszugehen, die für viele ein zu verschwommenes Konzept scheint. Wenn diese negative Haltung gegen sich selbst erst einmal identifiziert ist, wird sie zugänglicher für eine Infragestellung.

Kapitel 1
Der Ursprung allen Leidens

»Seid zunächst überzeugt, dass all euer Leiden
vom Verlangen und der Ablehnung kommt.«[4]

Warum ist es für mich notwendig, zwischen Leiden und Emotion zu unterscheiden? Zunächst, weil beide Begriffe sich überschneiden, da Emotion auch positive Empfindungen hervorruft. Aber auch sogenannte negative Emotionen (Traurigkeit, Wut, Angst) mischen sich nicht zwangsläufig mit Leiden. Durch innere Arbeit bekommt man die Möglichkeit, diese drei Emotionen zu erleben, ohne zu leiden.

In der Praxis drängen sich präzisere Definitionen auf, um die einzelnen Schritte der Transformation von Anfang an klar zu trennen. Jedes Ereignis, das auf uns einwirkt, erzeugt ein Gefühl, dessen Färbung vom Dunkelsten bis zum Hellsten, vom Unangenehmsten bis zum Glücklichsten variiert. Das Unangenehme erstreckt sich auf der Skala vom hellen Grau bis zum tiefen Schwarz mit allen Zwischenstufen: vom gelangweilten Unwohlsein bis zum unerträglichen Leiden. Wir sind sensible Wesen und können deshalb nicht umhin zu empfinden, was uns physisch und psychisch nahegeht, es sei denn, wir betäuben uns. Unsere Reaktionen umfassen gemischte Wahrnehmungen und Emotionen, die wir gut oder schlecht, angenehm oder unangenehm empfinden. Das Bewusstsein funktioniert durch Gegensatzpaare, nämlich: gut/schlecht, schön/hässlich, angenehm/unangenehm, freundlich/böse und, und, und. Diese Kategorisierung beruht auf grundlegenderen Gegensätzen, die in uns biologisch verankert sind, nämlich dem Duo aus lustvoller Freude und schmerzlichem Leid.

Die Etymologie von »leiden« weist darauf hin, dass wir etwas ertragen, was uns ungefragt auferlegt wird und schwer auf uns lastet. Dies kann sowohl von außen – ich fühle mich ungeliebt und abgelehnt – als auch von innen kommen: sogar mit unkontrollierbaren Angstanfällen, obwohl in meinem Leben nichts Besonderes passiert. *Ich definiere Leiden als komplexe Mischung aus Emotionen, Wahrnehmungen und Gedanken im Unangenehmen, ausgelöst durch eine Situation, die wir ertragen müssen.* Dies ist stärker und dauert länger als eine Reaktion und raubt uns Energie. Es schwächt uns und greift unsere Lebenskraft an.

Auch wenn seit Darwin in der Wissenschaft die Bedeutung der Emotion als Motor zur Anpassung an Veränderungen im Umfeld anerkannt ist, gibt es keine einvernehmliche psychologische Definition. Ich stütze mich auf das, was jeder aus eigener Erfahrung bestätigen kann. *Emotion entspricht einer Variante unseres flüchtigen inneren Empfindens, ausgelöst durch ein Ereignis, das von der Alltagsroutine abweicht.* Sie wird begleitet von mehr oder weniger deutlich wahrnehmbaren physiologischen Veränderungen und zielt darauf ab, unser Verhalten zu ändern, indem sie uns zwingt zu reagieren.

Primäre und sekundäre Emotionen

Man kann unterschiedlichste Facetten der emotionalen Welten wahrnehmen. Meine therapeutische Praxis hat mich dazu geführt, mich auf die Unterscheidung zweier großer Kategorien von Emotionen zu stützen:

- Primäre oder archetypische Emotionen, die man von Geburt an, vor jeglicher mentalen Entwicklung hat. Ihre Charakteristika sind für jeden wahrnehmbar, sogar über kulturelle Grenzen hinweg, und wir können sie auch bei einigen Tieren wahrnehmen. Dies sind: Angst, Traurigkeit, Wut, Freude, Ekel, Überraschung. Jede dieser Emotionen hat für sich genommen ihre besondere Färbung mit spezifischen Empfindungen und Reaktionsmustern.

- Sekundäre Emotionen, die in Beziehungen zu anderen auftreten und bei denen das Bewusstsein in Form einer Bewertung oder eines Vergleichs interveniert. Im Einzelnen sind dies: Scham, Selbstekel, Angst vor der Ablehnung und der Bewertung durch andere. In diese Kategorie schließe ich auch Gefühle ein wie Schuld, Neid, Demütigung, Eifersucht und Hass. Sie haben Gemeinsamkeiten mit sekundären Emotionen: Beziehungen zu anderen, das Bewusstsein und seine Wertung spielen hier eine zentrale Rolle.

Diesen Definitionen zufolge mischt sich Schmerz als einfache, vorübergehende Komponente nicht mit dem Leiden, dem komplexeren und dauerhafteren Phänomen. Wir werden sehen, dass es möglich ist, Wut oder Traurigkeit zu erleben, ohne zu leiden. Jede Emotion wird von mehr oder weniger starken körperlichen Wahrnehmungen begleitet. Letztere sind also nicht das Element, das den Unterschied macht.

Es ist eine ganz besondere Funktion des Bewusstseins, die den Sturz in das Leiden hervorruft. Wer mit mir therapeutisch arbeitet, müht sich, Leiden und Emotion zu unterscheiden. Der Übergang vom Zustand des Leidens zu bestimmten Emotionen ist dabei ein wichtiger Abschnitt des Wegs. Wenn jemand Hilfe sucht, sieht er sich mit mindestens einer Schwierigkeit konfrontiert, die er aus eigener Kraft nicht überwinden kann. Das heißt allerdings nicht, dass ihm das Leiden, das ihn beherrscht, im gesamten Ausmaß bewusst wird. Gewöhnlich haben sich Abwehrmechanismen in Form von Kompensation und Vermeidung zur Linderung oder völligen Verdeckung eingestellt.

Dumpfes oder stechendes Leiden

Beim ersten Besuch Adams in meiner Praxis wurde ich stutzig. Ein gut aussehender, imposanter Mann mit charmantem Lächeln und intelligentem Gesichtsausdruck, aus dem grüne Augen funkelten, bei dem nichts auf ein Leiden deutete. Ich frage ihn, was ihn zu mir führt. Eine leichte Röte überzieht sein Gesicht und er ringt nach Worten:»Ich bin mit meinem Leben nicht zufrieden.« Nach und nach redet er flüssiger; er berichtet von einer Psychoanalyse, die mehrere Jahre gedauert und ihm viel gebracht habe, um sich selbst besser zu verstehen und seine Beziehung zu Frauen zu erleichtern. Jetzt hat er den Eindruck, dass er seit einem Jahr keine Fortschritte mehr mache und sich immer um das gleiche Thema im Kreis drehe. Was lässt ihn unzufrieden sein? »Mein Liebesleben und meine Arbeit. Seit zwei Jahren bin ich mit einer Frau liiert, aber wir wohnen nicht zusammen; ich bin nicht verliebt in sie, obwohl sie sehr an mir hängt und ein Kind möchte. Ich habe bereits eine zwölfjährige Tochter – ich bin seit neun Jahren geschieden – und ich bin mir nicht sicher, ob ich noch ein Kind will. Und noch weniger bin ich mir sicher, ob ich mit dieser Frau eine dauerhafte Bindung eingehen will. Außerdem arbeite ich in der EDV und langweile mich dabei immer mehr; ich habe den Eindruck zu verkümmern. Eigentlich ist es sogar mehr als das, ich frage mich, welchen Sinn mein Leben hat, was ich auf dieser Welt verloren habe, wenn ich hier überhaupt etwas verloren habe ... Ich weiß nicht, wie ich es ausdrücken soll, ich glaube, ich brauche einen anderen Horizont. Ich empfinde nichts, und manchmal habe ich den Eindruck, stumpf und kalt neben dem Leben zu leben, wenn ich die anderen so anschaue.«

Man kann nicht sagen, dass Adam offensichtlich leidet. Bei ihm zeigt sich das Leiden sehr gering, mehr durch seine Unzufriedenheit, wie ein Unbehagen, das ihn nicht in Ruhe lässt – ein tiefer, abgekapselter Abszess. Er kann nachts schlafen und ist weder von Angst noch von depressiven Gefühlen durchdrungen. Das Unbehagen genügt, um ihn zum Suchen und Getriebensein anzustacheln. Gleichzeitig gibt ihm die Anziehungskraft, die er auf

Frauen hat, Sicherheit sowie einen gewissen gesellschaftlichen Erfolg und zeichnet ein eher schmeichelhaftes Bild von ihm. Ausgehend von diesen wichtigen Punkten wird im Lauf der Folgesitzungen sein Bedürfnis nach Hilfe deutlich, auch gekennzeichnet von Ambivalenz.

Es geht ihm nicht so schlecht, er fragt sich, ist es wirklich notwendig, sich erneut in Therapie zu begeben? Jedenfalls glaubt er nicht an die große Liebe. Vielleicht hat nichts in seinem Leben Sinn. Während dieser ersten Phase treten weder Leiden noch Emotionen offen zutage. Er wirft viele allgemeine Fragestellungen auf, die Teil seiner Zweifel sind. Welche persönlichen Erfahrungen führen zu seinen Fragestellungen zum Liebesleben? Nach jahrelanger Erfahrung in der Psychoanalyse gibt er routiniert Einblicke in seine Vergangenheit, indem er »Schubladen öffnet«, wie er es gewohnt ist: Eine erste große Liebe mit 19, von der er nach einem Jahr verlassen wurde, worunter er sehr gelitten hat ... die mittelmäßige Beziehung seiner Eltern zueinander war auch nicht gerade ein ermutigendes Vorbild ... Er geht Beziehungen ein, ohne große Emotionen und ohne der Person gegenüber aufgeschlossen zu sein, obwohl die Verbindung zu passen scheint. Wenn ich ihm zuhöre, nehme ich ein dumpfes Leiden wahr, das all seine Zweifel durchdringt. Nichts in seinem Leben ist wirklich völlig glücklich; er sagt sich, dass er glücklich sein könnte, ja sogar glücklich sein müsste mit seinem relativ unabhängigen, freien Leben, das ihn weder mit Prüfsteinen noch mit größeren Sorgen konfrontiert. Bei genauerer Betrachtung wirft er sich dies sogar vor, ohne es explizit zu erkennen.

Bei Eva sehe ich eine ganz andere Ausgangslage, ihr Leiden zeigt sich von Anfang an.

Als sie meine Praxis betritt, empfinde ich sie als sehr aufgewühlt, eingeschüchtert, als erwartete sie, dass ich sie anfahren würde. Es handelt sich um eine Frau um die 40. Ihre Kleidung verbirgt ihre Weiblichkeit mehr, als dass sie sie betont. Sie hat angenehme, sympathische Gesichtszüge, aber ihr Blick ist traurig und ein entschuldigendes Lächeln verleiht ihr einen fast schmerzlichen Gesichtsausdruck. Als ich sie nach ihren Beweggründen frage, sagt sie, dass sie seit Langem einen spirituellen Weg gehe, zunächst mit christlichem Gebet, dann habe sie sehr viel Yoga gemacht, zahlreiche Bücher über Spiritualität gelesen und an verschiedenen Kursen zur Persönlichkeitsentwicklung teilgenommen. Sie ist offensichtlich eine intelligente und sensible Frau, der es stark an Selbstbewusstsein zu mangeln scheint, was sie als eines der Dinge, unter denen sie leidet, anführt: »Ich habe große Hemmungen.« Die sie daran hindern, was zu realisieren? »Ich bin 39 Jahre alt und meine Beziehung zu Männern funktioniert nicht. Ich möchte ein Kind, bevor es zu spät ist.« Sie scheint den Tränen nahe. Ihr letzter Freund, der sie erst kürzlich verlassen hat, wollte kein Kind, hatte allerdings schon eines mit einer anderen Frau. Sie weint für einen Augenblick. »Es ist nicht das erste Mal. Schon mit 20 war ich schwanger und musste abtreiben, weil mein damaliger Freund diese Schwangerschaft komplett abgelehnt hat; das hat sich mit 32 wiederholt, diesmal mit einem anderen Mann.« Sie arbeitet im Verlagswesen unter einer Chefin, die etwas älter ist als sie und viel von ihr verlangt. Sie mag ihre Arbeit, aber erträgt die kritischen Bemerkungen ihrer Vorgesetzten schwer. Hinzu kommt, dass sie ihre Arbeitszeit meist deutlich überschreitet. Schnell kommt das Wort »Versagen«, und dieses Wort lässt um sie herum ein komplexes schmerzliches Gefüge wachsen. Es genügt, dass sie es ausspricht, schon kullern die Tränen. Sie bezeichnet sich selbst als verantwortlich für dieses Versagen. Was sie mir über ihr Leben berichtet, zeugt allerdings von reicher menschlicher Erfahrung. Sie hat Dinge professionell zum Abschluss gebracht, ist gereist und hat solide Freundschaften. Trotz ihrer Gehemmtheit öffnet sie sich ziemlich schnell und zweifelt nicht daran, dass ich ihr helfen könne. Sie erwartet sich sogar sehr viel von diesem Schritt und von meiner Hilfe.

Bei Eva zeigt sich ihr Leiden als dünnes Nervenkostüm, und das schon bei unserem ersten Gespräch. Die Wunde ist offen, und alles unterscheidet sich von dem, was Adam zum Ausdruck bringt. Über diesen Kontrast hinaus finden wir allerdings auch Gemeinsamkeiten des Leidens: Seine Konturen sind verwischt, seine Wurzeln haben sich tief eingegraben und verbinden häufig mehrere Situationen. Ihr emotional Erlebtes besteht aus einer Art

Gemisch mit dunkler Tönung, dessen genaue Tragweite Eva nicht beurteilen kann. Die Traurigkeit steht im Vordergrund, zusammen mit einem Gefühl der Ablehnung durch den Ex-Freund und ihrem unerfüllten Kinderwunsch, dicht gefolgt von Beklemmung und der Angst, im Leben völlig zu versagen. Auch Schamgefühl, Verbitterung und Eifersucht sind zu erkennen.

Bei Adam ist es Eintönigkeit, die sein Leben trübt, sonst nichts; daher wird es schwieriger, emotionale Nuancen zu unterscheiden. Er ist sicherlich nicht glücklich, und der Begriff, der mir am passendsten erscheint – mehr als seine Langeweile, die er auch selbst erwähnt –, ist Unzufriedenheit, die »kleine Schwester« der Wut. Unzufriedenheit womit, mit wem? Dem Leben? Den Frauen? Sich selbst? Seine Haltung lässt auch Misstrauen durchscheinen. Misstrauen gehört zur Familie der Angst; und einige dieser Begriffe suggerieren ein echtes Schuldgefühl. Körperlich empfindet er nichts Besonderes, höchstens leichte Muskelverspannungen, während Eva spürbar körperlich leidet: Kloß im Hals, Druck auf der Brust.

Ablehnung der Emotion bringt Leiden

Eine negative Stimmungslage durchdringt die Rede beider Personen. Diese Tönung zeigt das Leiden sowohl verbal als auch nonverbal und lässt auch ohne Worte eine Färbung erkennen – die Farbe der Negativität.

Diese ablehnende Art, die Realität zu sehen und Dinge anzugehen, nannte Swami Prajnanpad »mind«, was seine französischen Schüler mit dem Substantiv »le mental« (das Mentale) übersetzten. Er definierte den Begriff lapidar folgendermaßen: »Das Mentale kann das, was ist, weder sehen noch akzeptieren. Es lehnt das, was ist, ab und bemüht sich, es durch etwas anderes zu ersetzen.«[5]

Mit anderen Worten: Sobald uns die Realität mit einer Situation konfrontiert, die nicht unserer Erwartung entspricht, verspannen wir uns und weisen zurück, was kommt – das nennen wir Ablehnung; andererseits klammern wir uns mental an das, was unseres Erachtens hätte passieren müssen – das ist »das andere«, das, was wir uns vorstellen.

Wenn ich feststelle, dass jemand, der mir zugesagt hat, eine eilige Aufgabe für mich zu erledigen, diese nicht erledigt hat, kann ich bei mir diese doppelte Reaktion beobachten: einerseits die Ablehnung – ich kann es nicht akzeptieren, dass er nichts gemacht hat –, andererseits die Entstehung meiner Gedanken. Ich wiederhole also unentwegt, dass er es hätte erledigen müssen, dass es für mich unvorstellbar sei, wenn man mich um etwas Eiliges bittet, es nicht zu erledigen, ohne wenigstens den anderen zu benachrichtigen und so weiter. Das Zusammenprallen dieser beiden Aspekte, Ablehnung und Verkrampfung auf das, was meines Erachtens hätte geschehen müssen, ruft die negative Spannung der Emotion hervor. Die Wahrnehmung der Tatsache zwingt sich meinem Geist unermüdlich auf, und jedes Mal verdränge ich sie, indem ich wieder und wieder bekräftige, was hätte sein müssen.

Umgangssprachlich beschreibt Negativität eine Haltung, bei der die Person nur das, was schlecht läuft, erwähnt und dazu tendiert, die positiven Aspekte zunichtezumachen beziehungsweise zu minimalisieren. Sie kritisiert und beklagt sich und blickt pessimistisch in die Zukunft. Ich benutze den Begriff Negativität und stütze mich dabei auf den grundlegenden Aspekt, den Swami Prajnanpad ausgearbeitet hat. Wenn Buddha sagt, Leiden habe seine Wurzeln im Verlangen, zeigt Swami Prajnanpad unter einem ergänzenden Aspekt, dass Leiden aus der Ablehnung dessen, was ist, entsteht. Dieser Sichtweise zufolge rührt alles Leiden von der anfänglichen Ablehnung eines Teilaspekts der Realität her, sei sie im Innern entstanden oder von außen kommend. Leiden entsteht durch die negative Arbeitsweise der Gedanken, also dem Mentalen. »Das Mentale bekommt Schläge und fühlt sich verletzt, weil es erwartet, dass die Außenwelt sich nach seinem Verlangen richtet. So lange es nicht überzeugt ist, dass alles, was außerhalb ist, anders ist [als das, was es will], bekommt das Mentale immer wieder Schläge.«[6]

Im Leiden lehnt man nicht nur die Situation, sondern auch den schmerzhaften emotionalen Zustand ab, den es auslöst. Dieser Grundsatz markiert den Unterschied zum einfachen Begriff »Emotion«. Man kämpft sowohl gegen das Äußere als auch gegen sich selbst. Man wünschte sich, nicht zu spüren, was man spürt. Die anfängliche Ablehnung der Situation bleibt selten allein und bringt die Ablehnung von hochkommenden Emotionen mit, die dann eine Kaskade von anderen Ablehnungen auslöst. Wenn ich in der morgendlichen Hektik des Aufbruchs ins Büro meine Autoschlüssel nicht finde, fange ich an abzulehnen, dass ich sie nicht sofort zur Verfügung habe. Dann realisiere ich, dass ich mich verspäten werde, das stresst mich, und ich lehne dies auch ab; ich rege mich gegenüber meiner Frau auf, die ich nicht ausreichend kooperativ finde bei meiner Suche und die vielleicht die Schlüssel irgendwo hingeräumt hat – ich lehne ihre Haltung ab. Ich lehne sie noch mehr ab, wenn sie mir triumphierend und gereizt zeigt, dass mich die Schlüssel quasi angesprungen haben. Ich bin verärgert und will es nicht zugeben. Hals über Kopf stürze ich das Treppenhaus hinunter und renne beinahe die Nachbarin um. Noch ein, zwei Steine im Weg, und der Nächste, der mir über den Weg läuft, hat nichts mehr zu lachen: In diesem Zustand gebe ich nicht zu, dass ich eigentlich keinem einzigen Hindernis begegnet bin. In meinem Inneren, wie ich es erlebt habe – ganz und gar nicht mit Ausgeglichenheit glänzend –, bin ich angespannt, genervt, der Explosion nahe; ich hasse es, so zu sein. Leiden scheint in diesem Zusammenhang zwar ein großes Wort, aber wegen einer Kleinigkeit bin ich innerhalb weniger Minuten in einen sehr unangenehmen Zustand gekippt, der – aus der Perspektive eines Außenstehenden (hier der Ehefrau!) – absolut nicht gerechtfertigt ist. Mit anderen Worten: All das hätte ich mir ersparen können.

Ein neutraler Beobachter würde mir zurufen: »Begib dich doch nicht in so einen Zustand!« Diese schlichte Bemerkung enthüllt sehr gut die Tatsache, dass es nicht das Ereignis an sich (der Verlust der Schlüssel), sondern die Art und Weise ist, wie ich mit der Situation, die diesen Wirbel verursacht hat, umgehe: *Ich lasse nicht zu, meine Emotion der Verärgerung einzugestehen,* und von da an entgleist alles. Warum und wie werde ich mir also so eine Behandlung auferlegen? Ich fokussiere mich ausschließlich auf das Äußere: Ich brauche meine Schlüssel und will nichts anderes wissen. Skandal, wenn sie mich dadurch verraten, dass sie sich mir nicht direkt vor die Füße werfen, das Leben legt mir genau im falschen Augenblick Steine in den Weg. Ich beginne mich als Opfer eines Unglücks zu fühlen, ja sogar jemanden zu beschuldigen.

Wenn sich das Leben gegen meine Absicht stellt, die mir im Augenblick legitim scheint, dann irrt sich das Leben. Um es mit Heraklit[7] zu sagen: In meiner Welt fallen mir die Schlüssel vor die Füße, sobald ich sie brauche, ich bin nicht zu spät, auch wenn ich in letzter Minute starte, meine Frau ist hilfsbereit und verständnisvoll, der Weg öffnet sich mir, wenn ich es eilig habe und so weiter. Um Klartext zu sprechen: Da mir das Leben ungerechterweise eine Situation aufzwingt, die mich aus dem Konzept bringt, ist es normal, dass ich mich dagegen auflehne und sie ablehne: »Nein, das darf nicht sein.«

Auch ohne an Größenwahn zu leiden, erwarten wir, dass Ereignisse und die anderen sich so verhalten, wie wir es im Augenblick verlangen (Buddha und Prajnanpad begegnen sich). Wir gehen stillschweigend davon aus, dass sie sich unseren Erwartungen anpassen müssten, das heißt, anders, als sie es getan haben. Da hier ein Irrtum vorliegt, muss ich nicht nachgeben, sondern – ganz im Gegenteil – ich muss beharrlich sein und dem anderen und der Umgebung den Fehler beweisen. Irgendjemand muss diese Schlüssel genommen haben oder sie nicht an ihren Platz zurückgelegt haben, aber ich will es nicht für eine Sekunde wahrhaben, dass sie ja da sind, lediglich unter einer Zeitschrift versteckt. Ich realisiere nicht, dass ich verärgert und gestresst war, dass ich nur hätte akzeptieren müssen, das hätte mich sehr schnell entspannt.

Die Ablehnung dieser anfänglichen Emotion bringt all die anderen Ablehnungen mit sich und verursacht Leiden. Je wichtiger uns das ist, was im Zusammenhang mit unserem Verhalten auf dem Spiel steht, desto stärker ist die Ablehnung. Wenn ich monatelang wie ein Verrückter gelernt habe, um eine wichtige Prüfung zu bestehen, und dann meinen Namen nicht auf der Liste derer sehe, die bestanden haben, explodiert die Ablehnung. »Oh nein, das kann doch wohl nicht wahr sein, das ist unmöglich, bei all dem, was ich dafür getan habe, das ist ungerecht!« Meine Empfindungen sind hin- und hergerissen zwischen Realität (ich bin durchgefallen) und dem realen Wunsch, wie es meines Erachtens zu sein hat (ich habe bestanden). Diese Diskrepanz ruft zunächst eine Emotion hervor: die Enttäuschung, die wiederum aus einer Mischung von Traurigkeit und Wut besteht, die mich überwältigt, und ich lehne diesen schmerzlichen Zustand, der mir zustößt, ab.

Wenn ich diese Emotionen nicht ablehnte, müsste ich weinen, schreien und mich dann erst beruhigen. Aber solange ich meine Gedanken darauf versteife, dass »ich meine Prüfung bestanden haben müsste«, verdränge ich diese Emotionen. Die Wahrheit der Situation kehrt unweigerlich zurück und leitet den Leidensprozess ein. Die Ablehnung transformiert den Faustschlag der brutalen Enttäuschung in eine klaffende Wunde, die nicht heilen kann, denn jedes »Nein« dreht das Messer in der Wunde. Anstatt die Emotion zu beruhigen, indem man sie akzeptiert, verschlimmert die Ablehnung sie. Dies ist ein grundlegender Aspekt; denn solange die Ablehnung besteht, hat das Leiden keine Chance zu verschwinden. Die Erfahrung ruft täglich in Erinnerung, dass der Mensch – auch derjenige, der sich einer Therapie unterzogen hat – zwar ein Ende seines Leidens fordert, aber nicht bereit ist, dafür seine Ablehnungen infrage zu stellen. *Wenn das Annehmen der Situation sich als unmöglich erweist, muss man beginnen, die Emotion, die mit ihr in Verbindung steht, zu akzeptieren.*

Ich habe diese beiden Beispiele – die Schlüsselsuche und die Prüfung – wegen ihrer Einfachheit gewählt. Der Ausgangspunkt ist klar identifiziert und die Analyse der Ablehnung, die das Leiden hervorruft, ziemlich einfach. Wenn ich hingegen Eva zuhöre, kann ich – obwohl ich den Ton der Ablehnung erkenne – deshalb wissen, was ihre Qual verursacht? Vom ersten Gespräch an erscheinen die Ablehnungen ihrer Lebenssituation zahlreich und bedeutend: keine Kinder zu haben, zur Abtreibung gezwungen gewesen zu sein, nicht den Mann zu finden, der eine Familie gründen möchte, wegen einer anderen verlassen worden zu sein, der außerdem noch das Mutterglück erfüllt wurde, sich von ihrer Vorgesetzten nicht anerkannt zu fühlen, ausgebeutet zu sein und so weiter.

Stehen diese Ablehnungen in Wechselbeziehung, oder steht eine von ihnen im Vordergrund? In diesem Stadium fehlen noch Informationen, um diese Frage zu beantworten. Halten wir fest, dass sie alle Situationen betreffen, die Außenwelt und die anderen mit einbeziehen und dass sie ihnen implizit die Ursache für ihre Leiden zuweisen: Wenn alles anders wäre, wäre Eva glücklich. Unter diesem Blickwinkel könnte man denken: »Die Arme, sie hat wirklich kein Glück«. Das ist es auch, was sie wahrscheinlich selbst denkt.

Vereinfacht könnten wir im Vorgreifen den gedanklichen Hintergrund folgendermaßen ausdrücken: Das Leben ist schlecht, es versagt einer Frau, die davon träumt, eine Familie zu gründen, ihren eigentlich legitimen Kinderwunsch. Wenn das Leben nicht schuld ist, dann sind es halt die Menschen, die Schuld haben. Wir sind hier sehr wohl in einer negativen Dynamik, die wenig Hoffnung zulässt, es sei denn, es geschieht ein Wunder. Die Änderung zum Positiven hängt voll und ganz von der Außenwelt ab.

In diesem Fall lohnt ein anderer Weg, nämlich die Ablehnung seiner selbst und der Emotionen genauer zu betrachten. Eva mag und akzeptiert sich nicht; sie beurteilt sich negativ und hat kein Vertrauen zu sich selbst. Sie glaubt, schlechte Entscheidungen gefällt zu haben, weil sie unfähig ist, gute zu treffen, insbesondere in ihrem Liebesleben. Der Fehler fällt auf sie zurück und das Pendel schlägt erneut in Richtung Außenwelt. Aber indem sie sich so anschuldigt, fühlt sie sich ohnmächtig gegenüber ihrem Schicksal eines »Galeerensträflings«.

Hinnehmen ist leiden

Diese Machtlosigkeit, die das Leiden charakterisiert, stelle ich besonders heraus: Sei es etwas in unserem Inneren, was wir nicht kontrollieren können, oder etwas in unserer Außenwelt, was uns gegen unseren Willen auferlegt wird, wir lassen es über uns ergehen. *Dies ist ein Teufelskreis, wir nehmen hin, weil wir ablehnen, und wir lehnen ab, weil wir hinnehmen.* Gleichzeitig muss man abwägen und erkennen, dass Eva ihre Schwierigkeiten und die Notwendigkeit sieht, sich Hilfe zu holen. Ich nehme sie wahr als fest entschlossen, sich dem zu stellen, was weh tut.

Und Adam – was lehnt er ab? Zweifel und Unzufriedenheit zeigen seine funktionierende mentale Fähigkeit. Unzufriedenheit lehnt die derzeitige Realität ab und strebt nach Verbesserung; Zweifel zeigt klar die innere Zerrissenheit. »Das Mentale an sich ist kompliziert ... Es drückt sich durch Widersprüche aus: ein ›Ja‹ zugleich mit einem ›Nein‹, ein Zweifel und eine Unentschlossenheit.«[8] Trifft das auf ihn zu? Wie so häufig, lautet die Antwort: Ja *und* Nein.

Unzufriedenheit kann damit verbunden sein, dass sich eine Situation, so wie sie ist, ändern muss, und dies drückt zunächst keinerlei wertende Verneinung aus. Im Gegenteil, ich komme zur Erkenntnis, dass sich etwas ändern muss, und mache es einfach. Zum Beispiel: Ich streite mich ständig vor den Kindern mit meinem Partner. Dann stelle ich fest, dass dieses Verhalten den

Kindern schadet. Ich akzeptiere, dass ich hierfür meinen Teil an Verantwortung habe, und bin somit motiviert, damit aufzuhören, ihnen diese Szenen zuzumuten.

Adams Unzufriedenheit kommt einerseits von einer Feststellung – er stößt an seine Grenzen und möchte Abhilfe schaffen – und andererseits von einer Ablehnung. Wenn er seine Beziehung zu Frauen und seiner derzeitigen Freundin schildert, äußert sich seine Ablehnung ihrer Erwartungen an ihn durch einen gereizten Ton und Wertungen. Seine absolut im Vordergrund stehende Unzufriedenheit stellt ihn selbst infrage, und das offensichtlich permanent. Er wäre ja gern noch brillanter, charismatischer, begabter und unwiderstehlicher … Er lehnt sich selbst, so, wie er ist, ab, schätzt sich selbst unzulänglich, und somit nicht seinem Ideal entsprechend, ein. Er verkennt und unterdrückt seine Emotionen. Auch sein Zweifel ist eher destruktiv als konstruktiv, weil er ihm gefühlt und gespürt die Möglichkeit nimmt, ernsthaft etwas zu verändern.

Halten wir fest: Leiden entwickelt sich, weil die von der schmerzhaften Situation ausgelösten Gefühle abgelehnt werden. Zunächst muss das Verhältnis zur Emotion geändert werden. Die Ablehnung des Gefühls entspricht der Nicht-Liebe sich selbst gegenüber. Da ich mich vom Leben ungeliebt fühle, will ich nicht mehr lieben, weder mich noch den Rest; mein Herz verbarrikadiert sich. Sobald mein Herz sich verschließt, hält es den Schmerz gefangen, und der Schmerz wiederum zwängt das Herz ein. Ohne Herz verliert das Leben Salz und Sinn. Wenn man in diesem Stadium der leidenden Person sagt: »Hören Sie auf abzulehnen«, hört sie es zwar, aber das spricht nur den Kopf an.

Man muss das verschlossene Herz ansprechen und ihm ermöglichen rauszulassen, was es an unterdrückten Gefühlen einschließt. Was der Betroffene jetzt braucht, sind nicht etwa Erklärungen, wie er funktioniert, sondern Empathie und Liebe. Die Arbeit konzentriert sich also auf den emotionalen Aspekt, um dem Herzen zu ermöglichen, sich zu erleichtern und wieder zu öffnen. Man muss das Geflecht der Emotionen und negativen Gedanken, die das Leiden verursachen, entwirren. Erst im folgenden Schritt kann das Infragestellen der Ablehnung kommen und dann der Schritt zur Akzeptanz.

Kapitel 2
Emotionen erkennen

»Seht und erkennt!«[9]

Die ersten Schritte im Umgang mit Emotionen bestehen darin, die Situationen und Augenblicke, in denen die Gefühlsregung auftritt, zu erkennen. Die Person spürt nämlich Spannungen und ein gewisses Unbehagen, ohne wirklich zu wissen, dass sie von einer Gefühlsregung, schon gar nicht von welcher, heimgesucht wurde. Außer den ganz großen Gefühlsausbrüchen, während derer man Wut, Enttäuschung und Panik leicht erkennt, braucht man häufig Unterstützung durch einen Therapeuten, um die problematische Gefühlsregung genau herauszuarbeiten, wenn sie sich – in Leidenssituationen – mit Verurteilungen und anderem mischt. Adam fehlt der Zugang zu seinen Emotionen. Eva hingegen schnüren sie die Kehle zu. Doch beide müssen lernen, sie zu identifizieren, was eben unerlässlich ist, um sie zum Ausdruck zu bringen.

Bei Adam werde ich nach den kleinsten Gefühlsregungen Ausschau halten. Eines Tages kam er und erzählte, dass er am Vortag ein unangenehmes Gespräch mit seiner Freundin hatte wegen des Sommerurlaubs. Sie fragte ihn nach seinen Plänen, denn sie wollte mit ihm wegfahren. Er war verlegen, denn er wollte die Freiheit wahren, sich in letzter Minute zu entscheiden, und antwortete ihr sehr unentschlossen. Sie begann zu weinen und warf ihm vor, er liebe sie nicht. Er reagierte etwas betreten, blieb aber ruhig und versuchte, sie zu besänftigen, hat aber dann schließlich das Thema abgebrochen. »Ich mag diese Art von Diskussionen nicht, das ist unnötiges Kopfzerbrechen. Frauen wollen immer alles im Voraus wissen.« Bereitwillig begann er mit allgemeinen Überlegungen zum anderen Geschlecht, aber ich stoppte ihn und fragte, was er empfinde. »Es ist immer das Gleiche. Mit meiner Ex-Frau war es genauso.« Ich musste es wieder und wieder versuchen, ließ nicht locker und baute ihm schließlich eine goldene Brücke: »Sie scheinen verärgert zu sein.« »Na ja, das ist doch normal, man kann sich nicht in Ruhe besprechen, ohne dass es Ausmaße annimmt ...« Er kann nicht mehr aufhören damit, mit dem, was er empfindet. Seine Gedanken und Urteile haben seinen mentalen Raum in Besitz genommen. Er gibt schließlich zu, dass er »etwas gereizt« gewesen sei. Ich nehme in seinem Gesichtsausdruck auch Traurigkeit wahr, aber dieses Gefühl scheint für ihn außerhalb seiner Wahrnehmung zu sein. Es braucht mehrere Sitzungen, bis ihm seine Gereiztheiten bewusster werden. Er stellt fest, dass dies mit seiner Freundin häufiger vorkommt. Ein anderes Mal ist sie zornig aufgefahren – sie ertrug die Situation nicht mehr – und hat ihn einfach sitzen lassen, mitten bei einem Abendessen im Restaurant. Was hat er empfunden? »Nichts Besonderes. Es ist nicht so, dass ich derartige Situationen mag. Ich kam mir etwas blöd vor. Ich habe registriert, dass der Kellner und andere Gäste mich anschauten.« Auch hier brauchte er einige Zeit, bis er zunächst einen Hauch von Schuld zugegeben hat und einsah, dass sie wirklich unglücklich war. Es war einfacher zuzugeben, dass er ihr böse war, und so Druck aufzubauen. Schließlich schwankte er zwischen Scham und Demütigung wegen der Zeugen dieser unpassenden Szene. Später wurde ihm klar, dass er – ganz im Verborgenen – Angst hatte, dass sie die Beziehung beenden würde. In dieser Phase der Therapiearbeit zweifelte er daran, wirklich ein Gefühl empfunden zu haben, und redete es mit bagatellisierenden Äußerungen klein. Dagegen nahm er seine Gereiztheiten an und erwähnte sie, wenn er sie erkannte, von sich aus – fast mit einer gewissen Genugtuung.

Gewöhnlich kommen Emotionen nicht gleichzeitig, sondern nacheinander und in Abhängigkeit vom besonderen Stellenwert der Situation, in der die Person sich befindet. Bei Adam ist die Gereiztheit rasch an die Oberfläche gekommen, denn sie ist mit seiner Kontrolle noch vereinbar. Aber die Gereiztheit konnte wachsen bis zu einer echten Wut, die zu sehr beeinträchtigte. Seine Beurteilung von Traurigkeit und Angst (er habe sich mies gefühlt) versperrten quasi den Zugang. Tränen konnte er erfolgreich unterdrücken – er hatte seit Jahren nicht mehr geweint, wahrscheinlich seit dem Ende seiner ersten Liebe nicht mehr. Er unterscheidet sich deutlich von Eva, die ihre Emotionen erkennen und benennen kann – außer der Wut –, die sich häufig aber auch von einem derartigen Schwall vereinnahmen lässt, dass sie den Abstand und die Klarheit verliert. Die emotionale Bandbreite von Adam scheint verkümmert und die von Eva unvollständig.

Das emotionale Ich und sein Spektrum, seine Farben und Formen

Die Natur hat uns unterschiedliche emotionale Reaktionsmuster mitgegeben, die an unseren zwischenmenschlichen Beziehungen und Anpassungen an die Umgebung beteiligt sind. Ihre Vielfalt ist in zweierlei Sicht eine Bereicherung: zum einen durch die Möglichkeiten der Interaktion und der Antworten, die sie hervorrufen, zum anderen durch die fast endlose Palette der Empfindungen, die sie uns bietet. Bereits die archaischsten Emotionen in Stresssituationen, die von Angst bis Aggressivität reichen, umfassen eine Vielzahl von Varianten. Sie selbst lösen verschiedene Verhaltensmuster aus – Flucht, Aggression, Hemmung, List und Tücke. Die Vielgestaltigkeit zeigt sich noch deutlicher bei den sozialen Emotionen, die uns verbinden, indem sie Struktur und Färbung der Interaktionen unbegrenzt modulieren.

Die Metapher der Farben eignet sich gut zur Veranschaulichung der Bandbreite unserer emotionalen Palette. Jede grundlegende emotionale Tönung erstreckt sich von der hellsten bis zur dunkelsten Nuance. Nehmen wir zum Beispiel die »Farbe der Wut« mit ihren Abstufungen von schwach bis sehr stark: leichte Ungeduld – Gereiztheit – Erregtheit – Entrüstung – Verärgerung – offene Wut – Raserei – blinde Wut und körperliche Gewalt. Wut kann sich nicht nur auf »heiße« Art, sondern auch auf »kalte«, »hinuntergeschluckte« Art, äußern: Distanz – Verschlossenheit – Starrheit – stumme Missbilligung – Verurteilung – Ablehnung – verbale Gewalt. Wärme entspricht einer körperlichen Art, die Gefühlsregung zu leben, während Kälte ihrer gedanklichen und geistigen Erlebnisebene entspricht (sie äußert sich durch Gedanken und Worte). Die Durchschlagskraft der Gefühlsregung bemisst sich an Dauer und Intensität der physischen und psychischen Erscheinungen.

Zwei emotionale Farben können sich vermischen, wie bei Enttäuschung, die Wut und Traurigkeit verbindet: Wenn mich jemand enttäuscht, bin ich zugleich verärgert über ihn und traurig, weil er nicht meinen Erwartungen entspricht. Wut und Ekel können Verachtung hervorrufen. Mischt sich Ekel jedoch mit Traurigkeit, wird er eher zu Mitleid: Wenn mich eine Person betrogen hat und dabei von meiner Gutgläubigkeit profitierte, bin ich wütend, aber wenn sie dabei auch noch schäbige Methoden verwendete und das, was sie von sich zeigte, mich ekelt, werde ich sie mit Verachtung strafen. Empfinde ich Mitleid, dann tut mir die Person leid wegen des Zustands, in dem sie sich befindet (Traurigkeit), aber gleichzeitig möchte ich vor allem nicht in ihrer Haut stecken und empfinde ein Stück weit Ekel und Abneigung (man kann dies bei Behinderungen und Krankheiten beobachten). Angst und Traurigkeit finden sich zusammen mit Verzweiflung, Hoffnungslosigkeit und beklemmender Angst, in einer Situation hilflos dazustehen.

Jeder Mensch hat seine eigenen Schattierungen von Emotionen und tendiert dazu, sich auf ein – mehr oder weniger begrenztes – Repertoire zu beschränken. Auf dem Weg zur Selbsterkenntnis ist es wichtig, die Charakteristika unseres emotionalen

Ichs anzuerkennen und zum Ausdruck zu bringen. Das heißt, diese besondere Anordnung der verschiedenen emotionalen Register, die uns unterscheidet, umzusetzen, wie auch unsere Art, sie zu leben. Bin ich eigentlich schon vertraut mit der Erfahrung der grundlegenden Emotionen Freude – Traurigkeit – Wut – Angst – Ekel? Fehlt noch eine auf dem Bild oder wird sie fast gar nicht dargestellt? Wenn etwas nicht da ist, bedeutet das nicht, dass ich davon befreit bin, sondern ich erkenne es lediglich nicht bewusst. Und weiter, bei den Farben, befinde ich mich eher auf der Seite der gedämpften Töne oder bei den intensivsten? Fällt es mir leicht, jede einzelne der Emotionen zum Ausdruck zu bringen, oder sind einige von mir zensiert?

Nachstehende Übersicht kann Ihnen helfen, Ihr aktuelles emotionales Ich wahrzunehmen.

Kreisen Sie die bei Ihnen für jede Gefühlsregung zutreffende Ziffer ein:

0 = überhaupt nicht; 1 = schwer; 2 = leicht; 3 = sehr leicht.

	Wut, Aggressivität	Angst, Ängstlichkeit	Traurigkeit, Mutlosigkeit	Freude, freudiges Bewegtsein	Ekel und Abscheu
Kann ich erkennen und annehmen	0 1 2 3	0 1 2 3	0 1 2 3	0 1 2 3	0 1 2 3
Kann ich zum Ausdruck bringen	0 1 2 3	0 1 2 3	0 1 2 3	0 1 2 3	0 1 2 3

Gegenwärtig spürte Adam keine Traurigkeit und behauptete im Brustton der Überzeugung, dass er bei sich nur die Färbung »Wut« auf weiche und kalte Art (Gereiztheit, Ungeduld, Starrheit, Missbilligung) finde. Allerdings sah ich auf seinem Gesicht manchmal den Ausdruck von Melancholie. Seine emotionale Landschaft spiegelte eine gewisse Eintönigkeit wider. Sein emotionales Ich zeichnete sich also durch schwache Gefühlsregungen aus, die nur für innere Wut und sehr gezügelte Momente von Freude und Erregung spürbar empfindlich sind. Zwei grundlegende Emotionen, Angst und Traurigkeit, fehlten fast völlig in seinem Gemälde. Sie existierten in seiner Erinnerung (offene Traurigkeit) oder jetzt in verblasster Form (Verdrossenheit). Er konnte Ekel empfinden in seinem Berufsleben und Abscheu gegen gewisse Vorgesetzte. Angst erkannte er in Situationen der konkreten Gefahr an und nahm sie vage wahr, wenn er sich fürchtete. In seiner Unzufriedenheit weiterleben zu müssen, fürchtete er, »dass es so bleiben könnte!«.

Eva stand von Anfang an voll und ganz zu ihrer Empfindung von Traurigkeit und Angst auf »harte« und »heiße« Art (Enttäuschung und Beklemmung mit intensiver körperlicher Empfindung). Ich konnte sowohl nach ihrer Intensität fragen (waren sie exzessiv, weil sie dramatisiert wurden?) als auch nach ihrer alles überwuchernden Art und Weise zuungunsten der anderen emotionalen Färbungen. Sie kannte Momente der offenen Freude, derzeit allerdings seltener, da sie von Traurigkeit und Angst unterdrückt waren. Ich nahm eine fast gänzliche Abwesenheit von Wut im Bereich ihres Bewusstseins wahr – war diese Wut etwa verschwunden? Wenn man ihr unrecht tat, war sie noch unglücklicher und versuchte, unbedingt Erklärungen dafür zu finden – warum behandelte der andere sie so? Ihre letzten Wutausbrüche waren im Kleinkindalter, und sie wusste es, weil ihre Eltern ihr davon berichtet hatten. Sie kannte Ekel, vor allem gegen sich selbst, gegen ihr Liebesleben und von Zeit zu Zeit sogar gegen ihren Körper. Mit Eva musste also eine andere Art der Arbeit angewendet werden: Bei ihr müssen grundlegende Emotionen wieder ins Gleichgewicht gebracht, Angst und Traurigkeit abgemildert, die Aufmerksamkeit stärker auf die Möglichkeiten der Freude und auf »archäologische Ausgrabungen« gerichtet werden, um ihre Wut zu »exhumieren« ... Dieser Blick eröffnet die Perspektive, die Aufgabe zu Ende zu bringen, um jeder Gefühlsregung ihren richtigen Platz und Intensität zu geben. Aber wie kann man Gefühlsregungen erkennen, wenn, wie bei Adam und Eva, gewisse Emotionen gar nicht erscheinen, weil sie unterdrückt sind? Die emotionale Dynamik breitet sich auf die anderen beiden Pole aus, den körperlichen und geistigen, indem sie dort Symptome und Spannungen hervorruft, die man entschlüsseln kann.

Unterdrückte Gefühle erkennen

Man kann ein unterdrücktes Gefühl durch körperliche Beeinträchtigungen identifizieren. Das körperliche Empfinden, das durch physiologische Begleitphänomene hervorgerufen wird, gibt uns dazu recht deutliche Hinweise. Gefühle stellen zwei Gegensatzpaare dar:

Wut und Freude – warm und offen

Traurigkeit und Angst – kalt und nach innen gekehrt.

Ihre Lokalisierung im Körper macht sie zu kontrastierenden Paaren. Wut und Angst sind im Bauch lokalisiert, Traurigkeit und Freude im Herzen. Wir können die Entfaltung jeder Emotion vom Ort ihrer Entstehung bis zur Ausbreitung im gesamten Körper wahrnehmen.

- *Wut* ist eine hochdynamische und expansive Gefühlsregung, die fordert, dass wir uns behaupten, indem wir Grenzen setzen oder nach Veränderung streben. Wird diese Gefühlsregung unterdrückt, häufen sich körperliche Spannungen und Schmerzen. Wenn wir sie nicht zulassen, sind wir erschöpft, was manchen unerklärlichen »Durchhänger« verstehen lässt. Im Umgang mit anderen führt unterdrückte Wut zu zwei Hauptverhaltensweisen: sich verschließen und schmollen oder die anderen zu Zeugen nehmen, um sie von der Verletzung, die man erleidet, zu überzeugen, zu schimpfen, klagen und kritisieren. Auf mentaler Ebene grübelt die Gedankenwelt über den Auslöser oder die auslösende Person und führt den Dialog erneut, wenn es sich um einen zwischenmenschlichen Konflikt handelt, und macht eine Bilanz der Fehler des anderen. Wird sie weiter unterdrückt, richtet sie sich gegen einen selbst mit Selbstkritik, Entwertung, Vorwürfen und Schuldgefühlen. Dies sind die typischen Aspekte, die man in der Opferposition findet: Sie behaupten sich nicht und haben Schwierigkeiten, Grenzen zu setzen. Unterdrückte Wut führt häufig zu Aggressivität anderer, was die betroffene Person in völliges Unverständnis taucht: Sie hat das Gefühl, nichts getan zu haben, was ein Auslöser dafür war.

- *Angst* lässt erstarren und lähmt. Die Spätfolgen ihrer Unterdrückung sind: innere Kälte, das Bestreben, sich zurückzuziehen, tiefe Erschöpfung, oberflächliche Atmung, brüchige Stimme, ausweichender Blick, Hilflosigkeit und der Hang, sich wehzutun. Entweder wir sehen quasi eine Dringlichkeit des Handelns, einen Zwang zu intervenieren oder das Gegenteil: Flucht vor dem Handeln, um Konfrontationen zu vermeiden, und verlieren damit all unsere Möglichkeiten. Wir sind dadurch aufgewühlt. Wir verlieren den Faden unserer Gedanken und stolpern über Worte. Wir gehen nicht auf andere zu, sondern klammern uns an sie. Eigentlich suchen wir Beruhigung, Hilfe und Schutz. Auf mentaler Ebene zeigt sich unterdrückte Angst entweder durch Leere, durch Zerstreutheit, durch ängstliche Gedanken, die die Zukunft negativ antizipieren, oder auch mit einem starken Hang zur Kontrolle, um sich zu beruhigen. Man muss kontrollieren, um durch »vorauseilenden Gehorsam« dem

Unvorhergesehenen keinen Spielraum zu geben. Ein weiterer wichtiger Aspekt ist: Unterdrückte Angst ruft Vermeidungsverhalten hervor.

- *Traurigkeit* bringt ein bleiernes Gefühl der Schwere, der Verlangsamung, der Kälte, eine Tendenz zum inneren Rückzug, die sich verstärkt, wenn wir das Gefühl der Traurigkeit unterdrücken. Wir empfinden Leere, und jede Bewegung kostet uns große Überwindung. Im schlimmsten Fall macht sie uns völlig statisch und niedergeschlagen. Wir leben in der Verlangsamung mit minimalisierter Gestik. Wir halten uns fern von anderen, sind zurückgezogen in Einsamkeit, und reden kostet uns große Überwindung. Doch eigentlich suchen wir Kontakt, Zuspruch, ja sogar Trost. Auf mentaler Ebene hemmt Traurigkeit den Gedankenfluss. Unsere Gedanken kreisen um negative, triste, ja sogar verzweifelnde Themen. Das beobachtet man in der Depression, bei der Traurigkeit alles durchdringt, aber sich nicht befreit.

- *Freude* entspringt ebenfalls dem Herzen, bringt aber gegensätzliche Gefühle. Wir sind unbeschwert, lebhaft, gesprächig, haben Lust, uns zu bewegen, zu singen, zu tanzen und zu springen. Das Blut in unseren Adern ist heiß, wir spüren pralle Fülle. Freude macht uns Lust, tief einzuatmen. Wie Wut, ruft Freude auch zentrifugale Bewegung hervor. Sie lässt uns Kontakt mit anderen suchen, um Gemeinsamkeit zu pflegen. Gehemmte Freude ruft Muskelverspannungen hervor durch alle möglichen unterdrückten Regungen: Schwierigkeiten, still zu sitzen, zu schweigen oder auch Druckgefühl im Brustkorb und über dem Herzen. Auf mentaler Ebene führt unterdrückte Freude zu einem Mangel an Spontaneität, zu Bewertungsdrang sowie zu Gefühlskälte.

Mithilfe des Erkennens indirekter Körpersymptome, deren Ursache unterdrückte Emotionen sind, kann man diese Gefühle Schritt für Schritt wieder »anbinden«. Diese Methode ist nicht von allgemein gültiger Wirkung, denn jede Gefühlstönung verlangt nach einem spezifischen Zugang. Durch den Kontakt mit den Gefühlen der anderen wirkt Gruppenarbeit stark bei dieser emotionalen »Reanimation«. Die durch die Gruppe frei werdende Energie ist in der Tat ein Gegengewicht zu Widerständen.

Erste Versöhnung mit ungeliebten Gefühlsregungen

Nachdem wir gemeinsam mit Adam und Eva festgestellt haben, wie wenig Raum gewisse Emotionen bei ihnen haben – beziehungsweise wie schwach manche Emotion offensichtlich ist –, fordere ich die beiden auf, die Gründe zu erforschen. Wie beurteilen sie die Gefühlsregung? Ruft sie Erinnerung an eine ganz bestimmte Person hervor?

Mit jeder Emotion kommen unterschiedliche Weichenstellungen in unsere zwischenmenschlichen Beziehungen. Sie werden genährt von Einflüssen, die über die Grenzen der Kernfamilie hinausgehen. Unser soziales Milieu – männliche und weibliche Stereotypien – werden von unserer Gesellschaft transportiert und gehen über unsere religiöse Erziehung und Kultur hinaus. Diese Konditionierungen müssen identifiziert und ihr Druck gelindert werden, um es für die Person zu ermöglichen, diese zu hinterfragen und über ihre Relevanz selbst zu entscheiden. Nehmen wir das banale Beispiel der Wut, die bei Frauen verurteilt wird, weil sie sonst als »Hexen« gelten, oder Angst und Tränen, die traditionell als gefährlich für die Männlichkeit gesehen werden. Diese negative Darstellung wirkt sich bei jedem Individuum – sogar bei Geschwistern – unterschiedlich aus, je nach Verstärkung durch den familiären Kontext.

In Adams Familie war die Mutter von Verzweiflung überwältigt, nachdem ihr Mann sie verlassen hatte – Tränen kommen ihm und seiner Schwester dagegen nur mit viel Mühe und selten. Beide haben sie ein instinktives Misstrauen gegen alles, was irgendwie einer Klage gleicht, was sie diesbezüglich ziemlich kühl werden lässt. Die Tochter lässt ihre Wut leicht überborden, sie ist genau das Gegenteil ihrer Mutter, die die Wut runterschluckt, während der Sohn seine Aggression auf eine sekundäre Art zeigt, indem er stichelt und scharfzüngig ist. Ein gleicher familiärer Kontext ruft manchmal unterschiedliche, häufig sogar gegensätzliche Reaktionen hervor.

Traurigkeit

Die Depression eines Elternteils löst häufig nachhaltige und vielfältige Reaktionen der Traurigkeit aus. So verurteilt eine Person streng die »Weinerlichen«, die jammern und Mitleid mit ihrem Schicksal haben, und ist davon genervt, Geisel beziehungsweise vereinnahmte Vertraute des mütterlichen Klageliedes zu sein. Weinen entspricht für sie jämmerlicher Schwäche, einem lächerlichen Pathos. Eine andere Person, vom Gemüt eines gutmütigen Bernhardiners, bemüht sich, den Traurigen Kraft und Trost zu geben, weil sie denkt, sie seien wirklich bemitleidenswert, würde sich selbst aber Traurigkeit – das Synonym für Schwäche – noch lange nicht zugestehen. Sie ist es sich schuldig, stark zu sein, die anderen zu unterstützen, die es mehr brauchen als sie, und kann sich nicht gehen lassen. Wenn man versteht, woher das negative Urteil über die Traurigkeit kommt, trägt das bereits dazu bei, es zu relativieren, das genügt aber noch nicht, es mit der Wurzel zu beseitigen. Man muss auch den Blickwinkel auf die Emotion ändern, indem man unterscheidet zwischen einfacher Traurigkeit, Klagen in der Opferrolle und Depression – drei Abstufungen, die häufig in einen Topf geworfen und als eine unangenehme Einheit gesehen werden. Sich der Traurigkeit hingeben heißt, weder in die Depression fallen, noch sich in der Klage wohlfühlen. Zumal die Person sich gewahr werden kann, dass sie diese Verirrung selbst verursacht hat. Durch Verneinung dieser Emotion, durch Zähne-Zusammenbeißen und Runterschlucken beraubt sie sich der wohltuenden Entspannungsmöglichkeit, die durch Weinen entsteht. Sie muss jedes Mal dagegen ankämpfen, wenn sie davon berührt wird. Außerdem hält diese Härte sie – kaum wahrnehmbar – fern von anderen und isoliert sie. In ihrem Innersten erlebt sie eine tiefe Einsamkeit, die ihre Traurigkeit verstärkt, obwohl sie sich dagegen wehrt. Durch die Erkenntnis, dass ihre Haltung jede Nachsicht gegen sich selbst vermissen lässt und andere daran hindert, ihr wohltuende Fürsorge und Wärme entgegenzubringen, eröffnet sich ihr eine neue Perspektive. Ihre Traurigkeit signalisiert dieser sensiblen Person, dass sie sanfter mit sich selbst umgehen und von anderen behutsamer behandelt werden muss. Sie kann die Gleichung umkehren: In ihrer Familiengeschichte wurde Traurigkeit mit Schwäche gleichgesetzt; heute kann sie aber darin eine Äußerung ihrer Empfindsamkeit sehen.

Wut

In gleicher Weise haben viele unter den cholerischen Wutausbrüchen eines Elternteils – häufig des Vaters – gelitten und verabscheuen Wut daher. Aus ihrem Erlebten folgt für sie:

Wut ist schlecht, weil sie terrorisiert,
verrückt, weil sie ohne ersichtliche Logik ausbricht,
lächerlich, weil sie sich an Belanglosigkeiten entfacht,
zerstörerisch, weil sie von verbaler und körperlicher Gewalt begleitet wird,
hässlich, weil sie das Gesicht zur grimassenhaften Maske entstellt.

Ja, häufig werden Wut und verbale Gewalt in einen Topf geworfen und vermengt. Unter Einwirkung dieses Gefühlsausbruchs hat der Choleriker sehr verletzende Urteile gefällt und Drohungen laut werden lassen. Diese verletzenden Worte hinterlassen unauslöschliche Spuren, die die Gleichung Wut = Zerstörung etablieren. Es ist also zwingend notwendig, Wut vollständig abzulehnen. Sie zuzulassen, würde bedeuten, sich dem anzugleichen, was man verabscheut. Ein solch abschreckender Effekt errichtet eine unüberwindbare Schranke für jeden Wutausbruch. Wenn dieser dann doch vorkommt, nähme sich die Person das furchtbar übel und verdoppelte die Anstrengung, einen neuen Anfall zu vermeiden. Den Blickwinkel zu ändern und die Wut in einem anderen Licht zu zeigen, fordert starke Überzeugungsarbeit ... Meine erste Aussage dazu ist, dass Wut sich vollständig von verbaler Gewalt trennen kann beziehungsweise verbale Gewalt sogar von Unterdrückung der Wut hervorgerufen wird. In der Tat übt diese »hochspannungsgeladene« Emotion – wenn sie an der direkten Entladung gehindert wird – derartigen Druck aus, dass sie sich über das Ventil der Worte entladen muss. Diese sind dann heftiger als beabsichtigt und werden schneidend.

Ja, ich teile die Abscheu vor verbaler Gewalt, aber ich zeige die notwendige Rolle, die die Wut spielt. Ich vergleiche sie mit Tempelwächtern oder den zornigen Königen, die an den vier Eckpunkten buddhistischer Mandalas dargestellt werden. Wut ist da, um sich vor Aggressionen zu bewahren, sich zu wehren und das zu schützen, was uns wichtig und wertvoll erscheint. Sie ist unsere Schutzmacht. Sie ermöglicht uns, »Nein« oder »Stopp« zu sagen zu dem, was uns zu schaden droht. Sie bewegt uns, sich gegen Ungerechtigkeiten, Misshandlungen, Würdeverlust und Missbrauch zu wehren. Ihre zweite wichtige Funktion zeigt sich, wenn wir etwas, was uns elementar oder mindestens hochwichtig ist – wie um eine Gehaltserhöhung zu bitten – mit Kraft durchsetzen. Wenn wir unsere Stimme unter widrigen oder feindseligen Umständen erheben müssen, verleiht sie uns den nötigen Wagemut, die Kraft und Entschlossenheit. In diesen beiden Funktionen liefert sie die Energie und Dynamik, die wir brauchen, damit wir weder resignieren noch erdulden.

Angst

Angst hat ein sehr schlechtes Image, vor allem wegen der schmerzlichen Empfindung, die sie hervorruft, und wegen des Versagens, das damit einhergeht. Angst macht Angst. Es ist gar nicht so sehr, dass man sie beurteilt, sondern man versucht, dieses Empfinden zu vermeiden. Der Gedanke, dass sich die Situation dadurch verschlimmern könnte und anziehen könnte, was man fürchtet, bekämpft es, die Angst aufsteigen zu lassen. Die Befürchtung droht von zwei Seiten – von innen und von außen. Zum einen, wenn mich Angst überwältigt, zerstört sie mich innerlich, und im Extremfall überzeugt mich die beklemmende Furcht vom drohenden Tod. Zum anderen im gleichen Maße, in dem sie ansteigt, werde ich immer sicherer, dass das Schlimmste tatsächlich eintreten wird: Wenn ich Angst vor einer Krebserkrankung habe und in dieser Angst untergehe, fürchte ich nicht nur, krebskrank zu sein, ich werde es wirklich! Die Vorverurteilung greift eher die Person an, die sie erleidet, als die Emotion: Man beschuldigt sich selbst der Feigheit, Schwäche und Zaghaftigkeit.

In der Gesellschaft hält sich das Klischee, das »schwache Geschlecht« lasse Angst eher zu; viele Frauen geben dies zu und bringen es offen zum Ausdruck. Da der irrationale Charakter beim Kind das Verständnis und die Geduld der Eltern auf den Prüfstein stellt, fühlt es sich mit seinen hartnäckigen Angstgefühlen abgelehnt und als Angsthase abgestempelt. Die Meinung der anderen spielt insbesondere auch bei heranwachsenden Jungen eine wichtige Rolle. Derjenige, der sich eingeschüchtert gibt, läuft Gefahr, ausgegrenzt zu werden oder sogar körperliche Schikanen zu erleiden. Um von der Gruppe akzeptiert zu werden, ist er gezwungen, seine Angst zu verbergen. Eine Person mit ihrer Angst zu versöhnen, erfordert allerdings den Einsatz der ganzen Überzeugungskraft. Diese widerliche Angst, die ihr eher schädlich als nützlich erscheint, spielt dennoch eine unbedingt notwendige Rolle: Sie ist ein Gefahrenwarnsignal, das an Verwundbarkeit und ihre Grenzen mahnt. Die abwertenden Urteile, mit denen man sich belastet, helfen in keiner Weise, ganz im Gegenteil, je mehr man sich als Versager, als Feigling fühlt, desto weniger ist man in der Lage, Zweifel und Furcht zu überwinden. Muss man ein wasserscheues Kind schimpfen und ihm ins Gewissen reden, damit es schwimmen lernt? Ich betone: Wer Angst hat, macht sie nicht, sondern erleidet sie – er kann nur feststellen, dass sie da ist, er kann nichts dafür. Will er sie überwinden, hat er nur die Möglichkeit, sie anzunehmen. Dazu muss er ermutigt und gestärkt werden. Mut zeigt man bereits, wenn man es akzeptiert, Angst zu spüren und dabei liebevoll mit sich selbst umgeht.

Freude

Es mag verwundern, die Freude unter jenen unterdrückten Emotionen wiederzufinden, mit denen man sich versöhnen sollte ... Welche Vorurteile könnten ihr entgegenstehen? Manche bezeichnen Freude als kindisch, als oberflächlich und sind der Meinung, sie erscheine eher albern – der Glückliche: ein Trottel. Dagegen zeugen Leid, große selbstkritische Zweifel, die Fähigkeit, Schwächen und Unzulänglichkeiten um sich herum zu erkennen, von mehr Gedankentiefgang und Intelligenz. »Wenn man im Leben das sieht, was man sieht, und das hört, was man hört, gibt es mehr Gründe zur Traurigkeit als zur Freude!« Andere negative Vorurteile ersticken manchmal die Freude: Jeden Augenblick der Freude muss man mit dem Unglück, das sich hinter ihr verbirgt, bezahlen, und außerdem ist sie nicht von Dauer. Wenn man sie unterdrückt, vermeidet man Ärger oder Enttäuschung. Freude zieht Neid und Aggression an, die einen im Augenblick, in dem man sich öffnet, mit voller Wucht treffen. Sie ist gefährlich, man wird sie uns übel nehmen, uns bestrafen, es ist also besser, sie zu zügeln. Freude ist dafür verantwortlich, wenn andere leiden, man muss sie sich also verbieten. Selbsterlebtes und familiäre Überzeugungen legen häufig diese Vorurteile an, die schließlich zu »allgemeinen Wahrheiten« werden.

Eva hatte eine depressive Mutter, die es als Verrat ansah, dass ihre Tochter sich amüsieren oder lachen konnte, während sie selbst litt. Sie versetzte sie mit perfiden Bemerkungen in Schuldgefühle: »Du hast kein Herz, du liebst mich nicht, wenn ich tot bin, wirst du sehen, was du mir angetan hast, und, und, und ...« Im Erwachsenenalter trübten sich so die Momente der Freude schnell durch ein Schuldgefühl – war sie nicht zu egoistisch, zu oberflächlich?

Adam teilte eher den ersten Aspekt: Freude = mangelnde Intelligenz und eine nette Facette. Hier geht es darum, die wertvolle Eigenschaft der Freude zu zeigen, für sich und in Beziehung zu anderen. Freude öffnet uns und macht das Herz weit, man erlebt sie im gegenwärtigen Augenblick, zu dem sie uns zurückbringt. Sie drückt unsere Spontaneität aus und regt unsere kreativen Neigungen an. Sie ist in höchstem Maße kommunikativ und kontaktstiftend und animiert uns zum Teilen, indem die anderen in das mit einbezogen werden, was uns freut. Sie inspiriert zu Festen und zum Feiern. Ohne sie droht Langeweile und das Leben würde öde und trostlos.

Ekel und Abscheu

Ekel wird im Allgemeinen begleitet von schmerzhaften Empfindungen, die zur teilweisen Unterdrückung führen können. Ekel zu zeigen, kann uns im Weg stehen und sich als gefährlich erweisen, vor allem wenn er sich gegen die Person richtet, die ihn ausgelöst hat: Wenn ich bei ungleichen Kräfteverhältnissen von jemandem unwürdig behandelt wurde und ihm gegenüber meinen Ekel zum Ausdruck bringe, wird er mir dies mit hoher Wahrscheinlichkeit heimzahlen. Diese Gefühlsregung ist bezeichnend für Situationen, die uns in hohem Maße in unserer Empfindung widerstreben. Sie zeigt sich bei krass ungerechten, bei perversen, gemeinen oder inzestuösen Verhaltensweisen. Ekel – als eine Art von Alarmsignal – warnt uns vor einer gefährlichen Persönlichkeitsstruktur oder Situation und zwingt uns, dass wir uns dieser Lage entziehen und uns distanzieren. Wenn in derartigen Situationen ein Kind Opfer von perversen Verhaltensweisen wird, befleckt Ekel alles und vereinnahmt häufig leider auch das Opfer. Es fühlt sich beschmutzt, schändlich, befleckt und ekelt sich schließlich vor sich selbst. Man findet diese Reaktion auch bei Erwachsenen, zum Beispiel bei Frauen, die vergewaltigt wurden. Ekel mischt sich mit Scham. Dies geschieht umso stärker, wenn der Täter selbst Verachtung und Ekel gegenüber seinem Opfer ausdrückt, indem er ihm Schuld zuweist. In den Augen des Täters ist das Opfer verachtenswert, widerlich, miserabel, ja Abschaum. In diesen Fällen geht es primär nicht darum, sich mit dieser Gefühlsregung zu versöhnen, sondern zunächst dabei zu helfen, dass sich die betroffene Person von ihrem Selbstekel befreit, indem sie begreift, dass er durch das Verhalten des Täters hervorgerufen wurde. Erst dann kann das Opfer den Selbstekel an den Täter zurückweisen. Erst wenn die Frau ihre Würde wiedergefunden hat, kann sie den Ekel der erfahrenen Entwürdigung und Erniedrigung vollständig überwinden.

Schließlich wird Selbstekel manchmal durch Taten, die man selbst begangen hat, hervorgerufen, und man merkt erst im Nachhinein, wie zerstörerisch das für einen selbst oder für andere war. Ich denke hier an Suchtkranke, die unter Einfluss von Alkohol oder Drogen so weit heruntergekommen sind, dass sie nicht mehr wissen, was sie tun, mit sich selbst unwürdig umgehen und ihre Angehörigen misshandeln. Eine positive Funktion von Ekel ist, dabei zu helfen, diese Verhaltensweisen abzulehnen (nicht sich selbst, was in eine Sackgasse führen würde). Das aber weniger mit moralischen Begründungen – dies würde die Aburteilungen und damit eine innere Teilung bestärken –, sondern weil sie die eigene Sensibilität und Selbstachtung verletzen.

Außerdem kann Ekel von anderen implantiert werden und uns eigentlich gar nicht betreffen. Zum Beispiel, wenn zwei kleine Kinder untereinander ein sexuelles Spiel ausprobieren und ohne

Hintergedanken Spaß daran haben. Werden sie von einem Erwachsenen überrascht, der dazu starken Abscheu zeigt und das Verhalten verurteilt, besteht ein hohes Risiko, dass die Kinder ihrerseits wiederum den Ekel und die Verurteilung übernehmen. Diese Beispiele zeigen die Notwendigkeit, zwischen Situationen zu unterscheiden, in denen Ekel die Person betrifft und seine Alarmsignal-Rolle spielt, und den Situationen, in denen er an diejenigen zurückverwiesen werden muss, die ihn eingebracht haben.

Die Versöhnung mit unseren Gefühlen markiert einen wichtigen Wendepunkt, denn Leiden hat seine Ursache im Konflikt. Wenn wir unseren Blick ändern, behandeln wir Gefühle nicht mehr als Feinde, sondern erkennen sie als lebendigen Ausdruck unserer Sensibilität. Statt zu leiden, spüren wir ganz intensiv, wie Ereignisse uns berühren, und wir lernen, Gefühlsregungen frei schwingen zu lassen.

Kapitel 3
Umgang mit Emotionen

»Schafft die Distanz zu euren Gefühlen ab.«[10]

Zu Beginn seiner Entwicklung zeigt das Gefühlsleben eine Mischung aus Komplexität und Verwirrung, das berühmte Magma des Leids, dumpf oder stechend. Man muss also zurück zum einfachen Funktionieren, wie man es bei einem kleinen Kind beobachten kann, allerdings mit dem Daseinsbewusstsein eines Erwachsenen. Die Reaktion des kleinen Kindes ist direkt, ohne Umschweife, transparent, die Emotion zeigt sich und verschwindet dann schnell wieder. In wenigen Augenblicken kann auf Tränen ein echtes Lachen folgen, denn ein Kind lebt in der Gegenwart.

Auf den Erwachsenen übertragen: Wenn mich eine Situation emotional berührt, kann ich das sofort erkennen. Ich kann eine aufsteigende Gefühlsregung identifizieren, spüren und erleben, die Botschaft hören, die sie zum Handeln liefert, ohne mich von ihr überwältigen zu lassen, und sie schließlich vollständig verfliegen lassen. Die Seite ist umgeblättert, keine einzige emotionale Last bleibt. Zu Beginn der emotionalen Entwicklung sind viele von uns weit entfernt von dieser Einfachheit. Spontaneität ist also das Ergebnis der inneren Arbeit von Klärung und Flüchtigkeit.

Wenn wir verletzt sind, eröffnen gewöhnlich Kommentare und Urteile den Reigen der Emotionen. Die Gefühlsregung wird versteckt, sie beginnt dann mit einer gewissen Verzögerung als Unbehagen hervorzutreten: Gedanken drehen sich im Kreis, körperliche Spannungen entstehen. Wir grübeln, projizieren Reaktionen und machen uns unseren eigenen »Film«. Überwältigt uns die Gefühlsregung hingegen, reagieren wir ohne Urteilsfähigkeit. Dann beschuldigen wir uns selbst und machen uns diese überschwängliche Reaktion zum Vorwurf oder versuchen, sie zu rechtfertigen, indem wir den anderen beschuldigen. Auch wenn die Entladung eine sofortige Erleichterung bringt, bleiben negative Auswirkungen dieser Reaktion auf den anderen nicht aus. Diese Reaktion muss sich nur wiederholen und neigt dazu, sich zu steigern (um sich davon zu überzeugen, genügt es, Konflikte in der Ehe zu beobachten, bei denen unermüdlich dasselbe Szenario abgezogen wird). Es gibt weder eine echte Lösung noch einen tiefgehenden Friedensschluss.

Um zu zeigen, was sich ändern muss, verwende ich häufig ein Bild: Statt unsere Emotionen als Störenfriede oder Feinde zu sehen, *muss man lernen, sie so zu behandeln wie ein liebender Elternteil sein Kind.* Ein Kind erwartet, angenommen zu werden, wie es ist, in seinen Bitten erhört und ohne Wertung verstanden zu werden. Unsere Emotionen fordern denselben Ansatz. Es handelt sich um einen Lernprozess, der Verständnis, Sensibilität und Pädagogik vereint. Swami Prajnanpad sprach davon, »seine Erziehung abzustreifen« und sich von negativen Konditionierungen zu befreien, um so die Emotionen mit Liebe, wie ein neues Kleid, wieder anzulegen.

Ein Kind, das von seinem jüngeren Geschwisterchen entthront worden ist, kann seinen Eltern nicht von seinen Sorgen, seiner Verzweiflung erzählen, sondern macht dies durch sein regressives oder aggressives Verhalten deutlich. Ein nicht ausreichend empfindsamer Elternteil könnte hierauf reagieren, indem er das Kind anfährt, ihm die Leviten liest oder es bestraft, was dessen Verzweiflung steigert. Genauso verhält es sich, wenn wir im Erwachsenenalter in einer Situation sind, die Eifersucht hervorruft: Wir können uns verurteilen, uns schämen, Schuldgefühle erzeugen und in unangemessene Reaktionsmuster verfallen. Wie ein Kind, fordert unsere Eifersucht unsere wohlwollende Aufmerksamkeit. Der Umgang mit Emotionen gestaltet unsere Beziehung zu ihnen neu, indem unsere Haltung im Lauf der Zeit verändert wird: Man öffnet sich, will verstehen, wird aufmerksam und sensibel. Unsere Intention wechselt die Richtung und hört auf, argwöhnisch und unterdrückend zu sein.

Der Sinn dieser Entwicklung

Diese Arbeit im Umgang mit Emotionen in Angriff zu nehmen, erfordert ein klares Ziel – und eine Straßenkarte des geplanten Wegs – wo will man hin, welche Abschnitte des Wegs muss man bewältigen? Das Ziel dessen, der eine Therapie beginnt, ist Linderung seines Leidens. Im Allgemeinen impliziert dies, Gefühle, die er als unangenehm beurteilt, verschwinden zu lassen und sie durch angenehmere und glücklichere zu ersetzen. Das entspricht nicht ganz der Vorgehensweise, die ich vorschlage, nämlich: *die vollständige Palette der glücklichen und unglücklichen Gefühle leben zu können, aber ohne zu leiden.* Das Verschwinden des Leidens entsteht mit dem Umformen der inneren Beziehung zu Emotionen. Diese Veränderung besteht in einer Vereinfachung und Reinigung, die es ermöglicht, sie zu akzeptieren.

Der Prozess des Vereinfachens

Jeder Mensch trägt eine begrenzte Anzahl von großen emotionalen Problematiken in sich, die wie die Hauptäste eines Baums sind. Diese verzweigen sich, kommen unter verschiedenen Gesichtspunkten bei unterschiedlichen Situationen zum Ausdruck und verbergen ihre gemeinsame Wurzel. Man muss also auf diese Grundproblematiken zurückkommen.

Stellen wir uns eine Person vor, die verlassen wurde und davon gezeichnet ist. Die affektive Unsicherheit in Verbindung mit dem Verlassensein zeigt sich nicht nur eindeutig in ihrem Liebesleben, sondern kann sich peu à peu auch in ihr materielles Leben und Berufsleben einschleichen. Ein Teil der therapeutischen Arbeit wird darin bestehen, die Menge der auftauchenden Problemstellungen zu verringern, indem sie jene zusammenfasst, die aus derselben Quelle entspringen. Hier ist es das Verlassensein. Man geht also von den Zweigen zu den Hauptästen. Vereinfachen, nach dem Beispiel des Kindes, führt auch dazu, Hindernisse und Zensuren zu beseitigen, die Umwege notwendig machen und Komplikationen verursachen. Diese Hindernisse und Zensuren lassen sich beseitigen, indem man sich aktiv öffnet, eine flexiblere Einstellung entwickelt und akzeptiert, sich berühren zu lassen. Eine Problemstellung wird von zahlreichen Gedanken begleitet, in die man sich leicht verliert, während man auf emotionaler Ebene in einer einzigen Färbung bleibt. Das Herz hat es einfacher als der Kopf ...

Der Reinigungsprozess

Vereinfachung geht Hand in Hand mit Reinigung, wie in der Chemie. Man zerlegt eine komplexe Verbindung in einfache Elemente, um diese zu isolieren und zu reinigen. Um einem natürlichen Impuls zu folgen, nämlich sich zu äußern und damit anzufangen, dürfen unterschiedliche Gefühlsregungen nicht vermischt werden: Wenn ich traurig und wütend bin, hindert mich die gleichzeitige Äußerung dieser beiden Gefühlsregungen daran, jede einzelne völlig auszuleben. Sie bleiben also viel länger. Wenn man eine Person, die von diesen beiden Gefühlsregungen betroffen ist, aufmerksam beobachtet, stellt man fest, dass die Regungen sich in kurzen Abständen gegenseitig überlagern. Es ist also notwendig, dass die Person eindeutig festlegt, welcher Gefühlsregung sie Vorrang gibt, während des Zeitraums, den sie benötigt, um sich von ihr zu befreien. Dieser Punkt kristallisiert sich in der Praxis als grundlegend heraus, denn viele Menschen bringen ihre

Emotionen vermischt zum Ausdruck, weshalb sie nie ans Ziel kommen. Genauer gesagt ist dies der Fall, wenn Negativität und Leiden dominieren und insbesondere, wenn sie mit innerer Opfereinstellung verbunden sind. Natürlich erstreckt sich der Reinigungsprozess auch auf Gedanken und Urteile, die mit Emotionen verquickt sind. All diese mentalen Aspekte müssen identifiziert und ausgesprochen werden, damit sie schrittweise eliminiert werden können und dem reinen emotionalen Empfinden Raum lassen. Auf diese – für die Wirksamkeit des Vorgehens so wichtigen – Fragestellungen kommen wir später zurück.

Dem Gefühl seine wahre Stärke geben

Die vorangegangene Versöhnung mit den »ungnädigen« Emotionen macht den Weg frei, um sie in der Tiefe anzugehen. Das Erkennen und die Einschätzung ihrer Wurzeln sowie eine positive Transformation ihres Bildes reichen noch nicht, sie voll und ganz zu akzeptieren. Sie schaffen im Inneren günstige Voraussetzungen, die es ermöglichen, sich hemmungslos der Gefühlsregung hinzugeben und sie zum Ausdruck zu bringen. Zu diesem Zweck muss zunächst das Empfundene sich vertiefen – eine erforderliche Zwischenetappe bei der Entdeckung der wahren Ausmaße des Gefühls. Die »Lieblingswaffe« des unterdrückten Gedankens ist das Irreführen der wahren Intensität, indem man verstärkt (»Es ist furchtbar, schrecklich, dramatisch«) oder abschwächt (»Es ist nichts, nicht schlimm, das ist mir egal«). Häufig verharmlost und bagatellisiert man in Gedanken.

> Adam ist hierfür Spezialist: Als ich sah, dass er betroffen war, und ihm dies auch sagte, begann er um den heißen Brei herumzureden: »Ich, verärgert über meinen Chef? Wissen Sie, dieser Typ ist manipulativ und ›karrieregeil‹, davon haben wir einige in der Firma. Diese Art

Mensch interessiert mich nicht. Sie werden doch nicht glauben, dass mich so ein Typ stört.«

»Die Tatsache, dass er monatelang Ihr Projekt kritisiert und durchkreuzt hat und es jetzt an sich reißt und so verkauft, als sei es seine eigene Idee gewesen, verärgert Sie nicht im Geringsten?«

»Das lohnt sich nicht. Das macht er mit den anderen auch.«

»Aber trotzdem, erinnern Sie sich, dass Sie mir vor fünf Minuten sagten, dass Sie völlig demotiviert sind.«

Adam gab schließlich zu, dass er »etwas verärgert« war, obwohl er eigentlich am liebsten explodiert wäre. Er unterschätzte ständig seine Wut, außer wenn er Themen ansprach, die ihn nicht persönlich berührten, wie Politik. Er beanspruchte dagegen seine Wut für die eine oder andere Dummheit oder Ungerechtigkeit und überschätzte dabei ihren Stellenwert. Ich bat ihn, Intensität und Ausmaß seiner Gefühlsregung zu benennen, um sensible Antennen zu entwickeln. Nach und nach wurde sich Adam seines Unterdrückungsmechanismus bewusst. Er hatte manchmal für einen Augenblick eine flüchtige Vorstellung von der wahren Intensität, vergleichbar mit dem undeutlichen Blick auf den Grund eines Brunnens. »Ich kann gerade nicht stärker empfinden, aber ich weiß, dass es stärker ist.« Anstatt mit mir zu feilschen, bevor er Schritt für Schritt widerwillig eine Gefühlsregung zugab, suchte er sie selbst und bat um meine Unterstützung, um sich ihr mehr und mehr zu nähern. Er wollte nun schrankenlos empfinden, und trotz seiner Aufrichtigkeit litt er unter seiner selbst gezogenen Verteidigungslinie. Es gelang ihm zu erkennen, dass ihn das Verhalten seines Vorgesetzten nicht nur verärgerte, sondern wütend machte. Die Missachtung seines Chefs gegen ihn ist so zur Wut geworden. Als er davon sprach, reagierte sein Körper stark, er war gespannt wie ein Bogen. »Ich habe Lust, ihm mit der Faust ins Gesicht zu schlagen!« In der Tat steigerte sich seine Lust zu schlagen und er donnerte mit der Faust eine wutgeladene Tracht Prügel auf ein Kissen, das ich ihm hierfür gegeben hatte. Jeder Schlag wurde mit Wutgebrüll betont: »Du gemeiner Hund! Hier hast Du's!« In dem Maße, in dem er sich gestikulierend und schreiend äußerte, durchquerte unbändige Freude seine Wut. Natürlich löste dieser Ausbruch nicht wie von Zauberhand seine Probleme, aber er veränderte die Dynamik der Situation. Indem er das volle Ausmaß seiner Wut entdeckte, fühlte er sich im Gleichgewicht mit sich, beherrscht von neuer Kraft und Entschlossenheit. Es versteht sich von selbst, dass es monatelange, hartnäckige Geduldsarbeit erforderte, um bei einer solch kontrollierten Person an diesen Punkt zu gelangen, die Schranken zu öffnen, die sich immer wieder schlossen.

Eine Gefühlsregung in ihrer gesamten Tragweite wieder zuzulassen, ist also der Weg, den man in Etappen zurücklegen muss und auf dem man die Abwehrhaltung durchbricht, die sie umgibt. Diese Zeit braucht man unbedingt, damit die Arbeit zu den Gefühlsregungen Fortschritte macht und geschmeidig wird, denn sie stellt einen Reifungsprozess dar, der für das völlige Öffnen und Empfinden notwendig ist. Man kann schneller vorankommen, wenn man die Person heftig provoziert und damit in die Enge treibt, aber ihr Gefühl würde sie dessen ungeachtet überwältigen, was wiederum die Gefahr birgt, ihre Verteidigungshaltung zu verstärken. Wie es häufig der Fall ist, sind auch bei Adam der bewussten Wahrnehmung der Intensität seiner Wut Träume vorausgegangen. Er spazierte in düsteren Gegenden mit feindseliger Stimmung; man wollte ihn angreifen, und im Lauf der Zeit prügelte er sich immer heftiger mit diesen Angreifern. In seinen letzten Träumen gelang es ihm, einen seiner Feinde totzuschlagen, indem er wie wild auf ihn einschlug. Im Wachen spürte er manchmal – wie ein Tier – ein Knurren tief in seinen Eingeweiden.

Zugang zum emotionalen Schmerz

Als ich feststellte, dass diese Wut, die viel Zeit brauchte, bis sie sich zeigte, bei der nächsten Sitzung gesteigert war, ahnte ich, dass sie über die berufliche Situation hinausging. Dieses häufig auftretende Phänomen findet man, wenn eine Gefühlsregung zu der Situation, die sie ausgelöst hat, übertrieben erscheint. Man nimmt also zwei Gefühlsebenen wahr, die unmittelbare, die direkt mit der aktuellen Situation in Verbindung steht, und eine andere, unterbewusste beziehungsweise mit der Vergangenheit in Verbindung stehende Ebene. Man muss sich also dieser zweiten Schicht öffnen, deren Intensität zunächst völlig irrational und unverständlich erscheint. Häufig entpuppt sich eine Gefühlsregung aus unserer Vergangenheit viel schmerzhafter durch die Verknüpfung mit einem wesentlichen gefühlsbeladenen Problem. Sie zeigt zuvor ihre Ähnlichkeit mit der aktuellen Gefühlsregung durch ihre Art wie auch symbolisch oder real mit Situationen der Gegenwart und Vergangenheit.

Adam war wirklich tief gekränkt, dass er – statt Anerkennung – Missachtung geerntet hatte für dieses Projekt, für das er Hürden überwunden und sein Bestes gegeben hatte. Da die Wut nicht nachließ, wurde deutlich, dass man die Sache weiter zuspitzen musste. Zur Empörung gesellten sich Ekel und Enttäuschung. Ein Schmerz begann den Bauch zu quälen, und seine Schreie verloren an Aggressivität. Er hatte Schmerzen. Nach und nach stellte sich heraus, dass eine Situation aus seiner Kindheit des Pudels Kern war. Er verließ das Thema der Problematik mit seinem Chef und ging zu seinem Stiefvater über. Der war nämlich der Dreckskerl. Was hatte er getan? »Er hat mich beraubt ... Er hat sie mir weggenommen ... Er glaubte, sich alles erlauben zu können ... Er ließ Mama sagen, dass man alles ihm verdanke ... Ich hasse ihn. Ich würde ihn am liebsten umbringen. Als mein Vater uns verlassen hat, habe ich alles getan, um Mama zu helfen ... Sie nannte mich »meinen kleinen Mann«. Als der »neue Herr« gekommen ist, hielt er sich für den Retter, aber das stimmte nicht!« Adam bekam noch schmerzhaftere Wut. In seinen Augen beanspruchte sein Stiefvater alle Dankbarkeit und den Platz, der eigentlich ihm zugestanden hätte. All die Anstrengungen, seiner Mutter zu helfen, nachdem sein Vater sie verlassen hatte, zählten nicht mehr, und der »Neuankömmling« stolzierte herum wie ein Pfau und behauptete, er habe diesem Haus das Glück zurückgebracht. Man musste auch noch in Dankbarkeit niederknien vor dem Eindringling, dem Thronräuber! Adam war tief gekränkt, als wäre er vom Podest gestoßen und ersetzt worden. Der andere hat ihm seine Mutter und die Aura des auserwählten Ritters gestohlen. Die Egozentrik des Stiefvaters beanspruchte alle Dankbarkeit. Dem Schmerz folgten Wut und die Verzweiflung, machtlos zu sein, sich fügen zu müssen, wobei ihm das komplett widerstrebte. Jetzt nahm er das ganze Ausmaß in seinem Herzen und Körper wahr, er protestierte und verkrampfte sich. Ich vergleiche unser emotionales Leiden häufig mit russischen Puppen, die ineinander stecken, oder mit einer Zwiebel. Adam war zu einer zentraleren Schicht vorgestoßen, nämlich der, die er in diesem Stadium seiner Entwicklung erreichen konnte.

Widerstände durchqueren müssen

Wie sind wir von der aktuellen Gefühlsregung zu jener aus der Vergangenheit gelangt? Es gab keine spezielle Technik, kein irgendwelches »Hypnotisieren«, sondern den richtigen Schlüssel, nämlich das Annehmen. Was heißt annehmen? Man muss die Richtung des zentrifugalen psychischen Stroms umkehren, der ständig versucht, sich von diesem Schmerz zu entfernen, um ihn auf Abstand zu halten. Der Versuch, dem Schmerz zu entkommen, ist ein psychisches Grundverhalten. Drei Hauptfaktoren richten den Schmerz so aus, dass er nicht ins Bewusstsein aufsteigt: die Gedanken, die daraus entstehenden Gefühlsregungen und körperliche Grenzen.

»Das Hindernis ist die Ablehnung auf allen Ebenen, im Körper, Herzen und Mentalen; dies führt zu verzerrten, abweichenden, übersteigerten Zuständen und Reaktionen des Körpers, des Herzens und des Geistes und macht krank.«[11] Man muss also alles konterkarieren, was entfernt (zentrifugal), und fördern, was annähert, und zutage treten lassen (zentripetal), was in den drei Ebenen arbeitet: Körper, Gefühl und Geist.

Geistige Hindernisse aufheben

Das erste Bollwerk des Widerstands zeigt sich auf mentaler Ebene durch Gedanken, die daran hindern, Gefühle wahrzunehmen.

Bei Adam jammerte der Schmerz im Hintergrund: »Mir geht es schlecht« und appellierte an die Psyche, die antwortete jedoch konstant: »Nein, mir geht es nicht schlecht«, »Es ist nichts, es ist mir egal«. Adam verteidigte sich gegen die Geringschätzung seines Chefs – »So ein Typ hat nicht die Macht, mich leiden zu lassen«. Dieser bewusste Widerstand wurde im Untergrund durch die Rebellion gegen seinen Stiefvater verstärkt. Wie kann man zugeben, dass man wegen dieses Mannes leidet? Das wäre noch unerträglicher. Er bezog alles auf sich! Adam wollte sich nicht erniedrigen, indem er irgendetwas offenlegte. Im Gegenteil, er musste hart sein, sich verschließen und ihm so beweisen, dass er keinerlei Macht über ihn hat. Das würde bedeuten, es mit gleicher Münze heimzuzahlen: »Du bist nichts als ein Fremder«. Diese Gedanken mussten in der Kindheit wahrscheinlich zutage getreten sein, schwankten aber im Unterbewusstsein. Als der Strom sich umzukehren begann, kamen sie an die Oberfläche und blockierten im Aufsteigen den Prozess der Verarbeitung. Adam konnte nur darüber hinweggehen, schon deshalb, weil die Gefühle sich in seinem Bewusstsein nicht deutlich gezeigt hatten. Als ich seine Schwierigkeiten sah, den Schmerz zuzulassen, fragte ich ihn, was ihn daran hindere, und so konnten diese Gedanken frei werden. Um im Prozess des Annehmens Fortschritte zu machen, war es notwendig, in diese Richtung zu gehen. Ja, es ist verständlich, dass das Kind sich so verteidigen wollte. Sonst hätte Adam das Gefühl gehabt, seine Ansichten zu verleugnen, und ich wäre zum Verbündeten seines Feindes geworden. Er hat eine Fassade seiner Person aufrechterhalten, indem er sich verhärtete, um seine Insel des Widerstands gegen den Eindringling zu schützen. Jetzt, wo er sich dem öffnet, was er spürt, muss er es nicht mehr als Kapitulation betrachten. Ganz im Gegenteil: Er erkannte, dass er Freude daran hatte, diesen Teil von sich, der so lange eingesperrt war, wiederzugewinnen.

Dieser Punkt erweist sich für die Praxis als sehr wichtig. *Ein Prozess des Annehmens darf in keinem Stadium das Gefühl geben, dass man sich Zwang antut oder Gewalt gegen sich selbst richtet.* Sonst handelt es sich nicht um ein Annehmen, sondern eher um eine Form von Resignation. Die Revolte und die Ressentiments, die die Ablehnung nähren, erlöschen in den seltensten Fällen von einem Moment auf den anderen. Versucht man, sie vernünftig zu erklären, ihre Belanglosigkeit in einer unvermeidbaren Situation zu beweisen, gräbt man die Ablehnung nur noch tiefer ein und bedeckt sie mit einer Schicht »Pseudo-Annahme«. Erst wenn man aus tiefster Seele protestiert hat, kann man wirklich loslassen. Wir müssen uns vollständig solidarisch mit dem Teil von uns zeigen, der sich angegriffen gefühlt hat, so lange, bis er sich völlig verstanden und anerkannt sieht und zur Ruhe kommt. *Annehmen ist Öffnung, Entspannung und nicht Kampf.* Allerdings hatte jeder Widerstand seinen Sinn, auch wenn er uns heute unangebracht und kontraproduktiv erscheint. Der jetzt Erwachsene begreift mit seinem Herzen, indem er wieder das Kind sieht, das sich mit seinen damaligen Mitteln durchgeschlagen hat. So kehrt sich jeder gegenläufige Strom um, um schließlich zum zentripetalen Strom des »Ja zu dem, was man spürt« zurückzukommen.

Die Sperre der sekundären Emotionen durchbrechen

Um mentale Hindernisse zu überwinden, muss man sich auch von sekundären Emotionen, wie Scham und Schuld, befreien. Wir haben bereits erwähnt, dass Wertungen den Konflikt mit der primären Emotion nähren und ihre Unterdrückung begünstigen. Außerdem befördern sie sekundäre Emotionen, die wiederum eine zweite Sperre darstellen.

Ihr Scheitern im Liebesleben und ihre Einsamkeit beschämten Eva. Dies rief bei ihr den Eindruck hervor, dass sie einer echten Liebe nicht würdig sei und nur Männer anziehe, die sie benutzten. Scham stellte ein Hindernis auf mehreren Ebenen dar: zunächst, um das Problem ihres Liebeslebens, dann um Schmerz und Einsamkeit anzugehen. Sie schämte sich dafür, was sie war, und für ihr Leben. Sie schämte sich, dass es ihr schlecht ging. Es hagelte nur so von Verurteilungen gegen sich selbst: »Ich bin nichts ... eine blöde Kuh ... Ich lass' mich immer wieder reinlegen ... Ich habe völlig versagt ... Kein Mensch interessiert sich für mich.« Weder sie noch ihre Enttäuschung verdienten auch nur das Geringste an Empathie. Schuldgefühle verstärkten die Probleme noch: Es war ihre eigene Schuld, ihr eigener Fehler, dass sie in diesem Zustand sei; sie verstand es weder, ihr Leben zu führen, noch gute Entscheidungen zu treffen. Mit dem Hass gegen sich selbst kamen Suizidgedanken. Sie war von diesen sekundären Emotionen beherrscht und hatte deshalb den Kontakt mit ihrer Sensibilität und ihrer primären Emotion – der Enttäuschung – verloren. Der Kontakt mit anderen war ebenfalls behindert. Es musste also jede einzelne sekundäre Emotion identifiziert, benannt, erkannt und angenommen werden: Ja, sie schämte sich, ja, sie machte sich Vorwürfe. Nun bat ich sie, die Auswirkungen dieses Cocktails von negativen Emotionen und Wertungen auf ihren Körper und ihre Energie zu beobachten. Sie konnte nicht anders als hierbei katastrophale Auswirkungen feststellen – alles tat ihr weh, ihre Energie war auf null, es war ein Totalzusammenbruch. Sie dachte, wenn sie so schlecht mit sich selbst umgehe, würde sie Klarheit beweisen und sich zu ihrem »Wohl« geißeln ... Indem sie beobachtete, dass dies zum völligen Verlust ihres Selbstbewusstseins und Impulses führte, musste sie sich klarmachen: Diese Art Umgang mit sich selbst war absolut kontraproduktiv. Auch als sie dahin kam, ihre Enttäuschung zu spüren, konnte sie den riesigen Unterschied fühlen zwischen Öffnung zu tiefer Wahrheit und dem Albtraum, der von sekundären Emotionen genährt wird. Diese erscheinen nun wie eine schwarze Wolke, die den Geist verdunkelt und das verbirgt, was sie im Herzen trägt.

Scham und Schuld lösen sich ganz natürlich auf, wenn ein Werturteil seine Überzeugungskraft verliert. In dem Maße, in dem das Vertrauen in der therapeutischen Beziehung wächst, gelingt es der Person, Scham und Schuld zu überwinden. Sie spürt, dass ich auf ihrer Seite bin und von mir keine Bewertung zu fürchten ist. In diesem geschützten Umfeld kann die Person ihre Schwächen und das, was sie am wenigsten an sich liebt, zeigen, negative Emotionen zum Ausdruck bringen und sich dennoch angenommen fühlen. So lernt sie, sich zu befreien. Aber der Weg, sich davon frei zu machen, geht über eine andere große Etappe: die Konfrontation mit anderen.

Diese sekundären Emotionen sind eigentlich aus Interaktionen mit anderen entstanden und lösen sich nur im Kontakt zu ihnen vollständig. Gruppentherapie ist das, was die betroffene Person spontan am stärksten fürchtet: sich Blicken auszusetzen, zu zeigen, was sie für abscheulich oder erbärmlich hält, oder mit Wertungen und Ablehnung konfrontiert zu werden. Gleichzeitig hat die Gruppe eine wunderbare Heilkraft für negative Emotionen. Aber wie bei jeder stark wirksamen Behandlung bedarf es auch hier einer ausreichend gefestigten Psyche.

Der Umgang mit Scham zeigt häufig einen spektakulären Teilaspekt. Für jemanden, der von Scham beherrscht ist, bedeutet es, sich selbst an den Pranger zu stellen, wenn er sich in einer Gruppe exponiert. Die Person wirkt wie versteinert, spricht wie jemand, der zum Tode verurteilt wurde, mit gesenktem Kopf und den Blick auf den Boden gerichtet. Wenn sie ermutigt wird, das, was sie sagen möchte, zu Ende zu bringen, steigt Schamröte in ihr Gesicht, und nach und nach hebt sich ihr Blick, der Kopf hebt sich und ich fordere sie auf, den Blick der anderen zu suchen. In diesem entscheidenden Moment wird Scham im Feuer der Blicke verzehrt. Man könnte es mit dem reinigenden Ausbrennen einer Wunde vergleichen. Indem sie genau das Gegenteil der Vermeidungsbewegung macht, die durch die Scham auferlegt worden ist, nimmt die Person das auf sich, was sie ist, mit all ihren Emotionen, ihrer Zerbrechlichkeit. Sie realisiert, dass die Schmach, in der sie glaubte, Opfer der anderen zu sein, in Wahrheit vom eigenen Werturteil herrührt. Sie kann nun die Empathie empfangen, die ihr so sehr fehlt. Dieser Umgang mit Scham und Schuld hat zentrale Bedeutung für diejenigen, die eine Anhäufung von Leid mit sich herumtragen und fast nur Negatives gegen sich selbst spüren.

Emotionen an sich heranlassen

Der Körper wehrt sich auch gegen emotionalen Schmerz. Diese Abwehr – größtenteils unterbewusst – wird ausgeprägter, je mehr man sich dem sensiblen Punkt nähert.

Ein Mann spürt ein zunehmendes Unbehagen. Er ist beunruhigt wegen der Krampfsymptome, die ihn gegen seinen Willen überwältigen. Er krümmt sich, kämpft gegen das, was ihm widerfährt, allerdings vergeblich; mit heiserer, ängstlicher Stimme sagt er: »Ich spüre meine Hände nicht mehr, meine Finger sind wie gelähmt.« Nach einer Weile fängt er an, leise zu weinen, dann immer stärker, bis er schließlich schluchzt. Der Widerstand des Körpers gab nach und die Gefühlsregung fließt in Strömen: »Ich habe ihr wehgetan.« Er fühlt sich schrecklich schuldig (sekundäre Emotion, die ein Hindernis darstellt), dann tief betrübt (emotionaler Schmerz) wegen einer Ungerechtigkeit, die er als Kind seiner Schwester angetan hat. Es ist interessant festzustellen, dass die körperliche Abwehrhaltung mit der Schuld in Verbindung stand. Bei dieser Gefühlsregung kann man für sich nicht annehmen, was man getan hat, das Mentale sagt: »Nein, das habe ich nicht getan, das ist nicht möglich« und der Körper verkrampft sich in Ablehnung. Das Ende des körperlichen Kampfes fiel mit dem Augenblick zusammen, als er das, was er getan hatte, angenommen und so dem Leid, das er deshalb hatte, die Tür geöffnet hat.

Solche Krampfanfälle treten häufig auf, wenn zum ersten Mal Gefühle geäußert werden. Ihr beklemmender Charakter verleitet die betroffene Person, den Prozess sofort abzubrechen – was sie auch täte, wenn ich sie nicht ermutigen würde, beharrlich weiterzumachen. Eine Sitzung reicht meist nicht, diese Widerstände abzubauen, die mehrfach »herausgelassen« werden müssen, bevor man zur eigentlichen Gefühlsregung gelangt.

Wie erwähnt, sind gewisse Gedanken nicht die einzige Barriere, Unterdrückung wirkt auch auf den ganzen Körper. Der zieht sich zusammen und spannt an, um instinktiv den emotionalen Schmerz wegzuschieben. Die Atmung ist erschwert, das Zwerchfell blockiert. All diese körperlichen Spannungen zielen darauf, die Emotion zu vergraben und somit einzusperren, und so auch jeder künftigen Bewältigung vorzubeugen. Wenn eine aktuelle Situation die Gefühlsregung anspricht, wird die »Gefangene« in ihrem Verlies aufgewühlt und erregt, bis sie wie ein Schachtelteufel herauskommt und ihre Kerkermeister überrascht, die sich dann bemühen, sie noch tiefer einzumauern. Annehmen läuft also darauf hinaus, Macht zu lockern, obwohl unterbewusste Befehle dies verbieten. Die Erfahrung lehrt, dass man eine Entspannung, die die Gefangene freilassen würde, nicht einfach so verordnen kann. Meistens muss man den umgekehrten Weg gehen, das heißt über die Steigerung der Spannung. Sobald man anfängt, sich der Gefühlsregung anzunähern, wird die Spannung im Körper verstärkt. Sie signalisiert, dass wir in der richtigen Richtung unterwegs sind, dorthin, wo man keinesfalls hingehen wollte. Es ist also notwendig, den Körper hemmungslos reagieren und sich mit aller Kraft widersetzen zu lassen, bis er erschöpft nachgibt. *Auch hier geht der Prozess des Annehmens über eine vollständig erlebte und zum Ausdruck gebrachte Ablehnung.* Wenn man seine ganze körperliche Energie verwenden konnte, den emotionalen Schmerz abzulehnen, beugt man sich schließlich seinem unausweichlichen Charakter. Nur den Personen, die bereits Übung in dieser Vorgehensweise haben, gelingt es, auf diese Verstärkung der Spannung zu verzichten und direkt zum emotionalen Schmerz zu gelangen.

Tiefe Entspannung und Öffnung sind die körperliche Entsprechung des Annehmens. Vom Beginn der Entwicklung an muss der Körper Gegenstand der Aufmerksamkeit sein. Es ist wichtig, dass der Betroffene das Wahrnehmen kleinster Schwankungen der Empfindung schult. Man kann glauben, man habe eine Gefühlsregung angenommen, und sich dabei gehörig selbst täuschen. Der Körper ist der Prüfstein für die Authentizität des Annehmens. Wenn dieser Prozess die Person völlig eingenommen hat, ändert sich der Körper für sie wahrnehmbar und häufig auch für die Umgebung. Der Gesichtsausdruck ändert sich, die Atmung wird freier und regelmäßiger.

Im Verlauf der Sitzungen muss die Aufmerksamkeit für den Körper parallel mit der Entwicklung des psychischen Prozesses laufen, indem man auf Interaktionen achtet: Welche Wörter und Bilder lösen Empfindungen und Spannungen aus und umgekehrt, welche Körperzustände rufen welche Bilder und mentalen Eindrücke hervor. So finden mentale Darstellungen, Emotionen und Empfindungen ihre natürlichen Verknüpfungen: Das beabsichtigte Sich-Erinnern an eine früher oder erst kürzlich aufgetretene schmerzhafte Situation eint also Kopf, Herz und Körper. Ein vollständiges und gänzliches Annehmen muss diese drei Dimensionen einschließen. Im Lauf der Sitzungen nimmt die Person eine immer breitere Palette der Nuancen ihres körperlichen und emotionalen Empfindens wahr. Der Körper fühlt sich gehört und beginnt immer lauter zu sprechen. Die Praxis hat gezeigt, dass man diese Signale nicht voreilig interpretieren sollte, sondern besser wartet, bis sie spontan ihren Sinn bekommen.

Natürliche Körperregungen wiederentdecken
Den Körper bis zum Ende seiner Reaktionen gehen lassen, ohne einzugreifen, ohne ihn zu zügeln, auch ohne zu verstärken, stellt sich häufig als anstrengend und beklemmend heraus. Man muss akzeptieren, die willkürliche Kontrolle loszulassen und dabei völlig bewusst zu bleiben. Der Körper muss sich unter der Wirkung der Emotion bewegen, gestikulieren, verkrampfen, eine besondere Haltung einnehmen dürfen oder eine bestimmte Geste wiederholen können. Das geschieht spontan, der Wille greift nicht ein. Einzig er könnte den Prozess abbrechen.

Ein Mann, der von seinem Vater wiederholt körperliche Gewalt erlitten hatte, erzählte mir, dass er, während er geschlagen wurde, erstarrte und nicht einmal schrie. Wie es in damaligen Zeiten üblich war, hatte sein Vater sogar verlangt, dass er sich hinstellte, ohne sich zu schützen,

77

um die Prügel zu empfangen. Der normale Bewegungsablauf wäre gewesen, den Schlägen auszuweichen, zu fliehen und sich zu verstecken. Der einzige Ausweg für ihn war, sich zu »betäuben« und seinen Körper zu »verlassen«. So schien auch das, was er zu Beginn der therapeutischen Arbeit in seinem Körper empfand, für ihn nicht existent. Wenn er den Impuls einer Bewegung kommen sah, stoppte ihn seine Bewertung – das war lächerlich, ja gefährlich. Er fürchtete mein Urteil und meine Reaktion und vor allem, die Kontrolle zu verlieren, verrückt zu werden, ja sogar zu sterben. Diese Widerstände haben sich nach und nach aufgelöst, und so wurde es ihm möglich, sich zu ändern und unter dem Einfluss seiner Emotionen aufzumucken.

Die Gefühlsregung annehmen verlangt, das Verbot zu beenden, das die vitale Bewegung unterbrochen hat. Dies zu fördern, trägt zur emotionalen Befreiung bei. Vor allem ermöglicht sie der Person die Akzeptanz seiner subjektiven Wahrheit. Sie fühlt sich endlich im Gleichklang mit dem, was sie ist. Sie öffnet sich dem emotionalen Schmerz, nicht, um ihn loszuwerden, sondern um ihn anzunehmen. Dieser ganze Tumult weckt die Atmung, die tiefer und geschmeidiger wird. Der Körper wird wieder sensibler, lebendiger und reaktiver, er belebt sich wahrhaftig und erwärmt sich wieder. Der Spaß an Bewegung kehrt zurück und richtet sich dauerhaft ein. Ein Vertrauen zu den spontanen Antworten des Körpers stellt sich ein.

Die Kontrolle der Emotion

Wenn so viele, so starke Emotionen seit der Kindheit unterdrückt wurden, kommt es vor, dass ihre Intensität und Macht das psychische Gleichgewicht bedrohen. Wenn dem Ich die Möglichkeit fehlt, zu kontrollieren – eine häufig auftretende Erscheinung bei Borderliner-Persönlichkeiten – besteht Gefahr, dass Enttäuschung oder Beklemmung das Ich überwältigen. Gewalt, die erwacht wie ein Vulkan, führt dazu, dass man Angst hat vor der Tat. Die Beziehung zum Therapeuten spielt also während der Dauer dieser großen Unsicherheit und Zerbrechlichkeit eine entscheidende Rolle. Es muss sich bereits im Vorfeld ein Vertrauen aufgebaut haben und die Person muss spüren, dass ich wirklich auf ihrer Seite bin, anwesend bin und sie bei diesem »Abstieg in die Hölle« begleite und unterstütze.

Soweit möglich, darf das Niederreißen der mentalen und körperlichen Abwehr nicht das tolerierbare Tempo überschreiten. Anders ausgedrückt: Die Person muss spüren, dass sie es ist, die der Emotion die Tür öffnet, und nicht die Emotion gegen ihren Willen die Tür einschlägt. Das ist ein wichtiger Punkt, denn das ist das Prinzip der Entwicklung von Anfang bis Ende. Es handelt sich um eine tiefe Versöhnung mit der Emotion und nicht nur um einfache emotionale Entladungen im Sinne einer Katharsis (Reinigung). Stockungen sind bei der therapeutischen Entwicklung natürlich unvermeidlich, auch Momente des Ausuferns, die die Person durch meine Hilfe einzudämmen lernt.

Für diejenigen, die bereits eine solidere Basis nutzen können, bleiben diese instabilen Phasen vorübergehend, wogegen zerbrechlichere Individuen über Monate oder länger wahre Durststrecken und zahlreiche Gewitter durchzustehen haben. Die Person muss ausprobieren, ob und wie sie den emotionalen Fluss frei anhalten kann, wenn sie es will, und dann wieder zurückkommen kann.

Dieses Training erfolgt während der Sitzungen, in denen – mit Zeit für Gespräche – ein Vertrauen in diese Entwicklung und in eine Möglichkeit der Kontrolle geschaffen wird. So auch am Ende der Sitzung: Die Person lernt Schritt für Schritt, das starre emotionale Verhalten ziemlich schnell zu beenden, um wieder in den Fluss ihres Alltags zurückzufinden.

Das »Ja« zur Emotion ist also untrennbar mit dem »Nein« verbunden, um zur Änderung seiner Wirkung im jeweiligen Kontext zu gelangen. Das Ja und das Nein interagieren – je mehr ich die Emotion annehme, desto mehr gelingt es, sie zu stoppen, ohne sie zu unterdrücken; und je sicherer ich bin, dass ich sie beherrschen kann, desto mehr traue ich mich, sie hemmungslos anzunehmen. Das Erlernen einer echten Kontrolle der Emotionen hängt von der Festigkeit des Ichs ab, aber auch von Stützpfeilern, die die Person bei sich (Ressourcen, Interessen, Ziele) und um sich herum (Beziehungen, Arbeit) finden kann.

Kapitel 4
Den Verstand vom kindlichen Denken befreien

»Sie denken, dass Sie sehen,
und Sie sehen nicht, dass Sie denken.«[12]

Eine leidende Person kann große intellektuelle Fähigkeiten haben und diese in unterschiedliche Lebensbereiche einbringen, und trotzdem verliert das Denken besonders im Bereich ihres Leidens an Klarheit und Schärfe. Sie geht von falschen Prämissen aus, urteilt schlecht, dreht sich im Kreis. Wenn die Person in den ersten Gesprächen »Kostproben« aus ihrem Leben mitbringt, realisiert sie manchmal, dass sich eine ganze Fassade des Denkens nur auf ein Fundament von Irrationalem stützt oder dass ihr Verhalten ihr schadet. Sie klagt, erschöpft und deprimiert zu sein, aber sie hat noch nie realisiert, dass sie sich unentwegt mit Vorwürfen attackiert und sich für unfähig hält, trotz ihrer ständigen Bemühungen. Eine andere Person, die eine sehr negative Meinung zu Konflikten hat, entdeckt »Verrenkungen«, die sie sich antut, um Konflikte zu vermeiden. Eine dritte Person schätzt sich selbst als liebenswürdig ein, versteht aber nicht, warum man sie angreift, bis sie ihre verdrängte Aggression erkennt. Durch die Interaktion mit dem Therapeuten hellt der Verstand diese dunklen Bereiche der Verwirrung auf und ergründet ihren fehlgeleiteten Charakter.

Wie wichtig es ist, Beurteilungen infrage zu stellen, um den Weg für Emotionen frei zu machen, haben wir bereits angesprochen. Das, was man fühlt, immer zu äußern, ist wichtig, *denn jede Beurteilung zeugt von einem Widerstand, der eine unterdrückte Gefühlsregung signalisiert.* Man muss sich diese Beurteilung bewusst machen, sich gestatten, sie zu äußern und sie schließlich hinter sich lassen. Beurteilungen sperren die Person in ein Kettenhemd, das man dann wieder unermüdlich auftrennen muss. Swami Prajnanpad stellt von vornherein hierzu eine radikale Fragestellung auf: »Sind Sie bereit, bei sich das Allerschlimmste [das, was sie als solches betrachten] und das Allerbeste [das, was sie als solches betrachten] zu sehen?«[13] Diese Art der Fragestellung ließ den Ernst klar spüren. Er warnte, dass dieser Schritt das ganze Bild von sich pulverisiert, ob positiv oder negativ. Nebenbei sei bemerkt, dass ein positives Urteil auch kein besseres Schicksal hat, denn es verzerrt den Blick auf die Dinge, wie sie wirklich sind ...

Den Verstand vom emotionalen Einfluss befreien

»Wenn man die Dinge nicht sieht, wie sie sind,
sondern aus den Erfahrungen der Vergangenheit heraus interpretiert,
macht der Geist nichts anderes mehr.«[14]

Die Arbeit an den mentalen Aspekten greift ständig ein, ohne der zentralen Bedeutung der Emotion vorzugreifen. Der enge Verbund der folgenden beiden Bedeutungen macht sie untrennbar: Der Gedanke erzeugt die Gefühlsregung und die Gefühlsregung wiederum den Gedanken. Swami Prajnanpad ist der Meinung, dass ein Geist, der von Emotionen unterwandert ist, nicht klarsehen kann und bestenfalls zu einem sehr oberflächlichen Verständnis gelangt. Er ließ also dem Umgang mit Emotionen eine Arbeit an der mentalen Vorstellung vorangehen. »Wenn die Gefühlsregung ihren angestammten Platz gefunden hat, funktioniert der Verstand mit Klarheit, Lebendigkeit und Spontaneität.«[15]

Die Gefühlsregung kehrt an ihren Platz zurück, wenn sie erkannt, gelebt und ausgedrückt wurde. Man will sie nicht eliminieren, sondern im Gegenteil, man hilft ihr im natürlichen Lauf bis zu Ende, damit sie dann nicht mehr eingreift. Die emotionale Lebendigkeit nährt den Verstand, macht ihn sensibler und empfänglicher. Sie ist also notwendig, um die ganze Spannweite zu entfalten.

In dieser Phase der Therapie arbeiten wir von aktuellen Situationen ausgehend, um diese alten psychischen Konditionierungen der Vergangenheit ausfindig zu machen, die das Leiden nähren.

Eine Frau berichtet mir, dass sie es schlecht ertragen kann, wenn sich Paare in der Öffentlichkeit umarmen und streicheln. Ihre Beurteilungen sprudeln nur so aus ihr heraus – offensichtlich also ein heikles Thema! Ich fordere sie auf, das Thema zu vertiefen, und sie spürt, wie die Gefühlsregungen aufsteigen: Abscheu und Wut. Die Urteile werden schonungsloser und von intensivem Ekel begleitet, der ihr den Magen umdreht. Bilder aus der Vergangenheit kommen ihr ins Bewusstsein. Ihre Mutter hatte manchmal flüchtige Abenteuer und sie hörte und sah sie in der winzigen Wohnung. Am meisten schockierte sie, ihre Mutter in den Armen eines Mannes liegend zu sehen, der sie offensichtlich nicht respektierte. Als sie diese Bewertungen erforschte, verstand sie, dass sie ihr eigenes Verlangen beurteilte, indem sie es mit dem, was sie zutiefst schockiert hatte, gleichsetzte. Hieraus entstand eine dauerhafte Hemmung ihres Liebeslebens. Die Arbeit an ihrer Vorstellung von Sexualität ermöglichte, den wahren Grund ihres Ekels zu erkennen: gegen ihren Willen mit der Sexualität und Intimität ihrer Mutter konfrontiert zu sein und zu spüren, dass Sexualität ohne Gefühle ausgelebt worden war. Das tat ihr weh und wertete das Bild ihrer Mutter ab. Sie entdeckte jetzt, dass es dieser Zusammenhang war und nicht die Sexualität an sich. Erst der Umgang mit dieser Gefühlsregung ermöglichte ihr mit dem Verstand, also im Kopf, das Irrationale und Konfuse zu ordnen. Ein beruhigtes Herz und ein klarer Kopf verliehen ihr wieder den Elan, ihr Verlangen frei zu formulieren.

Fragestellungen der Gefühlsregung
klar ausdrücken

Der Verstand spielt eine wichtige Rolle, um aus dem »Rohmaterial« der Emotion den Kern, auf den sie hinweisen will, herauszuarbeiten. Wenn die Widerstände endlich weichen, entblößt sich die Emotion und weint und schreit, nur um auszudrücken: »Mir geht es schlecht, ich bin wütend, ich habe Angst.« Das ursprünglich diffuse Unbehagen löst sich auf und wird durch eine klare Farbe definierter emotionaler Regung ersetzt. Der nächste Schritt besteht darin, die Emotion sprechen zu lassen, denn sie liefert die Botschaft. Sie weist darauf hin, dass das auslösende Ereignis einen sensiblen Punkt berührt hat, so wie Schmerz auf körperlicher Ebene ein Warnsignal ist. Sie möchte gefragt werden, wie es ein Elternteil mit seinem Kind tun würde: Was macht mich traurig, was macht mich zornig? Ich fühle mich einsam, verlassen, man macht sich über mich lustig, der Soundso hat mich betrogen, werde ich das denn nie schaffen?

Wenn es der Verbalisierung nach mehreren Anläufen gelingt, die Botschaft der Emotion ganz präzise zu übertragen, erreicht die Intensität ihren Höhepunkt. Der sensible Punkt ist gefunden und das ermöglicht, sich von der Last zu befreien. Würde man hier aufhören, beschränkte man sich auf eine einfache Katharsis (Reinigung), die zwar Spannung nimmt, aber nicht vor einem Rückfall bewahrt. Die Gefühlsregung fordert unsere Aufmerksamkeit und dass wir uns an die Situation anpassen; sie erwartet von uns eine schlüssige und sensible Antwort.

François hat einen schwermütigen Kern. Er beschreibt die Beziehung zu seiner Frau, deren Wutausbrüche ihn jedes Mal verletzen. Sie wirft ihm vor, sich nicht um sie zu kümmern, obwohl er das Gefühl hat, ihre Wünsche zu hören. Er weiß nicht, was er tun soll. Ob er wartet, bis das Gewitter vorbei ist, oder protestiert, in jedem Fall setzt sie noch eins oben drauf und schreit noch lauter. Seine Traurigkeit drückt zweierlei aus: »Ich fühle mich machtlos und ich fühle mich allein, nicht anerkannt.« Was ist der sensible Punkt? Er kann sich noch so sehr anstrengen, es recht zu machen, es klappt nicht, er wird nicht anerkannt und man greift ihn an: »Ich bin unfähig.« In dem Moment, in dem er es formuliert, stellt er die Verbindung zur Arbeit her, wo er dasselbe erlebt. Wir berühren nun einen noch sensibleren Punkt, eine Mischung aus Entwertung und Isolation. Hier greift der Dialog mit der Gefühlsregung ein, der zwei einander ergänzende Richtungen verfolgt, Vergangenheit und Gegenwart. Beginnen wir mit der Vergangenheit: Kommt ihm dieses Gefühl bekannt vor? Ja, es ist seine Beziehung zum sehr ungeduldigen und cholerischen Vater. Sein Vater bastelte viel zu Hause. Als kleiner Junge träumte er davon, ihm zu helfen, bekam aber nur Abfuhren. Er wollte beweisen, dass er es allein konnte, und wagte sich an den Bau eines Kästchens. Stolz zeigte er das Werk seinem Vater, der ihn nur verächtlich anschaute: »Schau dir das an, das ist doch der reine Pfusch, das hält doch nicht!« Den Worten folgten die entsprechenden Gesten und der Vater schlug auf das Kästchen, das in tausend Stücke brach. »Da, siehst du, ich hab's dir doch gesagt, das taugt nichts!« Eine ganze Reihe von derartigen Ereignissen prägte seine Kindheit. Eine schmerzliche Gefühlsregung packte ihn – das leidenschaftliche Streben nach Kontakt zu seinem Vater, obwohl er nur Sarkasmus und Aggressivität geerntet hatte.

Der Weg in die Vergangenheit ist wie ein Bergwerk, das wichtige Elemente zur Erkenntnis und zum Verständnis von sich selbst enthält. Diese magnetischen Kraftlinien unserer psychischen Bauweise treten blitzartig zutage und wir entdecken, was unser Dasein in den Untergrund führt. Der Verstand sieht, versteht und überblickt die Bahn des Lebens. Von dort kann er fruchtbare Überlegungen in Gang bringen, indem er den Einfluss der Konditionierung durch Schlüsselmomente der Vergangenheit ans Licht bringt, wie bei einer beruflichen Änderung oder einer neuen Liebe.

Die Einbindung dieser Perspektive mündet in die Gegenwart, die Spur der Vergangenheit trifft auf die Gegenwart. Was sagt die Emotion von François über die Gegenwart? Dass er weiterhin das

Gefühl der Machtlosigkeit gegenüber den cholerischen Anfällen seiner Frau hinnimmt und dass er traurig ist, nicht anerkannt zu werden. Erster Schock: Er nimmt im Geist das Gemisch wahr zwischen dem Bild seines Vaters und dem seiner Partnerin. Eine sehr unbequeme Bewusstwerdung, die ihn verunsichert: »Oh nein, ich habe doch nicht meinen Vater geheiratet!«

Dieses Hin und Her zwischen Vergangenheit und Gegenwart, zwischen Emotion und Verstehen fordert ein großes Stück therapeutische Arbeit, nämlich sich von dem starken Gefühlsschmerz zu befreien und von den komplexen Auswirkungen der Beziehung zu seinem Vater zu lösen. In der Gegenwart geht es darum, nur eines anzugehen, nämlich seine derzeitige Hilflosigkeit.

Warum ist François seinem Hausdragoner gegenüber so hilflos? Als Kind konnte er sich nicht gegen seinen Vater auflehnen, er hätte damit noch mehr Gewalt ausgelöst. Er konnte also nur dulden. Im jugendlichen Alter wurde der Ton zwischen ihnen schärfer, er war Opfer von vielen Demütigungen geworden und hatte begonnen, seinen Vater zu hassen. Bei einem Disput, bei dem sie beide aufbrausten, wollte sein Vater ihn schlagen und es kam zu Handgreiflichkeiten. Plötzlich stieg ein derartiger Hass in ihm auf, dass er seinen Vater am liebsten getötet hätte und er der Sache ein Ende setzen musste. Es blieb ihm nichts anderes übrig, als das Elternhaus so schnell wie möglich zu verlassen. Der einzige Ausweg war, auf Distanz zu gehen. Seine gegenwärtige Machtlosigkeit ist »nur« die Fortsetzung dieser Geschichte. Aus der Erfahrung seiner Vergangenheit war er überzeugt, dass es keinen anderen gangbaren Weg gibt: Lieber wortlos dulden, als zur Tat zu schreiten oder zu gehen, beides wollte er nicht. Er fühlt sich heute tatsächlich noch wie in der Position des Sohnes, der keine Wahl hat und dem nichts anderes bleibt, als die Misshandlungen des Vaters zu erleiden, bis er erwachsen ist ... Dieser Irrglaube muss abgebaut werden, damit er seine gegenwärtige Wahrheit erkennt – dass er kein machtloses Kind mehr ist.

Diese offensichtliche Tatsache wurde erst nach einem Gang durch seine ganze Gefühlswelt gefestigt. Die unmittelbare Folge dieser Wahrheit – er hat die Mittel – muss auch bewiesen und empfunden werden, damit er überzeugt wird. Bei genauerer Betrachtung fällt auf, dass alles, was er mit seiner Frau versucht hat, darauf abzielte, sie nicht zu verärgern. Er versuchte, alles recht zu machen, ihre Erwartungen vorherzusehen, und das endete damit, dass er sich das Leben schwer machte. Denn dies beugte den Wutausbrüchen nicht im Geringsten vor, sondern schien sie sogar zu provozieren. Ich machte ihn darauf aufmerksam, dass es zum Wesen eines Kindes gehört, auf diese Art und Weise seinen Eltern zu gefallen, dass es allerdings damit nur Frustration erntet. Was er vermeiden will, verdeckt somit eigentlich das, was er will. Als ich ihn frage, was er wolle, war er zunächst perplex und ratlos. Er will, dass »es gut läuft« – zu allgemein und unpräzise!

Wir haben daraufhin gemeinsam daran gearbeitet, bestimmte Szenen aus seinem Eheleben zu analysieren, um seinen Wunsch herauszufinden. Den Tatsachen so ins Auge zu blicken, verunsicherte ihn. Er gab allerdings zu, dass er durchaus Bedürfnisse habe, die er sich gönnte, wenn er allein war. Die Anwesenheit seiner Frau drängte diese Bedürfnisse in den Hintergrund und er wartete ständig auf den günstigen Augenblick, in dem sie ihm den Freiraum dafür ließ. Ein primärer Kern seiner Schwermut war, die entwertende Identifikation mit dem abgelehnten Jungen anzuerkennen: Wie kann man glücklich sein, wenn man in dieser Haut steckt! Und dann noch schaffen, das trügerische Wesen seiner Hilflosigkeit zu durchbrechen. Machtlos, die Launen seiner Frau zu verändern, wie jemand, der den Zustand des anderen manipuliert, aber nie imstande ist zu sehen, dass er selbst dafür verantwortlich ist und handeln muss. Er hat also aufgehört, sich auf die Spannungen und Klagen seiner Frau zu fokussieren. Statt zu entschärfen, indem er alles auf seine Kappe nahm, versuchte er zunächst, Wohlverhalten zu zeigen und zu äußern, was er wollte. Das führte dazu, sowohl entspannter als auch lebendiger mit ihr leben zu können. Zu seiner großen Überraschung hat sich dadurch die Beziehung spürbar verbessert.

Der Verstand lenkt also die Erforschung der emotionalen Probleme von Anfang bis Ende: Welche Emotion, bei welchem Ereignis, warum diese Emotion und welche Lehre daraus ziehen, und die passende Antwort finden. Die Traurigkeit bringt François also dazu, sich anders zu positionieren, und folglich wird sie dadurch natürlich auch vertrieben.

Die kindlichen Strategien des Mentalen durchschauen

Um in diesem Prozess den Lotsen spielen zu können, muss der Verstand sich vom emotionalen Gedanken – dem Mentalen – aus der Kindheit befreien. Wenn es sein grundsätzliches Verständnis ist, die Wahrheit, wie sie ist, abzulehnen, zieht das – psychologisch betrachtet – mehrere Aspekte des Funktionierens nach sich: Je nach Fall interpretiert es, projiziert es, verformt es, erfindet es völlig frei, manipuliert es wie ein Fälscher, der falsche Scheine unter echte mischt; es will recht haben, hört nicht zu, rechtfertigt sich, zieht vorschnelle Schlüsse, ohne sich die Mühe zu machen, den Sachverhalt zu prüfen. Gruppenarbeit bietet ein fantastisches Feld, um es bei diesem Vorgehen zu packen. Hier einige Beispiele ...

Interpretation

Interpretation kommt immer zum Tragen: Eine Person wie Eva, die empfindlich auf Ablehnung reagiert, findet immer Hinweise, wenn andere nicht ausdrücklich herzlich sind – »Er hat mich nicht gegrüßt, mich nicht angeschaut, nicht gelächelt, er ist schnell zu jemand anderem gegangen, er hat mich nicht gefragt, wie es mir geht«. Auch alle Worte werden interpretiert wie mit einem Radar, das jedes kleinste Indiz aufspürt. Nachdem ich sie mehrere Monate recht eng begleitet hatte, was einer krisenhaften Phase entsprach, fand ich, dass sie entspannter war, und schlug ihr vor, die Zahl der Sitzungen etwas zu verringern. »Das macht er nicht, weil es mir besser geht, sondern weil er die Schnauze von mir voll hat«, interpretierte sie. Mancher Patient fasst es genauso auf, wenn ich das Ende der Therapie anspreche, oder er meint, er habe versagt und ich bestrafe ihn.

Projektion

Die Dynamik der Gruppe aktiviert stark die Phänomene der Projektion, die uns aus der Psychologie bekannt sind. Sie ermöglicht, bedeutende Beziehungen der Vergangenheit wieder aufleben zu lassen: In diesem besonderen Kontext gelingt es dem Unterbewussten – mit einer bemerkenswerten Intuition –, die Person auszumachen, die nur am augenblicklichen psychischen Prozess klebt. Das tut sie, indem sie die depressive Mutter, den gewalttätigen Vater, den kleinen Bruder, der den Platz weggenommen hat, den verführerischen Ex-Mann und so weiter ins Bewusstsein zurückholt. Dennoch werde ich den wichtigen Aspekt aufgreifen, der das Mentale betrifft. Selbst wenn wir uns eingestehen, dass wir nicht frei von Projektionen sind, sind wir doch überzeugt, dass wir andere relativ objektiv sehen.

In der Gruppe kann man diese Erfahrung in spektakulärer Art und Weise erleben, nämlich wie intensiv und negativ eine Projektion war. Wenn die Person ihre Projektion völlig auslebt, sie zum Ausdruck und mit der Ursache in Verbindung bringt, kommt die Gefühlsregung zurück und die Darstellung des Mentalen ändert sich. Ich fordere sie auf, die Person, die die Zielscheibe war, anzuschauen, und sie entdeckt, dass der Gesichtsausdruck der anderen Person anders war als erwartet. Wenn wir von Aufmerksamkeit oder Ablehnung angeregt werden, behaupten wir umso stärker zu wissen, wer der andere ist. Wir müssen uns wieder dem anpassen, was unsere positiven oder negativen Gedanken dem anderen unterstellen und was uns in Wirklichkeit zusteht. Der weitverbreitete Gedanke, dass man beim anderen nicht erträgt, was man bei sich selbst auch ablehnt, hat sich mir immer wieder sichtbar bestätigt.

Irene ist genervt von Lucie, die mit übertriebener Leidenschaftlichkeit die Aufmerksamkeit der Gruppe auf sich zieht. Sie behauptet, sie sehe die Ursache ihrer Projektion: ihre Schwester, die sich gegenüber den Eltern immer aufspielte, diese gingen ihr immer wieder naiv auf den Leim. Für mich hatte diese zwar sehr plausibel klingende Analyse aber einen Haken: ihre Aggression ließ nicht im Geringsten nach, irgendetwas fehlte bei ihrem Bewusstwerden! Die anderen Teilnehmer tauschten beim Zuhören untereinander amüsierte Blicke aus, was sie schließlich bemerkte. Gereizt fährt sie sie an: »Habe ich was Lustiges gesagt?«

»Ja, erinnert dich das nicht an jemand?«

»Nein, nicht wirklich.«

»Du hast dich selbst dargestellt, merkst du das nicht? Kaum sagt jemand etwas, beziehst du es auf dich!«

Der Schock war heftig und traf sie unmittelbar, denn sie hatte erwartet, dass die Gruppe mit ihr im Chor gegen ihre Rivalin einfallen würde. Allerdings blieb dieses moderate Feedback in einem leicht boshaften Ton. Zutiefst verletzt holt sie zum Gegenschlag aus (der Verstand rechtfertigt sich und will recht haben): Die Gruppe ist ja genau wie die Eltern, die sie zu Unrecht bestraften und dabei die Schwester immer nur in Schutz nahmen. Da war sicherlich etwas Wahres dran, aber sie nutzte dies, um einer störenden und sie kränkenden Infragestellung aus dem Weg zu gehen. (Der Verstand benutzt Wahres, um dem Unangenehmen zu entkommen.)

Diese letzte Finte ist die Lieblingswaffe der »alten Hasen« in der Therapie. Sie kennen ihre Geschichte bis ins kleinste Detail, sind somit extrem schlagfertig und haben routiniert ein ganzes Repertoire an Rechtfertigungen für ihre unangemessenen Reaktionen und Meinungen parat. Im Rahmen der Therapie und für ihre Umgebung haben sie ihre Alibis. Man erinnert sie an ihren Vater, ihre Mutter, ihre Schwester, man behandelt sie genauso, und sie haben einen Grund, es übel zu nehmen. Die Vergangenheit ermöglicht, von der Frage, die sich in der Gegenwart stellt, abzulenken. Wenn sie schon etwas weiter sind, können sie sogar die Situation umkehren und dem, der ihnen ins Wort fällt, eine wilde Interpretation »raushauen«: »Du benutzt mich, um deine unterdrückte Aggression auszuleben, du projizierst deine Mutter auf mich.«

Irene – in ihrer Verteidigungsstellung und Opferhaltung – versteift sich auf diese Positionen, denn die Gruppe ist parteiisch, sie passt da nicht rein, sie verstummt (die heuchelnde Scheinheiligkeit des Mentalen). Die Gruppe bleibt jedoch dran, ich fordere sie auf zu sagen, was sie empfindet. Ihr geht es schlecht, und sofort geht die Argumentation von vorn los: Sie zieht Bilanz über ihre und Lucies Redezeit, um der Gruppe einen Fehler nachzuweisen (das Mentale hört nicht zu, fokussiert sich auf ein Detail, um abzulenken vom eigentlichen Gegenstand der Diskussion). Geduld und Wohlwollen beenden schließlich diese Art des »Beschusses«. Man rührt hier an das Hindernis für ein Bewusstwerden: eine Mischung aus Scham und Schuld. Sie hat immer über ihre Schwester geurteilt, und mit ihrer Lieblingsbeleidigung: »Madame spielt sich auf« war sie wie verwachsen. Die Aufmerksamkeit auf sich ziehen ist schlecht, verachtenswert, denn das hieße, so zu sein wie ihre Schwester, die sie hasste; das bedeutet ein klares »Nein!«. Gleichzeitig stand sie mit dem Rücken an der Wand, denn sie musste eingestehen, dass sie selbst ständig die Aufmerksamkeit anderer suchte; das beschämte sie schrecklich, sie sah sich plötzlich ganz klein, ganz erbärmlich.

Bei der Beobachtung dieser mentalen Arbeit leistet die Gruppe einen unverzichtbaren Beitrag. Mehr als jede Einzeltherapie ruft eine Gruppe Situationen hervor, die vielfältige emotionale Reaktionen auslösen, und schafft ein Umfeld, in dem diese genau herausgeschält werden können. Das, was der Aufmerksamkeit eines Therapeuten eventuell entgehen könnte, übersieht die Gruppe von einem Dutzend Personen nicht. Jeder trägt mit einem Puzzle-Teilchen dazu bei, was die Reihe der Tatsachen genau vor Augen führt. »Das Mentale muss mit Tatsachen angegangen werden (und nicht die Person!)«, so Swami Prajnanpad.

Verformung

Das Mentale verändert, anders gesagt, es versteht, was die Emotion im Augenblick hören will, sowohl im Negativen als auch im Positiven. Etwas Kritisches ist mehrmals bei Frauen aufgetaucht, die beispielsweise Liebe auf eine Patienten-Therapeuten-Beziehung übertragen. Das ist eine heikle Sache. Eine allzu distanzierte Reaktion meinerseits riskiert, diejenige zu verletzen, die gerade ihren neuen Impuls zum Ausdruck bringt. Auch könnte eine zu herzliche Haltung eine Wechselbeziehung vermuten lassen. In dieser Art Situation interpretiert und verformt das Mentale schnell und leicht. So meinte beispielsweise eine Frau, dass ich mich zu ihr hingezogen fühle und dem nur aus moralischen Gründen nicht nachgebe. Ich bin im Gespräch nicht im Geringsten darauf eingegangen. Eine andere hatte eine Reihe von harmlosen Gesten wahrgenommen, Blicke, die sie zu Avancen meinerseits hochspielte. Dazu im Gegensatz, im Negativen, insbesondere bei Konfliktsituationen in der Gruppe, werden Äußerungen vom »Gegner« übertrieben empfunden. Einer hat Beleidigungen gehört, wo es gar keine gab, ein anderer bauschte eine Geste zu einem Akt der Gewalt auf. Manche Dünnhäutigen formen das, was man sagt, stark um, indem sie es in ihre eigene selbstkritische Ablehnung rückübertragen.

Erfindung

Häufig haben Personen, die sich durch das Infragestellen innerhalb der Gruppe in die Enge getrieben fühlen, offensichtliche Tatsachen verneint, einen Rechtfertigungsgrund erfunden oder jemanden beschuldigt, um sich in ein besseres Licht zu rücken. Die emotionale Unruhe, in der sie sich befanden, brachte sie in äußerste Bedrängnis und setzte alle verfügbaren Mittel frei, nur um die Konfrontation zu vermeiden – im Unterschied zur bewussten Lüge, die einer klar erkennbaren Strategie folgt (Untreue in der Ehe ist hierfür ein typisches Beispiel).

Fantasie oder Wirklichkeit

Eine andere Form der komplexeren imaginären Übertragung, die verfälschte Erinnerung in der Therapie, über die im Zusammenhang mit sexuellem Missbrauch in den USA viel gesprochen wurde, betrifft nicht nur juristische Entschädigungsforderungen. Hier wird die Fragestellung subtiler: Was ist der reale Anteil, was der fantasierte? Inzestuöses Verhalten ist häufig; man spricht darüber viel in den Medien. Ein Teil der Personen kommt zur Therapie in der Meinung, das gehöre mehr oder weniger zum Leben. Ich werde regelmäßig damit konfrontiert, dass Bilder und Empfindungen mit inzestuösen oder gewalttätigen Inhalten auftreten, und zwar plötzlich gegen Ende der Therapie. Das unterscheidet sich von bewussten und auf Tatsachen beruhenden Erinnerungen, die bei manchen Personen von ihrem Missbrauchserlebnis zurückbleiben.

In Fällen, in denen ich nicht überzeugt bin*, erscheint mir das Ausmaß der Verteidigung dieser Bilder wichtig für die Problemstellung. Ich nehme sie nicht so sehr als Ausdruck von ödipalen Fantasien wahr, sondern vielmehr als ein starkes vordergründiges Verlangen nach Aufmerksamkeit und tiefem Mitgefühl. Eine unerträgliche innere Leere beherrscht die Person, die sie nicht direkt angehen kann, denn es gibt nichts, kein Wort, kein Bild, nicht einmal eine Gefühlsregung. Es bleibt ihr nur eine indirekte Art, dieses Leid zu zeigen. Es braucht das schockierende Bild, zum Beispiel einer inzestuösen Szene, um zu rechtfertigen, dass man die Aufmerksamkeit des Therapeuten oder der Gruppe bekommt. In allem zeigt sich das tiefe Trauma – es ruft alles hervor, es erklärt alle Reaktionen, alle Symptome.

Diese Überzeugung in Zweifel zu ziehen, wäre unzulässig und riefe eine Blockade des therapeutischen Prozesses hervor sowie den Vertrauensverlust in den Therapeuten (»Er will nicht sehen,

---

* Die Urteilsfähigkeit braucht gewöhnlich Zeit; man muss mehrere Parameter untersuchen: die Persönlichkeitsstruktur, die Art und Weise, wie diese Bilder und Wahrnehmungen in den psychischen Aufbau aufgenommen werden, das mögliche Bedürfnis, zu überzeugen und alles damit zu erklären, meine Gegenübertragung, die andauernde Reaktion der Gruppe. Mit dem Rückzug klären sich diese Elemente und lassen das Pendel auf die eine oder andere Seite ausschlagen, ohne jedoch indiskutable Sicherheit zu erzielen, sondern nur eine gewisse Wahrscheinlichkeit aufgrund einer Reihe von Indizien.

das stellt ihn zu sehr infrage, ich muss einen anderen finden.«). Warum solch ein hartnäckiger Widerstand? Starkes Schamgefühl schiebt sich immer in den Vordergrund – was auch geschieht –, weil es auch starke narzisstische Entwertung einschließt und gleichzeitig zwingend fordert. Dieses Fordern ruft Furcht vor Ablehnung hervor – wer würde das denn machen wollen? Die Person entwickelt sich unmerklich, wenn sie ausreichend Aufmerksamkeit erfährt – und nicht so sehr auf das, was sie vorantreibt. Sie löst sich von dieser Fokussierung, und manchmal stellt sie, in einem späteren Stadium der Therapie, selbst diese Empfindungen infrage.

Rationalisierung

Der letzte Ausweg des Verstands – die Rationalisierung – zeigt sich unter der Wirkung eines Gefühls oder eines starken Wunsches: Wenn ich intensiv wünsche, oder wenn ich gar nicht mag und ablehne, vertreibt meine emotionale Überzeugung jeden Vorbehalt, jede Nuance. Wenn ich Streit mit jemandem pflege, ist es unnötig zu hinterfragen, das Urteil steht nämlich schon zu Anfang fest: Er hat unrecht, im Positiven wie im Negativen, ich kümmere mich nicht darum, ich komme direkt zu dieser Schlussfolgerung, indem ich das Irrationale rationalisiere. Ich nehme meinen Urteilsspruch als Ausgangspunkt und trage zusammen, was ihn rechtfertigt, und eliminiere alles, was ihm widerspricht.

In der Therapiegruppe werden durch echte Interaktionen im geschützten Raum starke Anziehungskräfte und Abneigungen ausgelöst. Sie können sofort wirksam werden. Nehmen wir den Fall einer heftigen Zuneigung zwischen zwei Teilnehmern. Der sehr offene Hintergrund der Gruppe stimuliert mögliche Anziehungskräfte, aber auch, dass man glaubt, der andere entspräche genau den Erwartungen. Wenn die Leidenschaft entflammt, tendiert das Duo dazu, sich in einer Blase einzuschließen, die es von der Dynamik der Gruppe abschirmt; das signalisiert Widerstand.

Die Entwicklung einer Anziehung überflügelt das Einbringen in den therapeutischen Prozess und das neue Paar mag es gar nicht, wenn sich der Therapeut einmischt! Das Mentale verordnet, dass es die Begegnung ist, und entwickelt Argumente, um sich zu rechtfertigen. Der therapeutische Rahmen zielt nicht darauf ab, zu erlauben oder zu verbieten, sondern strebt nach echter Klarheit für Wünsche, Gedanken und Emotionen. Und genau das ist es, was hier stört und was das Mentale vermeiden will. Sich nur nicht umdrehen und schauen, was los ist.

Diese ganze Werkzeugsammlung beim mentalen Vorgehen muss bei jeder Gelegenheit ausfindig gemacht und über Bord geworfen werden. Für den Erwachsenen sinnlos gewordene Widerstände sind unbrauchbare Verteidigungsstellungen. Sie versperren den Zugang zu unserer Wahrheit und verlängern so das Leiden. Es ist unsere Aufgabe, sie aufzusuchen, wenn wir unser ganzes Format erreichen wollen; ohne Ungeduld, ohne Idealismus, indem man zugibt, dass man immer wieder in Fallen geht. Also sieben Mal stürzen und acht Mal wieder aufstehen ...

Das Ich muss sich ausreichend gefestigt haben, um die Schmerzen anzunehmen, die es immer vermieden hatte. Stützpunkte und gesunde Verteidigungshaltungen müssen unangebrachte Strategien des Mentalen ersetzen. Man lernt, zur Empfindung zurückzukehren, um weniger über emotionale Gedanken zu grübeln. Man lernt, zu ihnen »Nein« sagen zu können, das Urteil über sich selbst zu verwerfen und in Aktivitäten zu investieren, die innerlich befriedigen.

Die Gruppe unterstützt besonders, die zwischenmenschliche Beziehung zu entwickeln. Sie stimuliert Öffnung, mindert Angst vor anderen und lehrt, um etwas zu bitten. Das vollkommene Gleichgewicht verlagert sich hin zu wohltuenderen Einstellungen. Der weniger verschleierte Intellekt beginnt, seine Rolle in der Strukturierung anzunehmen, und entwickelt damit ein großzügigeres Bild von der eigenen Person.

Kapitel 5
Umgang mit Ablehnung

»Ablehnung verstärkt, was Sie ablehnen.
Das, wovor Sie fliehen, wird Sie immer verfolgen.«[16]

Ablehnung hat viele Gesichter und ist besonders erfinderisch bei der Jagd nach ihrem destruktiven Charakter. Wir werden hier zwei große Bereiche ansprechen: Ablehnung von sich selbst und Ablehnung der anderen. Es ist leicht vorstellbar: sie treten oft gemeinsam auf ...

Selbstzerstörende Ablehnung

Abneigung erreicht ihre höchste Stufe im Selbsthass, der schreckliches Leiden hervorruft. Wenn sich der Feind erst einmal eingerichtet hat, lässt er seinem Opfer keinen Moment Ruhe und erfreut sich einer Art Straffreiheit. Die Person, die Opfer dieses inneren Krieges ist, fühlt sich meist hilflos gegen derartige Angriffe, die sie nicht einmal mehr wahrnimmt. Sie fühlt sich schlecht, sie merkt, dass sie sich ärgert, aber – so sieht sie es – zu Recht. Sie ist überzeugt, dass jeder an ihrer Stelle sich genauso ärgern würde. Je mehr sie sich ärgert, desto schlechter geht es ihr, aber sie merkt nicht, dass es genau dieser Hass ist, der das Leid hervorruft.

Selbstzerstörung zeigt sich im Bereich der Psyche in Form von negativen Gedanken. Sie setzen Selbstwert, Fähigkeiten und

Leistungen herab, zweifeln Daseinsberechtigung, Bedürfnisse, Rechte und Entwicklungsmöglichkeiten an. Sie unterhalten das Gefühl, sich für sich selbst zu schämen, ein depressives Wertlosigkeitsgefühl, Schuld und Beklemmung. Die negativen Folgen sind immens. Das Selbstvertrauen wird durch unablässige Kritik zerrüttet und ist zu schwach, als dass die Person es wagte, Wünschen und Neigungen nachzugehen, die sie Mut fassen ließen. Sie erlaubt es sich nicht, auf die zuzugehen, die sie anziehend findet, weil sie sich ihrer nicht würdig fühlt. Im Gegenteil, sie zeigt eine Begabung, sich zu verirren und eine Art von »Sträflingsarbeit« mit Partnern auf sich zunehmen, die missachten und misshandeln.

Selbsthass behindert alle Chancen in Beziehungen, besonders in der Liebe. Er führt auch zum Scheitern in allen Lebensbereichen – gleichsam durch sich selbst aufgeben, versagen und sich dafür bestrafen, etwas gewollt zu haben. Schließlich erreicht der Selbsthass manchmal auch den Körper in Form wiederholter Unfälle oder Krankheit. Ich hatte einige Male den Verdacht, dass Hass zu Krebs beziehungsweise zu manchen Autoimmunerkrankungen geführt hatte. Die Symbolik und Ähnlichkeit mit diesen Erkrankungen, bei denen sich der Organismus gegen sich selbst richtet, ist sehr vielsagend.

Diese Form der Ablehnung ist die wichtigste Baustelle in der Therapie, denn es geht vor allem darum, Ablehnung zum Verschwinden zu bringen. Außerdem greift diese zerstörerische Kraft häufig in den Wandlungsprozess ein, indem sie ihn infrage stellt und den Therapeuten an seine Grenzen, ja zum Scheitern bringt. Manche haben so Therapien begonnen und unter der Wirkung dieses negativen Impulses wieder abgebrochen. Dabei haben sie sich ein umso stärkeres Versagensgefühl eingehandelt. Für den Therapeuten – genau wie für den Patienten – ist dies eine gewaltige, mühevolle und ermüdende Herausforderung.

Negativität als psychische Entsprechung zum körperlichen Krebs nährt sich von starken destruktiven Kräften. Um uns noch besser zu zerstören, ist sie hartnäckig, bis sie uns fertiggemacht hat. Quälend und unerbittlich steht sie immer wieder aus ihrer Asche auf. Wenn man glaubt, sie endlich besiegt zu haben, taucht sie wieder auf, triumphiert, provoziert und bringt selbst die Motiviertesten zur Verzweiflung. Das emotionale Klima und die Gedanken, die davon ausgehen, wühlen die schwersten und schädlichsten Energien auf. Kein Humor, keine Kreativität, nur bis zum Überdruss wiederholte Themen und immer wieder dieselben psychischen Prozesse.

Sie interpretiert alles in ihrem Sinne – im negativsten – und schafft es, innerhalb des Bruchteils einer Sekunde die geduldig über lange Zeit unternommenen Versuche, sich wieder aufzurichten, zunichtezumachen! Wir haben gesehen, dass Negativität auf dem zentralen Stützpfeiler der Ablehnung steht, und zwar hauptsächlich auf dem, der Emotion bekämpft. Negativität wird begleitet von komplexen, gemischten Emotionen, die um die großen Themen des menschlichen Unglücks kreisen: Verlust, Ablehnung, Verlassensein, Verrat, Gewalt, Missbrauch, Demütigung, Ungerechtigkeit, Absurdität oder sogar Wahnsinn. Wir finden also Verzweiflung, Wut und Verbitterung, Schuld, Hass und Scham wieder. Um diesen schwarzen Block hinter sich zu lassen, braucht es eine Strategie, bei der man all die Probleme in Einzelteile zerlegt, um sie getrennt voneinander zu behandeln. Jedoch nimmt Aggression im Herzen dieser diffusen Zerstörerin einen bedeutenden Platz ein. Der Umgang mit unterdrückter Wut, Verbitterung und Hass spielt eine entscheidende Rolle.

So hat Eva in Negativität gegen sich selbst wirklich große Übung entwickelt. Die Krisen wiederholten sich und stürzten sie in einen Zustand der tiefen Traurigkeit. Diese Krisen wurden aus unterschiedlichen Gründen und manchmal von scheinbar Belanglosem ausgelöst: Mangel an gegenseitigem Verständnis, Ärger im Beruf, ein Moment der Einsamkeit. Sie geißelte sich und verbiss sich in das Thema des Versagens, beschimpfte sich selbst und endete schließlich darin, sich selbst zu hassen – sie hat völlig versag, es war ihre Schuld, sie hat nur das, was sie verdient hat. Ihr Zustand kippte schließlich in Selbstekel. Sie sah für sich keine Zukunft. So genügten ein paar Kritikpunkte an ihrem Verhalten anlässlich einer Fortbildung, um sie in Negativität abstürzen zu lassen. Ich entdeckte schließlich, dass die Äußerungen, die man über sie machte, einfache Bemerkungen waren, ganz ohne Aggressivität, eher in der Absicht, ihr zu helfen, sich ihrer distanzierten Haltung bewusst zu werden, die es erschwerte, Zugang zu ihr zu finden.

Zurück zum Ursprung der Gefühle

In diesem Stadium braucht Eva wegen ihrer Hypersensibilität vor allem wohlwollende Empathie – eine unabdingbare Voraussetzung, ihr zu zeigen, wie sehr sie sich selbst schadet. Wenn ich ihr schon zu Beginn gesagt hätte, dass sie interpretiert oder verzerrt, hätte sie das nicht ertragen und sich noch mehr verschlossen. Ich diskutiere also nicht, weder um ihr zu zeigen, dass sie dramatisiert, noch um sie zu beruhigen. Verkrampfung verhindert jeden Dialog, Leiden muss schlicht nur gehört werden. Dann muss man geduldig Tatsachen aufgreifen und die Kluft zwischen den gesprochenen Worten der anderen und ihrer persönlichen Auslegung herausarbeiten. Das macht die Härte ihres Urteils klar, das sie bei jedem vermuteten Vergehen gefangen genommen hat, und ihr bleibt nichts erspart.

Ich leite sie an zu beobachten, welche körperlichen und emotionalen Auswirkungen diese Missbilligung bei ihr hat – das psychische Pendant zu Schlägen, die sie sich selbst verpasst, also offensichtliche Selbstquälerei. Sie sieht flüchtig die zerstörende Wirkung auf ihre Stimmung, die sie unter diesem Ansturm verzweifeln lässt. Dieser erste Schritt ist also auf ein Bewusstwerden ihrer bisherigen psychischen Reaktionsmuster beschränkt. In der Tat bin ich oft verblüfft zu sehen, wie sehr Menschen, die Opfer von Ablehnung wurden, nicht im Geringsten darüber schockiert sind, wie sie sich selbst in ihrem Inneren behandeln. Eine Person, die unter einer Zwangsstörung leidet, durchschaut hingegen sehr wohl die zwanghaften Rituale und quälenden Handlungsabläufe. Bei intrapsychischer Gewalt ist man mit einem heimtückischen Phänomen konfrontiert: die Psyche blutet nicht, man sieht die Wunden nicht, man kann sich peinigen, ohne offensichtliche Spuren zu hinterlassen.

Dieses Verhalten kann so über lange Zeiträume andauern, ohne infrage gestellt zu werden, weil es unbewusst abläuft, zugedeckt und betäubt wird. Die Person rechtfertigt ihre Härte und glaubt, dies sei zu ihrem Wohle, ja sie kann sich nicht einmal vorstellen, es könne anders sein. Für sie ist Wohlwollen nicht das Normale ... Die Perspektive zu wechseln, stellt schon eine schwierige Aufgabe dar. Aber all das erklärt nicht dieses Übermaß an Hass ...

Im Lauf der weiteren Betrachtung stellt sich heraus, dass Eva einen hohen Anspruch an sich hat: Sie will intellektuell glänzen. Also muss sie intelligente Dinge zum Besten geben, um bewundert zu werden. Das erleichtert ihr allerdings den Kontakt mit anderen nicht wirklich ... Und um das Ganze noch komplizierter zu machen, hat sie dabei gleichzeitig Angst, abgelehnt zu werden. Ihr Geist ist in permanenter Lauerstellung und sie registriert das geringste Anzeichen von Distanz der anderen und interpretiert es entsprechend. Wie kann man entspannen, wenn man solchen Zwängen unterliegt! Diese beiden Gesichtspunkte führen uns direkt in ihre Vergangenheit. Für ihren Vater war Intelligenz das Wichtigste. Er hielt nicht hinterm Berg mit seiner Missachtung für die, die damit nicht gesegnet waren. Eva fürchtete die eiskalten Urteile ihres sehr distanzierten Vaters und hatte diese verinnerlicht. Im Verborgenen wachte diese Zensur über ihr Handeln und Sprechen und verzieh keine Abweichung vom Idealbild, das man von ihr erwartete. Man findet hier die Grausamkeit des Freud'schen »Über-Ichs« ... Trotz ihres Hochschulstudiums blieb ihr beruflicher Erfolg hinter den väterlichen Erwartungen zurück. Sie hat enttäuscht.

Bei ihrem Vater hätte sie als Junge mehr gegolten. Und ihre Mutter hat sich ihr gegenüber – meist grundlos – aggressiv verhalten. Bei ihr hatte sie den Eindruck, überflüssig zu sein, zu stören. Letztlich wäre es besser gewesen, wenn es sie erst gar nicht gegeben hätte. In diesem Kontext läuft alles auf den einen Punkt zusammen, dass sie sich darüber ärgert, was sie ist, und sich schuldig fühlt und somit glaubt, die Liebe der Eltern auch gar nicht verdient zu haben. Seit ihrer Kindheit ist sie davon beherrscht, Dinge unter diesem Gesichtspunkt zu sehen. Sie ist von der Ablehnung ihrer eigenen Person durchtränkt. Beim geringsten Problem, beim ersten Schatten, der in einer Beziehung auftaucht, fühlt sie sich schuldig.

Die Schliche der Vergangenheit erkennen

Der zweite Schritt der therapeutischen Arbeit besteht darin, zu schmerzhaften Erinnerungen an die Vergangenheit zurückzukehren. Der Blick zurück und vor allem, wieder in bestimmte Szenen voll einzutauchen, setzt bei Eva eine Reihe von Emotionen frei: eine Mischung aus Hoffnungslosigkeit, Angst und Verzweiflung. Diese wachgerufenen Erinnerungen ermöglichen, den Zusammenhang herzustellen zwischen dem, wie sie von ihren Eltern behandelt worden war, und dem, was sie davon jetzt in ihrem psychischen Leben umsetzt und sie dabei kaputtmacht.

Ihr wird bewusst, dass sie genau im harschen Ton ihres Vaters zu sich selbst spricht und dass sie sich selbst angreift, wie sie es von ihrer Mutter erlebt hat. Sie versteht, warum sie so wenig Empathie für sich selbst hat. Die Entwicklung zeigt sich in ihren Träumen. Sie träumte von Kindern oder kleinen Tieren, die leiden oder bedroht waren, um die sich niemand kümmerte. Früher blieb sie ohne Reaktion, war nur Beobachterin oder wendete sich mit Abscheu ab. Heute greift sie ein, versucht zu schützen, sie nimmt die kleinen Kreaturen in die Arme, um sie zu trösten. Die Änderung in der Färbung ihrer Träume markiert einen deutlichen Wendepunkt bei der Versöhnung mit sich selbst. Der Zugang zum Gefühlsschmerz macht sie wohlgesinnter mit sich selbst. Sie geht nicht mehr so hart mit sich selbst um, will nachsichtiger mit sich sein. Allerdings fehlt immer noch ein wichtiger Schritt im Umgang mit der selbstzerstörerischen Ablehnung. In der Tat, wenn die erste Ursache, nämlich die Verinnerlichung der elterlichen Aggression, abgeschwächt wird, bleibt doch noch eine weitere, lange Zeit versteckte Ursache der Selbstentwertung bestehen. Eva ist der Überzeugung, dass sie enttäuschend und der Liebe unwürdig ist. Das ist so stark in ihr verwurzelt, dass es die Ungerechtigkeit und ihre Empörung überdeckt, von den Eltern wenig Zärtlichkeit bekommen zu haben. Während ihrer ganzen Kindheit nahm sie ihre Eltern in Schutz, auch wenn sie täglich von ihnen verletzt wurde, so sehr richtete sie ihre Wut gegen sich selbst.

Wiederherstellen einer gesunden Aggression

Der dritte Schritt der therapeutischen Arbeit nimmt sich dieser tief vergrabenen Aggression im Kern an. Es ist fast unmöglich, empört zu sein, wenn man sich ohne Daseinsberechtigung fühlt. In diesem Stadium hilft die Gruppe weiter. Als Eva von dem, was sie früher mit ihren Eltern erlebt hatte, berichtete – die perfiden Bemerkungen ihrer Mutter, die Härte ihres Vaters –, zeigten die anderen Teilnehmer – zu Evas großer Verwunderung – ihre Entrüstung. Das Umschalten zu einer wohlwollenden Haltung funktioniert nicht von heute auf morgen, sondern stellt sich erst allmählich ein. Sie nahm meine Reaktion und die der Gruppe auf, die konträr zu ihrem Gewohnten lief. Ein weiteres Mal ging ein Traumerlebnis der Veränderung in der Tonlage des Bewusstseins voraus, ein Traum, in dem sie einer spitzen Bemerkung ihrer Mutter heftig Paroli bot.

Schließlich öffnete sich der »Abszess« durch eine unpassende Bemerkung ihrer Vorgesetzten, während sie Überstunden machte, um eine Zusatzaufgabe abzuschließen. Der Pfeil traf ins Schwarze – sie hat vergeblich versucht, jemanden zufriedenzustellen, der immer nur das sieht, was noch fehlt, mit anderen Worten: ihre Mutter. Eva kommt zur Therapiesitzung, blass, verkrampft: »Was will die denn noch alles! Ich kann machen, was ich will, und sie (ihre Chefin) ist immer noch nicht zufrieden. Ich habe gearbeitet wie eine Verrückte, und das ist alles, was sie mir dazu sagt ... Jetzt reicht's, ich hab' die Schnauze voll.«

Sie platzte vor Wut, bis ihre Wut in einen Anfall von Hass umschlug. »Verrecken soll sie!« Worte reichten nicht mehr aus. Der Hass brach aus ihr mit einem schrillen Schrei. Ihre Mutter wurde nun Zielscheibe dieses heftigen unkontrollierten Ausbruchs und ein Schwall von Vorwürfen sprudelte nur so aus ihr heraus. »Du hast mich nie geliebt, du bist gemein, du hast mein Leben vergiftet, ich verabscheue dich, ich hasse dich. Mir wäre lieber, ich hätte gar keine Mutter, als so eine wie dich!« Nach diesem Ausbruch war sie so aufgewühlt, dass sie am ganzen Leib zitterte. All ihre gewohnten Orientierungspunkte waren über den Haufen geworfen. Sie fühlte sich zerbrechlich wie ein Neugeborenes, spürte aber gleichzeitig eine vorher nie gekannte Energie. Sie wurde sich ihrer zahlreichen unglaublich anstrengenden Versuche gewahr, die sie ihr ganzes Leben lang unternommen hatte, um Zärtlichkeit und Anerkennung von ihrer Mutter und anderen Frauen zu bekommen. Dabei hat sie sich erschöpft, sich selbst nicht respektiert, und sie glaubte immer, dass sie schuld daran sei. Bei jeder Abfuhr, jeder Art von Kritik ärgerte sie sich, spulte ihre Selbstkritik ab und fand immer bei sich selbst einen Grund dafür. Als ihr die Hoffnungslosigkeit dieser Suche klar wurde, setzte sich ein gesunder Selbstschutzmechanismus im Inneren in Bewegung: Sie kann dem anderen Grenzen setzen, wenn er sie angreift, ohne sich von Wut überwältigen zu lassen.

Die Aggression, die Eva in der Kindheit erfahren hat, gegen sich selbst zu richten, ist nicht der einzige Mechanismus, der zur Selbstzerstörung führt. Mangel und Versagen können bei Eva zum selben Ergebnis führen und ihr das Gefühl vermitteln, dass sie nicht verdient, glücklich zu sein, und man sich nicht für sie interessiert.

Torpedierung und Selbstzerstörung beruflicher Pläne

Adam berichtet immer wieder von der Unzufriedenheit in seinem Beruf. Die Tätigkeit in einer Firma als Informatiker entspricht nicht beziehungsweise nicht mehr seinen Wünschen. Das geht ihm schon seit Jahren im Kopf herum, aber er hat noch nichts unternommen. Seine wenigen Versuche, etwas zu ändern, kamen nie zu einem Abschluss. Seine geistige Unbeweglichkeit schreibt er seiner Trägheit zu. Unter Berücksichtigung seiner Fähigkeiten lässt mich diese Erklärung skeptisch werden. Er hat viele Interessen: Psychologie, menschliche Beziehungen, Kunst, Theater und Musik.

Kaum visiert er eine Entwicklung in diese Richtung an, wird sie durch einen Ansturm von Gegenargumenten konterkariert. »Es ist zu spät, ich hätte das schon viel früher machen sollen, man verdient in diesen Branchen nicht ausreichend.« Tief im Innern fehlt ihm das Vertrauen zu seinen Möglichkeiten und er erwartet, dass er versagt. Wenn er sich erst gar nicht auf einen Versuch einlässt, schützt er sich damit wenigstens vor der Gefahr, sich mittelmäßig zu finden. Was ist, wenn er nun doch keine so geniale Begabung hat?

Im Grunde beurteilt er sich selbst und ärgert sich, dass er nicht von Anfang an das Richtige gemacht hat, dass ihm der Mut gefehlt hat, sein Studium abzubrechen und etwas anderes zu machen. Er sieht sich als Dilettant mit Begabung, die nur oberflächliche Selbsttäuschung ist. Der Teufelskreis ist in vollem Gang. Je mehr Zeit ohne Veränderung vergeht, desto mehr ärgert er sich darüber und desto weniger Energie findet er, um den Schritt der Veränderung zu wagen. »Ich weiß, was ich tun müsste, aber ich tue es eben nicht, ich schiebe es vor mir her ...« Und hier sind sie wieder, die Grundpfeiler der Selbstzerstörung ...

Wiederholte diese Selbstzerstörung nicht etwa den alten Krieg mit seinem Stiefvater, der ihm im Jugendalter vorwarf, ein Nichtsnutz zu sein mit seiner Musik und seinen Freunden? Einerseits spürte Adam sehr wohl, dass er diesen Mann zutiefst hasste, sich mit aller Kraft seinen ausdrücklichen Befehlen widersetzte und deshalb auch sein Studium sabotiert hatte. Trotzdem hatte er sein Informatikstudium abgeschlossen, was ihn dahingeführt hat, wo er jetzt ist ... Warum ist er den Weg gegangen, den ihm sein Stiefvater vorgezeichnet hatte, obwohl er diesen so sehr ablehnte? Diese Frage lässt ihn ratlos werden, er versteht sich selbst nicht. Das Rätsel hat sich schließlich Schritt für Schritt aufgelöst. »Niemand hat mich unterstützt und mein Stiefvater hat nur gegen meine künstlerischen Neigungen gekämpft.« Hinter dem Groll kamen tiefe Traurigkeit und große Leere auf: »Ich habe niemanden.« Wer fehlt besonders? Jemand, der führt, ihm das Leben zeigt, ihn ermutigt ... Kurz: ein Vater. Und sein Vater? Der ist nach der Scheidung mehr oder weniger von der Bildfläche verschwunden und zahlte auch die Alimente nur unregelmäßig. An diesem Punkt angekommen, nimmt Adam bei sich eine große Zerbrechlichkeit wahr. Plötzlich fühlt er sich klein, verloren, wie ein Kind, das mitten in der Menge auf einem großen Bahnhof verlassen wurde. Er ist wie ein Haus ohne Fundament, wie ein Baum ohne Wurzeln. Wie kann er nach vorn blicken, Erfolg haben? Solange er das nicht gespürt hatte, warf er sich vor, nicht hartnäckiger gewesen zu sein, und ging hart mit sich ins Gericht.

Die Selbstzerstörung zeigt sich nicht nur durch offene Aggression gegen sich, sondern auch schleichend im Versagen. Die Person sieht sich selbst nicht wert, beharrlich bis zum Erfolg zu gehen, sie lässt sich auf der Strecke fallen.

Ablehnung in der Beziehung mit anderen

Ablehnung anderer kann unterschiedliche Gesichter haben, aber in allen Fällen vergiftet offener oder heimlicher Hass eine Beziehung und ruiniert die Möglichkeit, Beziehungen aufzubauen und zu entwickeln. Schon beim geringsten echten oder vermeintlichen Verstoß findet sich der andere in der Position des Angeklagten wieder. Alles beweist, dass er nicht liebt, dass man ihm nicht vertrauen kann, dass er genauso ist wie alle anderen.

Mit seiner außerordentlichen Fähigkeit, Frauen zu verführen, weckt Adam bei anderen Männern häufig Neid, wenn sie sehen, wie leicht er Frauen erobert. Scheinbar fällt ihm in diesem Bereich alles leicht. Obwohl er eine feste Freundin hat, flirtet er mit zwei oder drei anderen Frauen als »Lückenfüller«, falls erstere von der Bildfläche verschwindet. Vor allem liebt es er, diese halb offenen Türen voller sinnlicher Versprechen zu spüren. Wie kann man von Hass und Zerstörung sprechen, wo in seinen Reden nur Verführung erscheint? Er mag die Frauen so sehr, dass er sich am Charme der einen, der Sinnlichkeit der anderen und der Zärtlichkeit oder Tiefe einer dritten erfreut. Er findet die passenden Worte, um sie anzurühren, ihren Wert herauszustellen. Auf dieser Bewusstseinsebene ist seine Offenheit echt. Hört man ihm jedoch aufmerksam zu, fällt eine andere Skala der Gefühle auf. Wenn die prickelnde Anfangsphase vorbei ist, kommen für ihn negative Elemente zum Vorschein. Zunächst zweifelt er die Beziehung an – ist es wirklich eine Frau, die zu ihm passt, sperrt er sich nicht in einen dummen Käfig des Gesellschaftskonformismus, wenn er bei ihr bleibt, entgeht ihm nicht eine andere Gelegenheit?

Wenn Zweifel wiederholt vorkommen, verfestigt sich Negativität, allerdings verschleiert. Sie tritt dann nicht als Frontalangriff auf, sondern eher als Wühlarbeit im Hinterhalt, die wirksam untergräbt. Bei genauer Betrachtung wird Aggression spürbar, als sich Adam darauf einlässt, seine Sicht des gesellschaftlichen Modells der Ehe zu entwickeln. Über wen ärgert er sich? Über die Gesellschaft? Das überzeugt nicht wirklich. Über die Frauen? Hier scheint die Ausbeute vielversprechender! Frauen haften an Konventionen, wiederholen nur das, was man ihnen in den Kopf gesetzt hat, und fordern feste Zusagen, sie wollen an sich binden, hindern daran, zu leben. Sie sind besitzergreifend, eifersüchtig und nehmen ihm die Möglichkeit, sich von anderen Frauen verführen zu lassen. Wenn sich – wider Erwarten – eine Frau diesbezüglich verständnisvoll zeigt, wird ein anderer Makel zum Problem – zu mütterlich, zu zerbrechlich, mangelnde Persönlichkeit, zwar schon ganz offen, aber auch nicht gerade wahnsinnig sexy ... Wenn die Antworten in der Situation variieren, kann man im Hintergrund andere Ursachen vermuten.

Diese zeigen sich schließlich. Adam ärgert sich über die Macht, die Frauen auf ihn ausüben. Er kommt nicht an ihnen vorbei, er braucht immer mehrere Frauen um sich herum. So hat er die Kontrolle und kann sich von jener loseisen, die nicht mehr in sein Erwartungsmuster passt. Welche Macht haben sie eigentlich wirklich? Nicht nur – wie er meint – ihn einzuengen, sondern vor allem, ihn leiden zu lassen. Das Netz, in dem er sie gefangen hält, zielt darauf ab, sich vor potenziellem Leid, das durch Verlassenwerden und Ablehnung hervorgerufen wird, zu schützen. In der Tat ist der Schiffbruch des jungen Mannes, der sitzen gelassen wurde, ein entscheidender Aspekt in seinem Liebesleben. Eine Hauptquelle für seine unterdrückte Aggression gegen Frauen wird gespeist von der Aversion gegen seine Mutter, die ihm ständig ihr Leid aufbürdete, ohne ihn anzuhören und zu verstehen.

Es steht zu vermuten, dass mögliche andere Ursachen seiner Wut mit seiner ersten Liebe zusammenhängen. Diese Frau hatte ihn in seiner Verletztheit verlassen, und zwar zu einem Zeitpunkt, wo er sie und ihre Unterstützung dringend gebraucht hätte. Solch einer Person böse zu sein, hat man ja wohl allen Grund! Wie so häufig hat sich diese Aggression auf spätere Liebesbeziehungen übertragen. Seither hat Adam keine tiefe und dauerhafte Beziehung mehr erlebt, nicht einmal in seiner Ehe. Der Charme, den er auf Frauen versprüht, lässt deren Hunger nach einer – wie auch immer gearteten – festen Zusage ungestillt. Ist dies nicht auch eine Form von Strafe, von Rache? ... Ja, ihm wird klar, dass er ihnen das unsägliche, furchtbare Leid heimzahlt, das ihn überkam, nachdem Carine ihn verlassen hatte. Sie sollen merken, wie das ist! Das will er nie wieder erleben, bloß nicht wieder verliebt sein, das ist viel zu riskant! Ein Sturm von Beleidigungen gegen Carine bricht los, verbunden mit Lust, sie zu demütigen, ihr zu zeigen, dass sie an allem schuld ist und dass sie für den Rest ihres Lebens ein schlechtes Gewissen haben und in Einsamkeit krepieren soll. Es fällt ihm nicht leicht, so einen Schwall von Hass zu äußern, schließlich ist das ja vom moralischen Standpunkt schlecht; und es widerstrebt ihm, in derartig schwarze Fluten einzutauchen.

Allerdings bringt ihn diese aus der Tiefe kommende Reaktion zurück auf den Boden der Tatsachen, indem er seine herablassende Überheblichkeit verlässt. Er ist wieder ein Mann wie jeder andere, anspruchslos, einer, der Frauen braucht und deshalb verwundbar ist. Vor allem hat er jetzt die Karten in der Hand, weil er weiß, was er fürchtet. Es liegt an ihm, sich zu entscheiden, ob er sich für das Gefühl der Liebe öffnet oder nicht, wohl wissend, dass dies die Gefahr der Verletzbarkeit birgt. Jetzt ist ihm endgültig klar, dass sich all das nicht gegen Frauen an sich, sondern gegen die Verpflichtung zu einer Liebesbeziehung richtet. Er bietet seinen Freundinnen einen bereichernden Gedankenaustausch und gibt ihnen keinen Anlass, von einer Beziehung wie im Märchenschloss zu träumen. Wenn er spürt, dass sich eine von ihnen zu sehr an ihn hängt, lässt er sich nicht zu einer gefährlichen Abhängigkeit verleiten. Der Hass, den er empfindet, richtet sich vielmehr gegen diesen schrecklichen Zustand des verlassenen Liebhabers. Die negativen Attacken richten sich gegen das von den Frauen verkörperte Prinzip der Verpflichtung und ihre Erwartungen.

In diesem ersten Beispiel zeigt sich die Ablehnung nicht unmittelbar, sondern hat etwas Verführerisches mit ihrem selbstgerechten Geschwätz. Nach und nach entdeckt man sie wegen ihrer Konsequenzen, denn auf den ersten Blick leidet die Person gar nicht, sie empfindet sogar Vergnügen, wie man es auch bei Sucht findet. Ein entscheidendes Etappenziel auf dem Weg, sich von Negativität zu befreien, ist erreicht, sobald man erkennt, wie sehr man durch sie leidet.

Sich von der Opferrolle befreien

»Wer sich verletzt fühlt, kann nur aggressiv werden.«[17]

»Die anderen lieben mich nicht«

Greifen wir das Beispiel von Irene nochmals auf: In manchen Situationen verfällt sie in erbitterte Animosität gegenüber anderen. Gruppenarbeit, die alltägliche Situationen nachstellt, löst häufig derartige Reaktionen aus. Sei es in Form einer Auseinandersetzung mit einem Teilnehmer, sei es, dass sie es während ihrer Redezeit innerhalb der Gruppe darstellt und hofft, dass man Partei gegen sie ergreift, dass die anderen dieses Schema ablehnen, und das Katastrophen-Szenario bricht aus. Sie regt sich auf, sie verschließt sich gleichzeitig allem, beschuldigt andere der Ungerechtigkeit und Voreingenommenheit. Sie verdreht, was man ihr auch sagt, ins Negative, und jede Diskussion wird unmöglich. Wer nicht auf ihrer Seite ist, ist zwangsläufig gegen sie. Man versteht sie nicht, man hört ihr nicht einmal zu, man urteilt über sie, man lehnt sie ab, sie hat hier nichts mehr verloren, sie muss gehen. Sie wird noch verrückt, man will sie zerstören ... Eine derartige Reaktion lässt die anderen auch nicht ruhig bleiben, und wenn einer von ihnen sich wiederum gegen sie wendet, erreicht das Drama seinen Höhepunkt. Sogar Versuche, ihr zu helfen, weist sie ab und lähmt somit jeden guten Willen. Diejenigen, die Distanz wahren, wohnen betroffen dieser Schlacht bei: Wie kann man nur in so kurzer Zeit ein »Niemandsland« um sich herum schaffen! In dem Moment, in dem Irene die Nähe der anderen am meisten braucht, produziert ihr Mechanismus eine höllische Spirale der Leere. Ihre Missbilligung versteht es, hartnäckig und wütend diese Isolation und Leere hervorzurufen. Zum Glück hat die Gruppe wirksame und kreative Mittel, das Zuschnappen der zerstörerischen Falle der »Geiselnahme« zu verhindern. Solche Vorfälle treten in der Übertragung zu mir genauso auf, wenn ich ihre Erwartungen nicht erfülle. Sie versucht, meine Unzulänglichkeiten zuzuspitzen, und will, dass ich Fehler einräume, dass ich mich verpflichte, solch schlimme Fehler nie wieder zu begehen. Man kann sich vorstellen, welche Auswirkungen dieses zerstörerische Verhalten außerhalb des therapeutischen Umfelds hat. Außerhalb des Kreises der ganz treuen Freunde, die ihre Qualitäten kennen und mit ihrer Verzweiflung hinter der Aggression umgehen können, lauert Isolation auf sie. Sie versinkt in Verbitterung und Verzweiflung und daraus folgt eine Phase der Selbstzerstörung. Dieses Szenario zieht natürlich eine Opferrolle nach sich, die die Umgebung für ihr Unglück verantwortlich macht, wogegen ein Beobachter mit gesundem Menschenverstand feststellt, dass allein sie dafür verantwortlich ist. Wir sehen Irene nicht von einer gesunden Wut getrieben, sondern ihr Eintauchen in eine Mischung an Gefühlen und typischen abwertenden Interpretationen.

Nur ein Kind in seiner Abhängigkeit kann wirklich Opfer von Verachtung sein. Es hat keine andere Wahl, als zu ertragen. Verlassensein, Ablehnung und Missbrauch führen bei ihm zur Verinnerlichung einer Machtlosigkeit, die sich im Erwachsenenalter fortsetzt und Leben und Beziehungen vergiftet. Um sich dieser Opferrolle zu entledigen, ist für den Erfolg des therapeutischen Prozesses ein gutes Stück Arbeit nötig. Zu diesem Thema wurde schon viel gesagt; ich betrachte es ausschließlich unter dem Gesichtspunkt der Emotion.

Aus dieser Sicht repräsentiert das Opfer den geradezu schulmäßigen Fall des Leidens: Die Situation ertragen, weil man von vermischten Emotionen und negativen Gedanken überwältigt ist. Auch wenn die Person alle Emotionen zum Ausdruck bringt, kann niemand davon befreiende Wirkung erwarten. Ob sie weint oder schreit, das dreht nur das Messer in der Wunde um. Warum? Die Hindernisse haben wir bereits beschrieben: Emotionen werden untereinander gemischt, Angst und Traurigkeit, Traurigkeit und Wut, was sie daran hindert, vollständig zum Ausdruck zu kommen. Schuld unterwandert alles und schafft die Grundstimmung eines Dramas oder einer Gerichtsverhandlung.

Negative Überzeugungen und Interpretationen durchsetzen die gesamte Gefühlswelt. Erinnern wir uns: Die Emotion kann sich nicht äußern und befreien, wenn sie schwer gedankenbeladen ist oder sich mit einer anderen Emotion mischt. Opferrolle und Ablehnung gehören in dieselbe Kategorie. Wut und Aggressivität spielen hier eine ausschlaggebende Rolle, weil es sich um unterdrückte Emotionen handelt. In der Praxis beobachtet man Abstufungen von Aggressivität zwischen totaler Machtlosigkeit, bei der die Person ihre gesamte Defensive verloren hat, und dem »Henker als Opfer«, dessen Haltung heftig ist und der andere mit Vorwürfen bombardiert.

Zwischen diesen Extremen finden wir Klagen, Proteste, Szenen, Erpressungen. Da sich Aggressivität nicht offen zeigen kann, wird sie vorzugsweise indirekt über Schuld transportiert. Wie wir bei Irene gesehen haben, schwankte sie zwischen Schuldzuweisungen an andere oder gegen sich selbst. Es ist also unerlässlich, sich der Wut anzunähern. Sonst fällt man wieder in Klage, Machtlosigkeit und Selbstentwertung zurück. Dieses Phänomen ist frappierend, auch bei depressiven Zuständen, wo Aggression gegen sich selbst und Schuldzuweisung ihren Gipfel erreichen. Im Denken des Opfers hat es weder selbst noch ein anderer ein Recht auf Wut. Das ist das Übel, und das spitzt sich zwangsläufig dramatisch zu.

Wenn sich dann endlich Wut zeigt, ist das ein Vorbote des wiederkehrenden Lebens. Wut bringt die Energie, die ermöglicht, der Machtlosigkeit zu entkommen und sich zu festigen. Der zweite Teil der Arbeit betrifft das Ausmerzen negativer Überzeugungen, die das Fundament für diese Opferrolle sind: »Ich bin nichts, niemand liebt mich, ich habe kein Recht darauf, ich habe keinerlei Anerkennung, ich bin unfähig, ich kann das nicht, es ist meine Schuld, man verachtet mich.« Wir kommen hierauf noch zurück.

Die Falle des endlosen Kreisens in Emotionen

Manche Personen drehen sich fortwährend im Kreis des gleichen emotionalen Klimas: Bei dem einen ist es ein Wutausbruch aus geringstem Anlass; beim anderen eine allgegenwärtige Angst, die sein Verhalten bestimmt, und bei einem dritten ist das ganze Leben ein Tal der Tränen. Und dann gibt es noch die, bei denen Lächeln und Zufriedenheit alle anderen möglichen Stimmungen ausschalten. Häufig verbirgt die dominante Emotion eine andere, die in der Tiefe unterdrückt wird. Adams Wut hat ihr natürliches Ende gefunden durch die Öffnung zur Traurigkeit, die sie verschleiert hat. Eva konnte der Verzweiflung entkommen dank ihrer versteckten Wut, und das hat wiederum ermöglicht, Freude aufblühen zu lassen. Menschen, die früh Opfer von Aggression geworden sind, leben in kontinuierlicher Angst und haben jeglichen Kontakt zu ihrer Wut verloren. Allein Emotion hat die Macht, ihnen Bestätigung und Selbstvertrauen zurückzugeben. Ständiges Scherzen, ein lockerer Ton und konstantes Lächeln verschleiern manchmal eine andere grundlegende Emotion, die ihren Platz wiederfinden will.

Emotionale Gesundheit entsteht durch eine Fluidität, die freies Zirkulieren von einem Zustand in den anderen ermöglicht. Wenn eine bestimmte Emotion die innere Landschaft dauerhaft zu sehr beansprucht, kann man vermuten, dass sie dazu benutzt wird, eine andere zu unterdrücken.

Emotionen der Ablehnung

Schuld

Halten wir fest: Schuld ist – in der Position des Opfers sehr häufig auftretend – eine typisch überzeichnete Emotion des Geistes. Unabhängig davon, ob sie sich gegen sich selbst oder gegen andere richtet:»Ich hätte sollen, ich hätte nicht sollen, du hättest allerdings schon können, du solltest, du hättest nie sollen.« Ihrem Wesen nach ist das die Emotion der Ablehnung. Und diese Ablehnung hat so viel Kraft, dass sie machtlos macht: Wenn jemand mich durch Worte verletzt – und obwohl er kein Recht dazu hat, mir das anzutun, es trotzdem macht –, verwende ich meine ganze Energie auf Ablehnung, um zu demonstrieren, dass sein Verhalten schlecht ist, dass er dies niemals hätte tun dürfen. So positioniere ich mich aber nicht. Wenn er weitermacht, kann ich mich nur beklagen oder ihm eine Moralpredigt halten.

Die Erkenntnis, dass Schuldgefühle durch Ablehnung genährt werden und uns machtlos machen, kann uns anregen zu akzeptieren ... Denn ohne die Erfahrung des Annehmens von Wut und ihrer schmerzlichen Folgen steckt das Opfer in der Falle einer endlosen Schleife des Unglücks. Sie zieht weitere »Katastrophen« an, bestätigt negative Überzeugungen und hofft auf eine Reparatur, die nie kommt. *Annehmen heilt Schuldgefühle.*

Hass und Gewalt

Wenn ein Kind Opfer von Gewalt und Ungerechtigkeit war, legen diese Übergriffe den Keim für spätere Gewaltbereitschaft. Demütigung und Missachtung hinterlassen eine derart brennende Stigmatisierung, dass sie eine dauerhafte Quelle des Hasses bilden. Bei diesem Schritt setzt das Erkennen von Neigung zur Gewalt ein wichtiges Signal; denn häufig sind wir uns ihrer nicht bewusst. Da uns Gewalt leiden ließ, verurteilen wir sie und lehnen sie ab, was dazu führt, dass wir sie unterdrücken. Jeder von uns erlebt sie auf seine eigene Art: der eine eher körperlich – als eine Art von überempfindlicher, dünnhäutiger Anspannung; der andere eher psychisch durch dauernde Wertung, Heftigkeit in Worten, Ablehnung, ein einschneidendes Erlebnis, Kälte, Missachtung, Selbstzerstörung, Entwertung.

Die Gewalt zunächst erkennen, um sie dann zu akzeptieren, ist noch schwieriger, weil sich die Wertung mit einer Mischung aus Scham und Schuld widersetzt. »Ich gewalttätig!? Wie schrecklich ... mein Vater ja, aber ich doch nicht!« Doch, auch ich trage sie in mir. Das andere Haupthindernis liegt in der Angst – in meiner eigenen Gewaltbereitschaft, die mir genauso bedrohlich erscheint wie die des anderen: »Und wenn sie mich überwältigt, und wenn ich etwas Dummes mache, und wenn ich in einen unkontrollierbaren Konflikt mit anderen gerate, und wenn andere noch gewalttätiger sind als ich und mich umbringen?« In der Tat, Gewalt zu akzeptieren, ohne sie zu werten, ohne panisch zu werden, ist ein erschütternder, völlig verändernder Augenblick für unsere innere Orientierung und unerlässlich im Prozess der Wandlung. Wir müssen uns eingestehen, dass das Bild von uns selbst ins Wanken kommt ...

Die Gruppe ist der ideale Rahmen, das Eisen der Gewalt zu schmieden, solange es noch heiß ist. Zum einen schafft die Gruppe Situationen, die Gewalt an die Oberfläche bringen, zum anderen verleiht sie eine Geborgenheit, die ermöglicht, Gewalt zum Ausdruck zu bringen und diese zu kanalisieren. Der Betroffene muss unterstützt, ermutigt und in Schranken gehalten werden; die Tatsache, zu mehreren zu sein, erleichtert dies. Wenn man dann endlich einmal so weit ist, Hass auszudrücken und zu spüren, wogegen er sich richtet, kann man im Anschluss nach seinen Ursachen forschen.

Eine Frau berichtet, sie hasse die Menschheit, die alles Schöne zerstört, nichts respektiert. Sie hasse die Gewalt der Menschen. In ihren Wunschvorstellungen wirft sie eine Atombombe, die alle vernichtet.

Was hat man ihr eigentlich getan? Sie wird nicht wahrgenommen, sondern niedergemacht und nicht respektiert. Im Lauf des Gesprächs kommen wir zu ihrer Kindheit. Sie war ein ungewolltes Kind und somit unbeachtet, vernachlässigt, misshandelt. All ihr Hass kommt von verletzter Liebe. Eigentlich würde sie am liebsten ihre Eltern für diese Ablehnung umbringen.

Die unbarmherzigsten Hassgefühle entwickeln sich in Familien und bei Paarbeziehungen, wenn diejenigen, von denen man sich am meisten Liebe, Treue, Solidarität, Gerechtigkeit und Schutz erwartet, diese Erwartungen enttäuschen. Hass unterstreicht den Ernst der Verletzung und die Bedeutung, die man ihm geben muss, um ihn zu besänftigen. Hass auszudrücken, führt zu Kummer und Verzweiflung, die von dieser Verletzung ausgehen. Zuspruch und Verständnis führen den Menschen zurück zur Versöhnung mit der Menschheit, die Mitgefühl zeigt.

Wenn man versucht, Gewalt zu löschen, ohne die Verletzung aufzuarbeiten, ohne sich mit der Wut auseinanderzusetzen, läuft man Gefahr zu scheitern. Wut spielt eine wichtige Rolle, denn wer einen Schaden erlitten hat, hat in dem Moment keine Möglichkeit, sich zu verteidigen. Entweder das Kräfteverhältnis war zu unausgeglichen oder ein Kind war gefühlsmäßig von dem abhängig, der es misshandelte. Bei Inzest, wo das Kind durch seine Abhängigkeit in der Falle steckt und nicht »Nein« sagen kann, ist dieses Phänomen offensichtlich. Seine Wut ist völlig verdeckt und im Allgemeinen in Entwertung und Selbstzerstörung gegen sich selbst gerichtet. Im Erwachsenenalter sind dann die Fähigkeiten schwach, Grenzen zu setzen und »Nein« zu sagen. Wut hat in all diesen Fällen ihren Anteil beim Wiederherstellen einer gesunden Defensive, um sich schützen zu können.

Eifersucht und Neid

Eifersucht und Neid haben gemeinsam, dass ein anderer mir gegenüber bevorzugt scheint – wenn er die Bevorzugung einer für mich wichtigen Person genießt oder mit einem Vorteil bedacht wurde und ich mich benachteiligt fühle. Beide Gefühlszustände sind Gegenstand einer ziemlich einhelligen gesellschaftlichen Verurteilung.

Früher sagte man zu Kindern: »Es ist nicht schön, eifersüchtig oder neidisch zu sein.« Es brauchte die Erkenntnisse von Dolto*, damit man den Blick auf Eifersucht zwischen Geschwistern änderte. Kindliche Eifersucht ruft grausames Leiden hervor und bringt verheerende Gewalt in Gang. Der Ältere gegen sein jüngeres Geschwisterchen, der Ungeliebte gegen den Bevorzugten, Ehegatten untereinander, der Vater gegen das von der Mutter verhätschelte Kind, die Schwiegermutter gegen die Schwiegertochter, der neue Partner gegen das Kind aus erster Ehe – alle üben Gewalt aus. Und die Liste ist keineswegs vollständig!

Bei Neid und Eifersucht zieht das, was der andere erlebt, die ganze Aufmerksamkeit auf sich, wie eine Faszination. Der prüfende Blick, die Bewertung, der Vergleich, alles richtet sich nach außen und wendet sich gegen das Selbst, mit der Folge, dass es sich von seinen Empfindungen distanziert. Das Mentale und die Interpretationen intervenieren mit starken Kräften und lenken vom Erleben der Emotion ab. Diese ineinandergreifenden Faktoren und die Vielzahl der Emotionen, die in diesen beiden Konstellationen ineinander verhakt sind, nähren sie endlos.

Alle Hindernisse, die wir bereits erwähnt haben, vereinen sich, um den emotionalen Schmerz an seiner Befreiung zu hindern. Der erste Schritt besteht einmal mehr darin, Neid oder Eifersucht zu benennen und die Wertungen infrage zu stellen, die sie

---

* Anmerkung der Übersetzerin: Françoise Dolto (1908–1988) war eine französische Kinderärztin und Psychoanalytikerin, die in Frankreich vor allem in der Kindertherapie und in Erziehungsfragen hohes Ansehen genoss.

verdammen. Dann muss man der Person helfen, zu sich zurückzukommen, denn sie spricht nur von den anderen, gleichgültig, ob es sich um einen Verdacht handelt, der Eifersucht hervorruft, oder um Vergleiche, die Neid aufkommen lassen. *Ihr Drama beruht genau auf der Tatsache, dass sie sich nicht für sich selbst interessiert.* Die Person muss eine 180-Grad-Wendung zu sich machen und selbstbewusst werden. Das verlangt, dass die Person gegen diese Fliehkraftbewegung angeht, ein starkes Bewusstsein entwickelt und so Gedanken ablegt, die eine Endlosschleife drehen und nicht mehr loslassen.

Wenn man sich in der Therapie dem emotional Erlebten annähert, trifft man zunächst auf Aggressivität und häufig auf Hass, der gegen Rivalen gerichtet ist, verbunden mit der Lust, diese zu beseitigen. Aggressivität gegen eine Person, die Gegenstand der Eifersucht ist, ist häufig ambivalent, und es stellt sich als leichter heraus, seinen ganzen Hass auf den Rivalen zu richten als auf die Person, die man liebt. Gegen das Objekt des Neids zeigt sich Aggressivität eher durch Gehässigkeit: man möchte ihm seine Schwächen zeigen, ihn in Schwierigkeiten bringen. Wir finden diese beschriebenen Teilbereiche bei der Gewalt, bevor wir zur primären Verletzung kommen. Beim Neid sind Selbstentwertung und Minderwertigkeitsgefühl stark spürbar.

Eifersucht bringt nicht nur Aggressivität und seelischen Schmerz, sondern auch Angst mit sich. Die Person muss sich mit der Beziehung zur geliebten Person auseinandersetzen, um die Ambivalenz ihrer Gefühle zu ergründen und herauszufinden, für wen diese im Unterbewusstsein stellvertretend steht (es überrascht sicherlich nicht, dass dies häufig ein Elternteil ist ...). Sie wird sich also ihrer tiefen Verunsicherung und Angst davor bewusst, von anderen Liebe entgegenzunehmen. Das hängt mit den negativen, selbstentwertenden Überzeugungen zusammen. Der sensible Punkt hinter dieser unbändigen Wut deutet auf starke Zerbrechlichkeit hin. Der andere Mensch existiert nicht und ist nur Besitz, quasi im Status eines Territoriums, das es zu verteidigen gilt.

Der positive Aspekt von Eifersucht und Neid: Sie zeugen von Wünschen und Bedürfnissen, die man sich nicht zugestanden hat. Eifersucht und Neid bieten die Möglichkeit, sie anzuerkennen und unmittelbar anzunehmen. Ein Kind, das auf seinen kleinen Bruder eifersüchtig ist, beißt ihn, macht Dummheiten, ist wütend und so weiter. Es sagt aber nicht: »Mama, ich möchte, dass du mich in die Arme nimmst und mich ganz doll lieb hast.«

Viele Erwachsene machen genau dasselbe: sie greifen an, machen Szenen, aber bitten um nichts, äußern ihren Wunsch nicht, sondern versuchen ungeschickt und brutal durchzusetzen, was sie gar nicht genau benennen können.

Wir sehen, wie ähnlich sich Ablehnung, Opferrolle, Gewalt und Eifersucht sind. Die therapeutische Arbeit besteht immer darin, zum sensibelsten Punkt hinzusteuern, zum primären emotionalen Schmerz; er allein kann dem Leiden ein Ende setzen.

Kapitel 6
Sich auf die Liebe einlassen

»Alles hängt von Ihrer Fähigkeit ab zu empfangen
und nicht von dem, was von außen kommt.«[18]

In den vorangegangenen Kapiteln haben Adam und Eva uns gezeigt, wie schwer es ist, sich selbst zu lieben. Die geduldige Ver-
söhnungsarbeit zu den Emotionen und das Infragestellen von
Wertungen wandeln und erhellen die innere Landschaft mit grö-
ßerem Wohlwollen. Um dies zu erreichen, braucht eine leidende Person wie ein Kind tiefe und aufrichtige Empathie, die ihr
entgegengebracht wird. Wo und wie wird sie diese finden? Wählt
sie einen Therapeuten, heißt das, dass sie selbstredend davon
ausgeht, dass dieser nicht beurteilt, sondern einfühlsam zuhört.
Nach diesem ersten Kontakt kann sich die Beziehung entwickeln,
gemäß den sich ändernden Bedingungen.

Freud hat gezeigt, welch wichtige Rolle diese – häufig sehr intensiven – Schwankungen im therapeutischen Prozess spielen,
dadurch dass sie die ersten affektiven Bindungen wieder zum
Vorschein bringen. In dieselbe Richtung geht Bowlby*. Er betont, dass die Möglichkeit, eine tragfähige Bindung zum Therapeuten zu knüpfen, entscheidend zum Aufbau einer soliden Basis
von innerer Sicherheit durch gefühlsbetonte Zuneigung beiträgt,
wenn diese nicht in der Kindheit aufgebaut werden konnte, weil
die Eltern versagt haben.

---

* Anmerkung der Übersetzerin: John Bowlby (1907–1990) war ein britischer Kin-
derarzt, Kinderpsychiater und Psychoanalytiker.

Bei manchen Patienten wird diese anfangs positive Erfahrung verstärkt, sie zweifeln keineswegs an den guten Absichten ihres Therapeuten. Die Beziehung beinhaltet ein Stück Idealisierung, die natürlich die Rückkehr zu Emotionen der Kindheit während des therapeutischen Prozesses begleitet. Wenn es ihnen an väterlicher oder mütterlicher Liebe fehlte, spüren sie, dass sie diese nun endlich gefunden haben. Sie nehmen sie auf und genießen sie ohne Zögern. Der Therapeut repräsentiert den liebenden Elternteil, dem man sich anvertrauen kann, der versteht und beruhigt. Sie knüpfen eine warme Vertrauensbeziehung, die sie natürlich in der Akzeptanz von sich selbst stärkt.

Eine Falle könnte allerdings zuschnappen: den Therapeuten übermäßig zu idealisieren und ihm zu viel Macht zu verleihen. Allein er weiß, allein er versteht, allein er kann lieben. Und das sowohl zulasten anderer Beziehungen als auch der Liebe zu sich selbst. Den Therapeuten auf ein Podest zu heben, ist gleichbedeutend mit einem Unterlegenheitsgefühl und einer Form von Unfähigkeit, für sich Verantwortung zu übernehmen.

Widerstand gegen Liebe

Für manche nimmt die Beziehung zum Therapeuten abhängig von ihrer Geschichte einen dramatischeren Lauf. Das Bild des guten Elternteils kann sich umkehren, und das des unzulänglichen Elternteils, der abgelehnt oder schlecht behandelt hat, projiziert sich auf den Therapeuten. Es reicht ein scheinbar winziger Vorfall, alles zum Kippen zu bringen. Der eine fühlt sich verlassen, weil der Therapeut abwesend ist, sich nicht ausreichend beruhigend zeigt, ein anderer ist überzeugt, den Therapeuten anzuöden. Wieder ein anderer zweifelt unentwegt an der Aufrichtigkeit – er tut nichts und gibt nur vor, dass er zuhört. Andere sind so sehr verletzt und entwertet, dass sie die kleinste Infragestellung als Vorwurf, als Angriff auffassen, also ein Beweis dafür, dass der Therapeut sie ablehnt. Herzliches Verhalten kann ebenfalls Verdacht wecken: Was will der Therapeut?

Eva hat mehrere derartige kritische Phasen in ihrer Beziehung zu mir durchlaufen. Nach anfänglichen »Flitterwochen« fand sie, dass ich mich ihr gegenüber nicht genug interessiert zeige. Sie bildete sich ein, dass andere Patienten mehr Aufmerksamkeit bekämen. Sie hätte exklusivere Aufmerksamkeit gewollt, aber da sie sich dessen nicht bewusst war, wirkte sich dies negativ aus. Sie war es, die sich nicht wertschätzte, nicht ich vernachlässigte sie. Das ging so weit, dass Wut in ihr hochstieg und Vorwürfe kamen, wie: »Sie helfen mir nicht, Sie mögen mich nicht.« Bei einer Gruppensitzung, bei der sie fand, dass ich sie nicht gegen die Angriffe der anderen Teilnehmer verteidigt hatte, hat sie mich plötzlich als Verräter gesehen, der sich mit dem Feind verbündet hat, statt sie zu schützen. Sie war tief gekränkt, enttäuscht, dass sie allein dastand, ohne Unterstützung; sie war wütend auf mich. Sie glaubte, ihre Therapie sei endgültig zerstört. All diese Wendepunkte in der Beziehung brachten Schmerzen aus ihrer Vergangenheit an die Oberfläche, die Feindseligkeit ihrer Mutter, der fehlende, sie nicht gegen die Angriffe der Mutter und des Bruders schützende Vater. Echtes Vertrauen zeigte sich erst, als sie zuließ, mir von ihrem Unbehagen und später von ihrer Unzufriedenheit, den Vorwürfen, einer immer heftiger werdenden Wut und schließlich von Hass zu erzählen. Dabei musste sie jedes Mal ein Scham- und Schuldgefühl überwinden, dass sie so negative Zustände hat. Ihre Intuition ließ sie fühlen, dass ich sie nicht ablehnte, also wagte sie es, sich in einem ungünstigen Licht zu zeigen.

Das erste Hindernis, das sie überwinden musste, um Liebe zu empfangen, war ihre zu angepasste, freundliche Persönlichkeit, die versuchte, meine vermuteten Erwartungen zu übertreffen. Diese grundlegende Wandlung änderte ihren Blick auf Emotionen, die sie sehr streng beurteilte und die sie schon immer unterdrückt hatte. Wenn ich davon nicht zerstört scheine, wenn ich ihre Angriffe nicht erwidere, waren sie also nicht so sehr vergiftet. Eva konnte ihre Emotionen allmählich annehmen; denn ich sah diese nur als vorübergehende Phänomene und identifizierte nicht sie mit diesen Reaktionen. Wenn negative Urteile eine starke Ansteckungskraft besitzen, dann überträgt sich wohlwollendes Annehmen ebenfalls. Das muss allerdings mehrmals erneuert werden, um sich dauerhaft zu übertragen, während bei einer negativen Einstellung ein einziges Mal genügen kann, sie einzugravieren. Bei Eva ist »sich lieben lassen« und »sich lieben« gleichermaßen gewachsen. Was ihr dabei half, war, dass ich es normal fand, dass sie mir böse sein konnte und ich ihr Fragen stellte, wenn ich sah, dass sie sich verschloss. Das unterschwellig vorhandene Bedürfnis ans Licht zu bringen, das sich nur durch Furcht vor Ablehnung zu manifestieren wagte, versöhnte sie mit sich selbst, wenn sie heftigere Aggressivität äußerte. Sie hörte auf, sich wie eine Furie, ein scheußliches Monster in den Augen aller zu sehen.

Eva wusste sehr wohl um ihre Sehnsucht nach Liebe, Adam hingegen verkannte sie; er sah in keiner Weise all seine Schwierigkeiten unter diesem Blickwinkel.

Wegen seines sekundären Charakters zeigte sich bei ihm die Bewegung der Übertragung nur in Halbtonschritten. Adam begann auf sehr intellektuelle Art, den Fortschritt allgemein anzuzweifeln, es passte ihm nicht, es änderte sich ja nichts an seinem Zustand. Der Vorwurf kam verschleiert und verbarg seine bewusste Wahrnehmung der nicht geringen Erwartung. Er stellte mich zwar nicht direkt infrage, aber ich nahm seinen hintergründigen Anspruch sehr wohl wahr. Er legte meine Antworten auf die Goldwaage und stellte mein Engagement auf die Probe. Sein Verlangen, geliebt zu werden, brauchte – dessen war er sich aber nicht bewusst – eine verlässliche Vaterfigur, die ihm das Gefühl vermittelte, zu führen und zu unterstützen. Damit hatte er allerdings schon vor langer Zeit abgeschlossen. In den ersten Monaten der Therapie hatte seine Selbstachtung es nur schwer ertragen, diese Suche anzunehmen. Dies wurde erst später möglich, als er sich seinen Emotionen und Kindheitserlebnissen annäherte. Er sah die Bedeutung dieses Mangels nicht und seine Suche nach bedingungsloser mütterlicher Liebe bei Frauen genauso wenig.

So unterschiedlich Adam und Eva auch wirken, sie treffen sich in der Schwierigkeit, Liebe zu empfangen, jeder aus anderen Gründen. Dieses so paradox erscheinende Phänomen beobachte ich nur allzu oft: *Personen, die unbedingt erwarten, geliebt zu werden, können nicht empfangen.* Sie sind überzeugt, dass die anderen nicht ausreichend Liebe haben oder dass sie selbst der Liebe nicht würdig sind.

Sein Misstrauen ließ Adam sehr verschlossen werden. Sein sehr kritischer, ja sogar zynischer Geist gab keinen Raum, sich erreichen zu lassen. Er überwachte andere genauso wie sich selbst, um Geständnissen vorzubeugen, die er fürchtete. Wenn ich mich ihm gegenüber freundlicher zeigte, wurde er verlegen und spannte sich an. Genauso war es, als er an der Gruppenarbeit teilnahm. Ich bemerkte sein Unbehagen beziehungsweise seine defensive Haltung (insbesondere Ironie), wenn es bei anderen Teilnehmern zu Gefühlsausbrüchen kam. Ein doppelter Widerstand blockierte ihn beim Annehmen: Er brauchte jemanden, den er als höherrangig einstufte, gleichzeitig spielte er mit Autoritätspersonen und der Macht, die man auf ihn ausüben könnte, wenn er sich verwundbar zeigte. Er ließ mir nur einen engen Spielraum, sich ihm anzunähern, wobei er darauf achtete, seine Abwehrhaltung nicht zu verstärken. Unter dieser Voraussetzung wurde er allmählich umgänglicher und konnte langsam beginnen, das anzunehmen, was ihm fehlte. Später, als er sich bei Sitzungen zum Umgang mit Emotionen dem Fehlen einer Vaterfigur annäherte, gelang es ihm, mich um Gesten oder Worte zu bitten, die ihn bestärkten. Das waren für ihn Momente des intensiven Erlebens, denn er hatte das Gefühl, sich all dem nicht ohne seinen gewohnten Schutzpanzer aussetzen zu können. Er entdeckte alsdann eine andere Angst, die der Öffnung entgegenstand: die Angst, verlassen zu werden. Über das abschätzige Urteil hinaus, weswegen er nicht abhängig sein wollte, stellte er fest, dass ihn diese Angst tief erschreckte – das will er nie erleben! Adams Idealvorstellung war: niemanden brauchen, denn Abhängigkeit erschien ihm armselig, kläglich.

Aber genau das ist es: *im Annehmen die Abhängigkeit zuzulassen* und sie völlig schutzlos zu erspüren. Man muss also geduldig alle Mechanismen und Kompensationsversuche zerstören, die die Vermeidung unterstützen.

Erwartung und Anspruch

»Etwas erwarten ist negativ,
denn je mehr man erwartet,
desto weniger erfüllt man sich selbst.
So wird das ganze Leben blockiert;
man erreicht nichts.«[19]

Wir stoßen hier auf eines der größten Hindernisse dabei, sich auf die Liebe einzulassen. Dies geht über den Bereich der Therapie hinaus und betrifft die meisten Menschen. Um sich davon zu überzeugen, genügt es, Paarbeziehungen zu beobachten. Nehmen wir das Beispiel von Adam: Er ist in seiner Erwartungshaltung darauf fixiert, was ihm in seiner Gefühlswelt fehlt. Wer etwas erwartet, weiß, dass er etwas vom anderen will, aber er betrachtet das als selbstverständlich, als etwas, was ihm eigentlich zusteht. Mein Auto muss anspringen, wenn ich den Zündschlüssel umdrehe, und der andere muss meiner Erwartung absolut entsprechen. Es existiert bei ihm nicht der geringste Zweifel an dieser Haltung. Wenn das nicht funktioniert, ist der andere an allem schuld, und wenn es sich wiederholt, wird der andere abqualifiziert und für immer abgelehnt.

Wenn sich Adam von einer Frau nicht so geliebt fühlt, wie er es erwartet, dann heißt das, dass er nur noch nicht die richtige gefunden hat. Das gilt auch für seinen Therapeuten, wenn er ihn für nicht ausreichend qualifiziert hält. Erwartung beinhaltet die Festlegung auf ein Ergebnis. Erwartung bittet nicht, sie fordert: »Wie ich und wann ich es will.« Auch wenn sie sich tarnt und sozial verträglich zeigt, ändert es nichts an ihrem Prinzip. Einerseits erscheint diese Einstellung komfortabel: Es genügt, diejenigen zu eliminieren, die nicht in der Lage sind, uns zu lieben. Andererseits lässt sie uns in Unzufriedenheit zurück und erzeugt mit der Zeit Enttäuschung über die endlose Suche. Vor allem realisieren wir nicht, dass sie uns daran hindert, die Liebe, die vor der Tür steht, anzunehmen. Wir sind wie ein Verdurstender in der Wüste, der den Becher mit Wasser deshalb nicht annimmt, weil er aus Plastik ist ... Wir ignorieren, dass wir uns damit sämtlicher Möglichkeiten berauben. Unsere unangebrachte Erwartung nimmt zu, statt infrage gestellt zu werden. Wenn die Erwartung sich nicht herablässt und endlich sagt, was sie eigentlich will, schwindet die Chance, sie annehmen zu können, immer mehr; denn man muss erraten, was erwartet wird. Und der andere zahlt dafür Lehrgeld, weil er die Erwartung nicht erfüllt hat.

Für Adam war »um etwas bitten« gleichbedeutend damit, nach einem wertlosen Ersatz zu betteln, also demütigend. Der andere hätte von sich aus die Erwartung erfüllen müssen. So hatte Adam das Gefühl, man erweise ihm nur einen »netten Gefälligkeitsdienst« ohne jegliche Authentizität oder Spontaneität; und das wollte er nicht. Sich dem Anspruch auf Liebe hinzugeben, birgt im richtigen Leben die Gefahr, anderen ausgeliefert zu sein, wie auch schon in der Vergangenheit. Also ist unterbewusst seine Entscheidung gefallen, diese Tür zu verriegeln, und Adam musste sich wieder den Ursachen dieser Entscheidung annähern, wenn er etwas ändern wollte.

Man muss also die Bitte »rehabilitieren« und sehen, dass sie von der endlosen Erwartungshaltung befreien kann und Bedingung dafür ist, wirklich annehmen zu können, indem bei uns und anderen günstige Voraussetzungen geschaffen werden.

Eva wiederum wusste, dass sie von einem großen Mangel in der Gefühlsphäre beherrscht war. Man könnte meinen, dass es ihr leichter fallen müsste anzunehmen. Wir haben gesehen, dass sie ein erstes Hindernis überwinden musste, indem sie ihre »freundliche« Persönlichkeit aufgab, die ihre Glaubwürdigkeit verschleierte. Diese Persönlichkeitsstruktur sorgte für das nächste Hindernis, weil sie all ihre Energie aufwandte, die Erwartungen der anderen zu erfassen. Bei ihren Freunden, bei ihren Liebhabern hörte sie zu, wollte gefallen, wollte Schwierigkeiten lösen, Wünschen zuvorkommen, auch wenn man sie um nichts gebeten hatte. In der Konsequenz ließ sie keinen Raum für die eigenen Bedürfnisse, die im Verborgenen an ihr nagten. Es war ihr nicht klar, dass ihre Erwartung doch auf der nonverbalen Ebene durchdrang. Nur in Momenten der Einsamkeit, in denen die fehlenden Gefühle ihr das Herz brachen, wurde sie sich dessen bewusst. Ihr ganzes Wesen verlangte nach Zärtlichkeit und Zuwendung. Sie wurde vom verschobenen Charakter ihrer Erwartung betrogen. Sie interessierte sich zwar aufrichtig für andere, ohne Hintergedanken, aber erhoffte sich im Grunde, durch diese Aufmerksamkeit andere unbegrenzt an sich zu binden und nicht abgelehnt zu werden. Es dauerte, bis sich dieser Wandel festigte; denn er wurde zwischenzeitlich von Verbitterung durchkreuzt. Kann man bei Eva von Forderungen sprechen? Wie die anderen Teilnehmer der Therapiegruppe auch, spüre ich bei ihr eine Art stummen Anspruch. Man musste ihr versichern, dass sie akzeptiert ist. Sobald sie dachte, es nicht mehr zu sein, fiel sie in eine Grube des Leids. Ihre emotionale Zerbrechlichkeit erzeugte Druck. All diese Aspekte verstärkten die Hindernisse gegen das Annehmen, obwohl sich spontan erste Sympathiegefühle bei ihr regten.

Hindernisse abbauen,
um annehmen zu können

»Wenn Sie mit sich nicht zufrieden sind,
werden Sie nie mit jemand anderem zufrieden sein.«[20]

Die Arbeit in der Gruppe spielt eine unverzichtbare Rolle, wenn man die psychische Mechanik herausarbeiten will, die Chancen auf ein Annehmen zunichtemacht. Im therapeutischen Einzelgespräch kann die Person sich ein kleines bisschen im Zentrum der Aufmerksamkeit sehen. Taucht eine Schwierigkeit auf, entpuppt sie sich viel schneller und man hat die Möglichkeit der sofortigen Korrektur. In der Gruppe dominiert das Unvorhersehbare, und defensive Strategien haben es schwer, die Kontrolle über emotionale Reaktionen zu behalten.

Die Gruppe spürt instinktiv, wenn ein Teilnehmer versucht, Aufmerksamkeit zu beanspruchen, aber sein Verlangen dabei nicht konsequent durchsetzt. Im Gegensatz zu den Prognosen zu der Person zeigt die Gruppe – besonders sensibel für Authentizität – ihre Empathie in dem Moment, in dem die Person die Facetten zeigt, die sie selbst negativ bewertet. Die Gruppe handelt also wie ein starkes »Schleifmittel«, das die Person auffordert, sich zu zeigen und sich ihrer nackten Wahrheit zu nähern. Nur in diesem Zustand der größten Verletzbarkeit kann sie das Maximum empfangen, und das aus zwei Gründen.

Einerseits löst diese Verletzbarkeit bei anderen echte Empathie aus, andererseits wird die Person selbst empfänglicher. Verteidigungsstrategien betäuben Körper und Empfindsamkeit. Der Schutzpanzer behindert das bedingungslose Loslassen, das nach Berührung strebt. Wenn die Gruppe etwas gibt, dann die Kraft für die Person durch Verstärkung: Die Intensität der Energie bringt ans Licht und akzentuiert Widerstände, genauso wie das

Sich-Öffnen. Das bewegt tief und bringt einen Reparationsprozess in Gang.

Die Reparatur hängt gar nicht so sehr davon ab, das Objekt der Aufmerksamkeit zu sein, als vielmehr von der Umkehrung des negativen inneren Flusses. Ich glaube, dass weder Gruppe noch Therapeut Wunden heilen oder einen Mangel ausgleichen können, indem sie auf das Verlangen nach Zuneigung reagieren. Das geschieht eher dadurch, dass ein günstiges Umfeld für den inneren Wandel geschaffen wird. Wenn Ablehnung die Unmöglichkeit bestimmt, gut mit anderen zu leben, egal aus welchem Grund – ob aus Angst, Ablehnung, Feindseligkeit oder Verlassen –, dann ermöglicht es die unmittelbare Erfahrung, diese Überzeugung zu vernichten, und das zeigt absolut: *Es hängt von einem selbst ab.*

Wenn die Person nicht annimmt, können die anderen auch nichts geben. Sie endet also als passives Objekt, über das man alle Macht hat; sie hat die Entscheidung in der Hand, die Tore der Festung zu öffnen. Wenn die Person die Zugbrücken senkt, entdeckt sie ein unerwartet positives Phänomen: Je mehr sie sich fallen lässt, desto mehr sind die anderen motiviert zu geben. Sie funktioniert auf der Grunderfahrung ihrer Enttäuschungen in der Kindheit, wo die Bedürfnisse oder Anläufe nicht auf das erwartete Echo stießen und festgefahren sind. Sie entdeckt den Geschmack am Annehmen, wobei sie die zwingend notwendige Voraussetzung erkennt, nämlich ganz und gar empfänglich zu werden.

Das Sich-Öffnen entsteht nicht aus dem bewussten Wollen, sondern aus einer allmählichen Reifung. Hier spielt Folgendes eine wichtige Rolle: Andere zu sehen, die in ihrer Entwicklung schon weiter sind, und von diesen Möglichkeiten in vollem Maße zu profitieren. Die Gruppe kann nichts erzwingen; sollte es ihr gelingen, eine Bresche in die Verteidigungsmauern zu schlagen, wird die Person die Lücke wieder schließen, sobald sie dafür die Mittel gefunden hat.

Liebe im therapeutischen Prozess?

Abschließend möchte ich einen Punkt hervorheben, der eine entscheidende Rolle im Heilungsprozess spielt: *Intellektuelles Verstehen des eigenen Funktionierens reicht nicht aus, die Empfindung muss angesprochen werden.* Um etwas ändern zu können, muss eine leidende Person Aufmerksamkeit – besser noch Liebe – bekommen. Sie muss ihre Verteidigungshaltung, ihre Hemmungen und Spannungen aufgeben, die sie daran hindern, Liebe anzunehmen und wirklich empfänglich zu werden. Sie lernt gleichzeitig, ihr Bedürfnis zu erkennen und zu bitten. Dieses Bitten-Lernen hat zweierlei Vorteile: zum einen für sich selbst, zum anderen für das Anknüpfen fruchtbarer Beziehungen!

Ich verwende bewusst das Wort »Liebe« und nicht den Ausdruck »wohlwollende Neutralität« Freuds, da ich in ihr ein stärkeres Eingebundensein sehe. Welche Bedeutung hat Liebe seitens des Therapeuten für mich? Es handelt sich weder um Mutterliebe noch um Vaterliebe, sondern um ein Öffnen des Herzens, Respekt, aufmerksame und geduldige Suche nach dem wahren Bedürfnis der Person, ohne vorzugeben, es besser zu wissen als sie. Es gilt, ihr zu helfen, sich ihren Empfindungen anzunähern und diese an die Oberfläche zu bringen, damit sie verstehen, ausprobieren, wagen, sich selbst bestätigen kann – alles, was beiträgt, ihr zu helfen, sich zu öffnen und freier und autonomer zu werden.

Ganz und gar aufseiten einer Person zu sein, fordert geistige Regsamkeit, Sensibilität des Herzens – und körperliche Anwesenheit. In einigen besonderen Ausnahmemomenten kommt körperlicher Kontakt zum Tragen und steht über der Kraft der Worte. Wie bei allen wertvollen Dingen, braucht es auch hier eine besondere Aufmerksamkeit – weder Zutraulichkeit noch Leichtigkeit noch Entgleisen ins Begehren ... Liebe trägt diesen Anspruch in sich.

Zweiter Teil
Ich und die anderen;
die anderen und ich

»Solange Sie nicht spüren,
›dieser Mensch ist anders, er ist einzigartig,
er existiert in seinem Recht‹,
kann es keine Beziehung zu ihm geben.«[21]

Die Entwicklung in der therapeutischen Phase verändert die innere Landschaft sehr vielschichtig. Das Leben hat sich wieder sein Recht geholt, die wesentlichen Emotionen steigen ins Bewusstsein, kommen zurück und wieder zum Ausdruck. Das Leiden ist zurückgedrängt oder sogar verschwunden, und wenn es zurückkommt, dauert die Krise nicht so lange, der Weg zurück zum emotionalen Schmerz wird allerdings auch wieder schneller gefunden. Der Intellekt hat Klarheit gewonnen, er kennt die Tricks des Mentalen, denn jeder von uns benutzt immer dieselben. Er kann sich besser selbst beobachten, den sensiblen Punkt erkennen und versteht die Herausforderung, die in einer Gefühlsregung liegt.

Auch die Beziehung zum Körper hat sich verändert, mit mehr Empfindungen, mehr Leben, mehr Entspannung und tieferer Verwurzelung, mehr Freude. Veränderungen im Leben zeichnen sich ab oder haben bereits begonnen, in Liebesbeziehungen, familiären Beziehungen, beruflicher Neuorientierung und kreativen Aktivitäten. Die gesellschaftliche Integration klappt. Wenn mehrere dieser Elemente zusammentreffen, stellt sich natürlich die Frage, die Therapie zu beenden. Die therapeutische Beziehung zeigt auch Reifung, sie hat sich von Abhängigkeit und Projektionen befreit. Der Therapeut wurde von seinem Sockel (oder Pranger!) geholt und der Kontakt auf Augenhöhe ist einfach auf der verlässlichen Basis von Vertrauen hergestellt. Therapeut und Patient teilen die Wahrnehmung eines Zyklus, der vollendet ist.

Jetzt tauchen zwei grundlegende Fallen auf: das verfrühte Beenden der Therapie, bei dem die Lösung eines Problems mit dem Ende des Zyklus verwechselt wird; und das andere Extrem, eine nicht enden wollende Therapie. Die Psyche birgt so viel Komplexität, das Unbewusste so viele Inhalte, dass man die Entwicklung unbegrenzt weiterverfolgen, Zusammenhänge herstellen, Gefühle erklären und äußern kann. Der Prozess weicht dann von der ursprünglichen Richtung des Ichs ab und die Wandlungen werden zum Selbstzweck oder gehen zulasten einer echten Veränderung. Die Faszination eines neuen Therapeuten, einer neuen Technik, eines neuen Kurses, all das könnte den Eindruck einer Veränderung vermitteln, was aber Illusion sein kann. Eine nicht bewältigte Abhängigkeit verschleiert den Zugang zur Therapie, die heutzutage häufig gleichsam nur konsumiert wird.

Für manche bedeutet das Ende der Therapie das Ende ihrer Entwicklung: Es geht ihnen besser, sie sind zufrieden und sie wollen auch nicht mehr. Wie ich oft festgestellt habe, bringen andere von Anfang an eine spirituelle Neigung mit, die wertvolle Stütze und ein Vorteil war, um sich vom Leid zu befreien. Sie sind glücklich, sich endlich voll und ganz ihrer Suche hingeben zu können. Wieder andere sind befreit von inneren Qualen, entdecken ungeahnte Horizonte und spüren, wie neuer Schwung in ihnen aufkommt, der sie anregt, etwas voranzutreiben. Mit individueller Sensibilität nennt jeder ein Ziel, das die Lösung der Probleme übertrifft: tiefere Gelassenheit, Freude, Selbstverwirklichung, Fülle, Reife und vor allem Liebe, die für sie eine spirituelle Dimension darstellt. Sie wissen auch, dass das Erreichen dieses Ziels nicht wie eine Gnade vom Himmel fällt und nur konstante Arbeit an sich selbst die solide Grundlage für innere Entwicklung schafft.

In der therapeutischen Phase brachte man sich in alle Windungen der individuellen Psychologie ein, um die spezifischen Gründe, die das Leiden verursacht hatten, ans Licht zu bringen. Sie musste die besonderen Bedingungen ausfindig machen, die Mängel und Traumata identifizieren und Verbindungen zwischen Vergangenheit und Gegenwart sowie Verteidigungs- und Kompensationsmechanismen der Psyche offenlegen. Zu Beginn war die Person zu sehr in ihrer schmerzhaften Geschichte gefangen und es war ihr nicht möglich, sich davon zu lösen. Ihr Leid forderte »nur ich« und war nicht in der Lage, etwas anderes wahrzunehmen. Der Therapeut musste mitgehen in die individuelle Welt, gemeinsam erkunden, dabei helfen, sie zu erhellen, zu verstehen und anzunehmen. Die Person hatte das Bedürfnis, akzeptiert und geliebt zu werden, so wie sie ist, um damit zu beginnen, sich zu lieben.

Vom Patienten zum spirituell Suchenden

»Von der Meinung zur Wahrnehmung, von der Vorstellung zur Tatsache, von der Illusion zur Realität, von dem, was nicht ist, zu dem zu gehen, was ist, das ist wahre Entwicklung.« [22]

In der Phase, die sich jetzt anbahnt, vollzieht man bei jedem Aspekt einen Paradigmenwechsel: von der Psychologie des Individuums zum universellen menschlichen Geist, vom Kindlichen zum Erwachsenen, von der inneren zur Außenwelt, von der Reparatur zum Neubau, vom Patienten zum Suchenden, von einer Vielzahl von Schlüsseln des Verstehens zur einzigen Praxis, von der Suche nach Verbesserung zur Akzeptanz, von der Rehabilitation der Emotion zu ihrer Infragestellung. Vom Geliebt-Werden zum Sich-Selbst- und Andere-Lieben, vom Dulden zum Sich-Entscheiden, vom Reagieren zum Agieren kommen. Eine lange Liste, von der jedes Element zur Wende, die es zu schaffen gilt, beiträgt und das verdeutlicht.

Eine Änderung der Einstellung drückt eine Entwicklung im Sinne von Verantwortung aus, ein Schlüsselwort dieser neuen Phase. Wir erwarten nichts mehr von anderen, von der Außenwelt, wir übernehmen die volle Verantwortung für uns und unser Leben: Sich selbst lieben heißt, sich glücklich machen. Wenn ich ausreichend Liebe für mich selbst habe, werde ich frei, um eine echte Beziehung mit dem Leben, wie es ist, aufzubauen. Ich konfrontiere mich also mit zwei grundlegenden Gesetzen, um diese dann auch zu erkennen und zu akzeptieren – alles ist im Fluss und der andere ist anders. Ich versuche, die Realität außerhalb von mir als Tatsache und im Inneren als meine Psyche zu sehen. Ich versuche, die Art der Interaktionen zwischen der äußeren Wirklichkeit und meinem inneren Ich zu klären, völlig solidarisch mit mir selbst zu sein und in diesem Sinne zu handeln – was auch immer ich fühle.

Für Swami Prajnanpad hat Liebe zu sich selbst nichts mit Narzissmus oder irgendeiner Sentimentalität zu tun, sondern ist – wie Arithmetik – eine genaue Wissenschaft: »Liebe ist Berechnung.«[23] Diese Formulierung könnte missverstanden werden und eine berechnende Haltung unterstellen, deshalb übersetze ich es lieber folgendermaßen: *Liebe ist Genauigkeit.* Dieses Empfinden gründet in der Klarheit und in einem ausgeprägten Verantwortungsgefühl zur Frage: Was ist im Moment das eigentliche Bedürfnis des anderen?

Eine andere Feststellung reicht im Widerspruch zur üblichen Auffassung noch weiter: »Allein Ihr Selbst ist verantwortlich für alles Handeln, alle Gefühle, denn deren Wurzeln sind in Ihnen und nicht außerhalb. Es gibt keine externe Verantwortung.«[24] Im Großen und Ganzen lassen wir Verantwortung zwar für unser Handeln gelten, aber viel weniger, fast gar nicht, für unsere Gefühle. Wenn ich wütend bin, behaupte ich, dass derjenige, der meine Wut ausgelöst hat, auch dafür verantwortlich ist. Wenn er nicht so gehandelt hätte, wäre ich nicht verärgert, das ist doch klar. Swami Prajnanpad widerlegt das; meine Wut gehört mir voll und ganz, und in genau dieser Situation ist es auch möglich, mir das zu ersparen. Zugeben, dass die Ursache der Gefühlsregung in uns lebt, widerspricht allgemeiner Sicht und verlangt, dass wir diesen Kernpunkt vertiefen. Wir kommen zu der praktischen Herangehensweise, die Gefühlsregungen aus dem Alltag vertreibt, und zur speziellen Praxis des »Lying«.* Diese Arbeit der inneren Einigung führt zum Handeln und zur Verwirklichung der Eigenliebe.

---

* Lying wurde von Swami Prajnanpad entwickelt, um Zugang zu den unterbewussten Schichten der Psyche zu erhalten und befreiende Erfahrung zur bedingungslosen Akzeptanz des emotionalen Schmerzes zu ermöglichen. Mehr dazu in Kapitel 9.

Kapitel 7
Das Verdrängen von Emotionen

»Jedes Mal, wenn Sie etwas stört
und das eine Reihe von Taten und Reaktionen nachzieht,
ist mit Sicherheit Verdrängung oder Ablehnung dabei.
[...] Alle Gefühlsregungen, nicht nur Angst,
kommen von der Nicht-Akzeptanz.«[25]

Wir haben den grundlegenden Mechanismus von Leid und Ablehnung sowie den Unterschied zwischen Leid als komplexem Ensemble von Gefühlen und Emotionen als Reaktion auf ein belangloses Ereignis bereits untersucht. So wie wir uns vom Leid befreien wollen, würden wir uns gewisse Emotionen, die uns auf die Probe stellen, am liebsten ersparen. Wir müssen also klären, was diese auslöst, nicht nur aus dem Blickwinkel der individuellen Psychologie, sondern gemäß dem universelleren, einzigartigen Mechanismus, der für alle Menschen und alle Emotionen identisch ist.

Wenn uns Swami Prajnanpad die völlige Verantwortung für unsere Gefühle zuschreibt, sind wir davon wirklich überzeugt? Kann ich aufrichtig vertreten, dass meine Verärgerung voll und ganz nur in meiner Verantwortung liegt, wenn meine Frau sich unmöglich verhält? Wir haben alle Tendenzen, dem zu widersprechen: Das ist doch allemal gerechtfertigt. Arnaud Desjardins bringt es auf den Punkt: »In einer Beziehung ist man nicht 50:50 verantwortlich, jeder ist zu 100 Prozent verantwortlich.«[26]

Eigentlich verwechseln wir den äußeren auslösenden Faktor (das Verhalten meiner Partnerin) mit der Ursache der Verärgerung: Ja, der Auslöser kommt wirklich von außen, aber die

Verärgerung kommt im Inneren hoch, sie gehört mir. Durch den gleichen Auslöser bin ich heute verärgert, morgen gereizt und an einem anderen Tag überhaupt nicht berührt. Woher kommt der Unterschied? Die Schwankungen in meinen physiologischen und psychologischen Zuständen, meine körperliche Verfassung, meine momentane Stimmung, die Umgebung – ein unberechenbares Lotteriespiel!

Die Ursachen der Gefühlsregungen

Diese Faktoren sind nicht etwa die Auslöser, sondern lediglich Zünglein an der Waage. Der einzige und einfache Grund liegt in der Art und Weise, wie ich mit dem Ereignis umgehe: Nehme ich es negativ auf, verkrampfe ich mich, rege ich mich auf, empöre ich mich, verzweifle ich? Oder nehme ich es positiv, ich nehme es an und finde mich damit ab. Negativ aufnehmen ist das »Nein« zu dem, was passiert, positiv nehmen heißt »Ja«, ich nehme an.

Wir finden hier den Mechanismus wieder, der das Leid und die Ablehnung der Realität bringt, nämlich die grundlegendere Ablehnung auf erster Stufe. Im Leiden lähmte die Anhäufung von Ablehnung unsere Fähigkeit, die Stirn zu bieten, was uns immer mehr von den auslösenden Ereignissen entfernte, denn wir lehnten die Gefühlsregung ab. Man musste in die Tiefen der »archäologischen Fundstätten« graben, um sie zu befreien. Auch hier lehnen wir ab, aber mit Direktkontakt zur Situation, das ist die elementare »Grundablehnung«! Und wir reagieren, allerdings mit den negativen Begleiterscheinungen, die in einer emotionalen Reaktion enthalten sind.

Ablehnung erkennt sich leichter in der Angst wieder: Nein, bloß das nicht! Ich lehne aus tiefstem Herzen ab, was ich fürchte, und verkrampfe mich schon beim bloßen Gedanken, dass das passieren könnte. Die Ablehnung eines Aspekts der Realität findet sich auch an der Basis anderer Emotionen. Wut zeigt meine Empörung über das Ereignis – es ist inakzeptabel und dürfte nicht passieren! Traurigkeit lehnt Verlust ab, Einsamkeit lehnt Trennung und Versagen ab. Auch die positive Gefühlsregung entkommt dieser Regel nicht: Euphorische Freude und Begeisterung entstehen dann, wenn es hätte sein können, dass der Erfolg oder das glückliche Ereignis nicht eingetreten wäre. Die Spannung und Unerwartetes schließen ein, dass der Ausgang unsicher ist und die Euphorie wird umso stärker ausbrechen, je geringer die Chancen erschienen. Und selbst bei der guten Nachricht blitzt die Ablehnung auf, denn wir rufen: »Nein! Das gibt's doch gar nicht, das ist nicht zu fassen!« Wenn wir also genau beobachten, stellen wir fest, dass jede Gefühlsregung dieser Regel unterworfen ist.

»Eine Gefühlsregung ist nie gerechtfertigt«[27], erklärte Swami Prajnanpad auch. Das sorgt für noch mehr Unverständnis … Das schlimmste Missverständnis wäre es, daraus abzuleiten, man dürfe keine Gefühlsregungen haben. Keinesfalls! Wenn die Gefühlsregung da ist, ist sie da; sie ist Teil der Realität und will akzeptiert werden, wie alles andere auch. Eine andere Fehleinschätzung wäre es, diese Aussage als dogmatische Wahrheit über Emotionen zu verstehen und in eine philosophische Diskussion zu diesem Thema einzusteigen. Nein, überprüfen wir das einfach einmal bei uns selbst und stellen die Frage anders: Ist es wirklich meine Absicht, meine Emotionen zu rechtfertigen? Beobachten wir ohne Voreingenommenheit, was dabei herauskommt, wenn ich sie rechtfertige oder meide. In der Tat, der Satz muss als Abschluss verstanden werden und nicht als Anfangsmeinung.

Deshalb, und um mehr Klarheit zu schaffen und eventuellen Missverständnissen vorzubeugen, ziehe ich eine pragmatischere Formulierung vor: *Rechtfertige nie deine Emotionen, versuch sie zu leben und zu verstehen.* Warum? Aus einem sehr einfachen Grund: Solange wir eine Gefühlsregung rechtfertigen, stützen wir sie und hindern sie daran, sich aufzulösen. Je mehr ich glaube, dass ich zu Recht über das enttäuschende Verhalten meiner Partnerin oder meines Partners verärgert bin, desto mehr schüre ich meinen Ärger. Außerdem eliminiere ich jeden Zugang zum Verständnis für mich und der Situation. »Nie rechtfertigen« hat große Bedeutung, denn sonst bemühen wir uns eifrig, Ausnahmen zu rechtfertigen – es ist doch wohl ganz normal, dass ich empört bin bei dem, was da passiert ist! Nein, es ist nicht normal, es ist nur verständlich.

Eine zusätzliche Klärung kann dazu beitragen, möglichen Irrwegen vorzubeugen. Wenn jede Gefühlsregung eine Ablehnung der Realität – so wie sie ist – zur Grundlage hat, dann ist nicht die Gefühlsregung an sich, sondern die Ablehnung ohne Berechtigung. Die Formulierung *Die emotionale Ablehnung der Realität ist nie gerechtfertigt* findet im Kopf vielleicht ein stärkeres Echo. Ändert sich denn etwas, wenn man die Realität verneint, weil sie uns nicht gefällt? Und trotzdem, wir lassen es uns nicht nehmen … Warum?

Nichts Gutes ohne Schlechtes, nichts Angenehmes ohne Unangenehmes

Es zeigt sich die wiederkehrende Tendenz, die Ablehnung der Gefühlsregung zu rechtfertigen, um sie aufrechtzuerhalten. Die Emotion und ihr Begleiter, das Mentale, sind ein untrennbares Paar. Sie folgen einem einzigartigen Mechanismus.

»Sobald Sie spüren, dass eine Emotion aufkommt, zeigt das, hier stimmt etwas nicht. Wo ist der Fehler? Die Gefühlsregung kann nur auftreten, wenn Sie Dinge nicht so sehen, wie sie tatsächlich sind, beziehungsweise eher, wenn Sie versuchen, Dinge so zu sehen, wie sie Ihnen gefallen, also in Ihrer Art zu denken.«[28]

Wir finden hier unsere ursprüngliche Definition des Mentalen wieder. Bei diesem unheilvollen Paar ist es das Mentale – der gedankliche Mechanismus –, das sich der realen Situation widersetzt,

Wunschbild der Situation, die so hätte eintreten müssen; während die Gefühlsregung die affektive Bewegung ist, die Unangenehmes zurückweist und sich an Angenehmes klammert. Die Ablehnung der Realität – der Dreh- und Angelpunkt des Systems Mentales/Emotion – vereint in sich die gesamte Komplexität dieser Gedanken und die gesamte Bandbreite der begleitenden Emotionen.

Wenn wir diesem System weiterhin anhängen, dann, weil wir wollen, dass das Leben unsere Wünsche und Erwartungen erfüllt und uns nicht auf die Probe stellt, sondern vor dem Scheitern bewahrt. Jedes Mal, wenn das Leben, in welcher Form auch immer, dieses Schema nicht erfüllt, gehen wir auf Widerstand gegen den ewigen und unvorhersehbaren Lauf des Lebens, gegen den hartnäckigen Unterschied zu den anderen: Oh nein, nicht auch das noch! Weder Krankheit noch Tod, kein Scheitern, nicht die Verletzungen des Alltags, keine enttäuschte Liebe, keine Angst um die Kinder, keine schwierigen, leistungsschwachen oder unerträglichen Leute und bitte auch keine beruflichen Schindereien. Wir wollen genau das Gegenteil, unser Mentales protestiert – das hätte nicht passieren dürfen – und unsere Gefühlsregung schlägt von Zufriedenheit in Finsternis um.

Die Suche nach dem Guten und Angenehmen sowie die Vermeidung des Unangenehmen entstehen aus der Anpassung an das Leben, wobei Unangenehmes das Leben zu gefährden droht. Aber der Mensch beschränkt sich im Unterschied zum Tier nicht darauf, seine lebensnotwendigen Bedürfnisse zu stillen, er will mehr, was außerordentlich schwierig zu befriedigen ist. Es ist offensichtlich, dass jeder das Maximum an Gutem und das Minimum an Schlechtem sucht und dabei seinen eigenen Kriterien folgt.

Wie auch Emotion nicht so sehr das Problem ist, sondern die latent vorhandene Ablehnung, stellt diese – nur allzu menschliche Suche – auch eine Klippe dar. Wenn wir uns in solcher Situation beobachten, werden wir sehen, dass sie sich nicht damit zufriedengibt, mehr Gutes und weniger Schlechtes zu wollen, sondern sie will das Gute ganz *ohne* das Schlechte. Solange sich Emotion auf einen Wunsch begrenzt, bleibt sie völlig angemessen und realistisch. Aber häufig fordern wir ganz einfach, dass das so passieren muss, wie wir es wollen. Wir finden den Anspruch in der Erwartung wieder, als Schlüssel zum Leid. Der Wunsch gesteht sich die Möglichkeit zu, nicht erfüllt zu werden, der Anspruch erträgt nur eine Antwort: das »Ja«. Die Ablehnung der Emotion hat ihren Platz an exakt diesem Punkt, wenn die Realität nicht meinen Ansprüchen entspricht, dann ist es ein Nein.

Wenn eine der wichtigsten orientalischen Weisheiten die Funktionsweise unseres Mentalen erklärt, spricht sie von Illusion. Wir machen uns jedes Mal Illusionen, wenn wir meinen, dauerhaft nur das Gute ohne das Schlechte zu erreichen. Es dreht sich hierbei nicht darum, daraus eine allgemeine Meinung zu machen, sondern im Gegenteil mit Tatsachen zu bestätigen, *dass das Angenehme nicht ohne das Unangenehme möglich ist* (die Buddhisten nennen das Unbeständigkeit): Ich werde eingestellt, ich werde befördert – es wird umstrukturiert, ich werde trotz meiner loyalen Dienste entlassen; ich erlebe eine Romanze – ich bin enttäuscht, ich bin überdrüssig; ich habe das Glück, Vater oder Mutter zu sein – mein Kind schmeißt die Schule; etwas prosaischer ausgedrückt: es läuft supergut – es ist Stau; mein Kollege hilft mir – mein Kollege legt mir Steine in den Weg; Internet ist eine geniale Sache – ich verbringe zwei ärgerliche Stunden mit dem Netzanbieter am Telefon, um die Verbindung wiederherzustellen …

Der Preis für die Ablehnung
der Gefühlsregung

»Gefühlsregung schafft eine Aktivität mit zwei Eigenschaften:
Zwang und Maßlosigkeit.« [29]

Die Ablehnung der Gefühlsregung bringt schwerwiegende Konsequenzen mit sich. Zunächst induziert sie eine falsche Denkweise, nämlich gegen die Wirklichkeit, und diese fehlgeleitete Realität treibt mich in eine Sackgasse. Alles, was ich von dieser Basis ausgehend denke, ist verfälscht und verschlimmert die Situation. Eine minimale Abweichung der Flugbahn beim Start verstärkt sich mit der Zeit. Ich habe Lungenkrebs, aber nie geraucht: »Oh nein, das ist aber ungerecht!« Wenn ich beharrlich in diese Richtung denke, begebe ich mich auf das dünne Eis der Realität. Da ich bestimmt habe, dass das ungerecht ist, habe ich nicht nur Krebs, sondern leide auch noch unter der Ungerechtigkeit – eine doppelte Strafe!

Erste Konsequenz: *Jede Ablehnung verstärkt die empfundene Unannehmlichkeit.* Das ist berechenbar und nachprüfbar! Zweite Konsequenz: So lange ich damit beschäftigt bin abzulehnen, verschwende ich meine Energie im emotionalen Strudel der Empörung und der unangemessenen Reaktion in der Situation. Anstatt mich zum Handeln zu bewegen, führt mich die Ablehnung der Gefühlsregung in die Vergangenheit, die sie neu gestalten will – wäre ich nicht so viel mit Rauchern zusammen gewesen, wenn ich sie gebeten hätte, in meiner Anwesenheit nicht zu rauchen – oder in die irreale Welt, dass ich gar keinen Krebs habe. Die Situation verlangt, dass ich sie annehme, ich aber drehe mich mit meiner Empörung im Kreis. Kann ich mir diesen Luxus erlauben? Natürlich, wir können uns alles erlauben, aber sind wir auch bereit, die Konsequenzen daraus zu tragen? Gebe ich mir alle Möglichkeiten, mich zu therapieren und geheilt zu werden?

Wenn ich nun ein harmloseres Beispiel nehme: Bei einer Reiberei mit dem Partner, einem widrigen Umstand wie finanziellen Schwierigkeiten ist die Intensität der Ablehnung und die Gefühlsregung nicht zwangsläufig proportional zur tatsächlichen Bedeutung. Ich kann wegen einer Kleinigkeit loswettern und mich ängstigen, wenn ich meine, dass es ganz schlimm wird. Auch wenn die Gefühlsregung sich noch in Grenzen hält, reagiere ich mit Spannung und Übertreibung. Der Alltag, der zwangsläufig seinen Anteil an Verärgerungen und zahlreichen Ablehnungen mit sich bringt, beschmutzt mein Erleben mit Spannungen und Ereignissen, die sich häufen.

Auch hier kostet mich Ablehnung viel Energie für mehr oder weniger unangemessene Reaktionen. Behalten wir diese zwei wichtigen Punkte im Kopf: *Die Ablehnung der Gefühlsregung behindert das Handeln und alles, was wir unter Einfluss der Gefühlsregung denken, ist verfälscht.* So ausgedrückt, scheint die Logik einfach und sie ist es auch, Einfachheit ist aber nicht gleichbedeutend mit Leichtigkeit. Der Reflex, die Unannehmlichkeit abzulehnen, ist so tief in uns verankert, dass wir einen Zermürbungskrieg führen.

Wie wir sehen werden, bemühen wir uns, die einzige Aufgabe zu lösen – egal um welche Situation oder Gefühlsregung es sich handelt – nämlich Ablehnung aufzuspüren, um sie nicht mehr zu füttern. In dieser neuen Phase müssen wir nicht mehr in der Vergangenheit herumwühlen und komplexe Mechanismen auseinandernehmen, sondern jetzt können wir direkt zur eigentlichen Ursache gehen, ohne uns mit psychologischen Windungen zu belasten. Damit wir uns im Labyrinth unserer Psyche nicht verirrten, waren wir auf externe Hilfe angewiesen. Bei der Jagd auf die Ablehnung gibt uns Einfachheit mehr Autonomie: Ein großer Teil der Arbeit kann und muss allein erledigt werden. Externe Hilfe bekommt dann ihren unschätzbaren Wert, wenn wir es wieder und wieder probiert haben und doch gescheitert sind.

Um uns zu motivieren, unsere erste Ablehnung des Unangenehmen zu überwinden, müssen wir auch den Blick auf unsere

Urteile ändern. Wenn wir nur das Gute wollen, nehmen wir uns die Möglichkeit, wirklich die Erfahrung von intensiveren oder erschütternderen Dimensionen für unser Leben zu machen. Swami Prajnanpad sagte es so zu Arnaud: »Wollen Sie vom Leben nur die Hälfte?«[30] Zunächst sind wir wie ein Kind, das nur weich und süß mag und einen anderen Geschmack ausspuckt. Allerdings lernen wir im Lauf des Lebens, die Bitterkeit des schwarzen Kaffees oder die Schärfe von Chili zu schätzen ... Also, warum nicht den Geschmack der Wut, der Enttäuschung, der Angst entdecken, nicht im körperlichen Widerstand, sondern durch unsere freie Entscheidung!

Kapitel 8
Ein neues Verhältnis zur Gefühlsregung

»Die Erfahrung der Gefühlsregung ist allein die Quelle
der inneren Kraft.«[31]

Die therapeutische Phase unserer Entwicklung hat eine erste Transformation ermöglicht, nämlich vom Leid zum Gefühl. Um uns von den Spätfolgen der Kindheit zu befreien, mussten wir verstanden, unterstützt, ermutigt und geliebt werden. Nun richtet sich die Arbeit direkt auf die Gefühlsregung, genauer gesagt, auf die Ablehnung, die sie unterhält. Ich wiederhole es unermüdlich, dieser Schritt zielt nicht darauf ab, Emotionen zu kappen oder sie zu betäuben, um »Zen« zu werden. Sie will keinesfalls beseitigen, sondern vielmehr wandeln. Jeder Versuch, sie abzuschwächen, sie zu hemmen, würde in eine Sackgasse führen und endgültig vom Ziel entfernen. Gefühle sind das Blei, das es gilt, in Gold zu verwandeln. Ohne Gefühle kann die Alchemie nicht arbeiten. Swami Prajnanpad betrachtete hierfür eine starke emotionale Vitalität als unverzichtbar. Er wertete die Gefühlsregung nie ab, sondern zeigte an ihr großes Interesse. Er sagte: »Die Gefühlsregung ist der Freund des Suchenden.«[32]

Im ersten Teil haben wir die Rolle der Gefühlsregung aus psychologischer Sicht angesprochen: Sie weist uns auf den sensiblen Punkt hin, der beim Kennenlernen unseres Selbst und unserer Vorgeschichte Klarheit verschafft; sie hat ihre Funktion bei der Anpassung an die Realität; sie ist Teil unseres Anknüpfens an affektive und soziale Bindungen, sie nährt unsere Intelligenz und ist Teil unseres Handelns.

Für denjenigen, der sich wandeln will, spielt sie noch eine weitere Rolle. Als Freund des Suchenden ist sie in ihm und zeigt ihm die Anwesenheit der Ablehnung, wie ein rotes Kontroll-Licht, das aufleuchtet. Sie fordert ihn auf, eine Momentaufnahme zu machen und sich zu fragen, was er hier und jetzt ablehnt. Tatsächlich versteckt sich Ablehnung meist hinter der Blende der Gedanken: Der Film, den die Gedankenwelt produziert, kapert unsere volle Aufmerksamkeit und lässt ihren zentralen Mechanismus im Schatten des Unterbewussten. Außer in den offensichtlichsten Fällen, bei denen es klar formuliert wird oder wir uns »Nein« sagen hören, gefolgt von einigen Bedingungsfloskeln (man hätte müssen, er sollte, er sollte nicht, ich hätte sollen, ich hätte nicht sollen), könnten wir die Gefühlsregung einfach ignorieren. *Nun suggeriert die Anwesenheit einer Gefühlsregung aber nicht direkt die Möglichkeit einer Ablehnung, sie bestätigt sie aber, und zwar ausnahmslos.* Wenn man sie nicht ausfindig macht, kann man sie auch nicht bezwingen, sondern endet in erfolgloser Suche!

Ein anderer sehr wichtiger Anteil ist, dass sie uns die Möglichkeit gibt, uns zu lieben. Behandeln wir sie also wie ein Kind. In der Leidensphase haben wir die Psyche eines Kindes im Körper eines Erwachsenen und fordern Liebe. Nun erwarten unsere Emotionen von unserer erwachsen gewordenen Psyche Liebe und Verständnis. Sie erproben also unsere Fähigkeiten, denn genau wie das Kind warten sie nicht auf die Erlaubnis, sich zu zeigen! Wie Kinder geben sie sich nicht mit besänftigenden Worten zufrieden, sie wollen Taten und Beweise für diese Liebe sehen. Wenn also eine Gefühlsregung bestehen bleibt, warnt sie vor latent vorhandener Ablehnung, und sie warnt uns auch, dass wir sie nicht bis zum Ende ernst genommen haben und uns nicht ausreichend lieben.

Ich führe hier den Begriff »Zeit« mit ein, denn sowohl Dauer als auch Intensität werden mit demselben Maß gemessen und vereinen sich in der Ablehnung: *Je länger die Gefühlsregung besteht, desto intensiver ist sie und umso größer ist die Ablehnung, auf die sie hinweist.* Wenn das Unangenehme auftaucht, reagieren wir nur reflexartig mit »Nein« und – bleiben wir realistisch – versuchen nicht, diese anfängliche Ablehnung zu eliminieren. Wir würden riskieren, uns schnell zu entmutigen. Lassen wir Unannehmlichkeiten vorüberziehen wie Brandungswellen im Ozean und versuchen in sie einzutauchen, um schneller wieder aufzutauchen. Die Ablehnung der Gefühlsregung stellt nur ein Problem dar, wenn wir uns auf dieses Reaktionsmuster versteifen. Konkret, »eintauchen« heißt »bewusst mitzugehen«. Anstatt zu versuchen, uns zusammenzureißen, sollten wir einmal lauthals mit allen Kräften protestieren, damit wir die Ablehnung ohne Reue hinter uns lassen können. Lieber ein offenes und klares »Nein« als ein halbherziges »Ja«. Man gewinnt Glaubwürdigkeit, aber auch Zeit! Kommen wir nun zum Wandel der Gefühle.

Die Praxis des Annehmens: innere Vereinigung

»Zwei Übungen werden gleichzeitig durchgeführt.
Eine ist das Bemühen, so objektiv und neutral
wie möglich zu sein. [...]
Die andere ist genau das Gegenteil.
Man muss bis ans Ende seiner Welt und
seiner Subjektivität gehen.«[33]

Swami Prajnanpad arbeitete niemals mit einer Gruppe, sondern ausschließlich in Einzelsitzungen, in denen er sich dem Wesen und dem Grad der Entwicklung des Einzelnen anpasste. Er hat kein einziges Buch veröffentlicht. Nur durch eine Sammlung der Briefe an seine Schüler, deren Mitschriften und aufgezeichnete Gespräche erhalten wir ein Gesamtbild. Auch wenn er sich an jeden Einzelnen auf unterschiedliche Art und Weise richtet, je nach kulturellem Hintergrund, Bildung, psychologischen Vorkenntnissen und ihrem Fortschritt in der Entwicklung, bleibt doch die zentrale Aussage konstant – *hört auf, abzulehnen, nehmt an, was ist.* Er selbst sagte über seine Lehre, dass sie sich mit dem einen kleinen Wort »Ja« zusammenfassen ließe.

Also keine mysteriösen, esoterischen Praktiken oder verschiedenen Übungen, sondern während des gesamten Wegs nur eine einzige, immer die gleiche. Sie bezieht ihre Stärke aus ihrer extremen Einfachheit, allerdings mit einer unmittelbaren Folge – dem verhängnisvollen Irrglauben, man sei zum Ende gekommen. Wir haben die Akzeptanz der Gefühlsregung bereits behandelt und kommen wieder auf sie zurück, eben genau deshalb, weil wir nicht fertig sind. *Die Art der Akzeptanz entwickelt sich in gleichem Maße wie unsere Wandlung und rührt an immer tiefere Schichten unseres Daseins.*

Die von Swami Prajnanpad vorgeschlagene Entwicklung stützt sich völlig auf den Lebensalltag und verwendet unerwartete Ereignisse als Gelegenheiten, sich zu trainieren: keine Askese im Kloster, keine langen Meditationen, keine Gebete. In der indischen Spiritualität hat Erfahrung einen besonders hohen Stellenwert. Außerdem stärkt und untermauert die wissenschaftliche Ausbildung dieses Meisters die Devise: »Glauben Sie nicht einfach, nehmen Sie nichts als Errungenschaft, sondern prüfen Sie und erproben Sie selbst!« Weder verlangte er etwas von seinen Schülern, noch versuchte er, sie von irgendetwas zu überzeugen; er begnügte sich damit, sie zu sich selbst zurückzuführen: »Was wollt ihr?« Er half ihnen, das Objekt ihrer Suche zu finden, um daraus ein harmonisches Ganzes zu bilden.

Die Entwicklung besteht in einem ständigen Wechsel des Versuchs, in der realen Situation zu akzeptieren, und der Rückkehr zur Ausgangsposition, um Lehren daraus zu ziehen. Diese Rückkehr unterliegt keinem Rhythmus und keiner Regel. Jeder nimmt sich seine Zeit, je nach Temperament und Tagesablauf und vor allem je nach Intensität seiner Motivation. Diese steigt bei jeder wahren Erfahrung der Akzeptanz, so hinterlässt die Würze dieser Momente einen unvergesslichen Geschmack. Je stärker sich das Weitergehen im Alltag verankert, desto reicher an interessanten Kostproben wird die Ernte. Es ist nicht zu vermeiden, dass wir fruchtbare und unfruchtbare Versuche verzeichnen und wir enden entweder damit, eine Höchstgrenze zu erreichen oder stoßen auf etwas Unerträgliches, einen unüberwindbaren Widerstand.

Unser Entwicklungsfortschritt verläuft nicht linear, sondern spiralförmig und konzentrisch. Der Fluss des Lebens reißt uns nach außen in die Oberflächlichkeit und übt eine starke zentrifugale Kraft aus. Um die Umlaufbahn zu wechseln und sich dem Zentrum anzunähern, ist zusätzliche Energie nötig: Hier brauchen wir Hilfe von außen in der Person eines Meisters oder erfahreneren Schülers. Mit ihnen untersuchen wir konkrete Fälle, um von ihrer Klarheit zu profitieren: Wo versteckt sich Ablehnung noch? Wenn wir in einer Situation, die wir nicht akzeptieren können, heillos straucheln, müssen wir einen anderen, schlüssigeren Weg einschlagen und »Lying« in Anspruch nehmen (siehe Kapitel 9).

Eine Frau berichtet, dass sie bei einer Zeremonie schockiert war, dass ihre Therapeutin, die eine Funktion bei der Organisation hatte, nicht im Vordergrund stand. Ich nehme dieses Beispiel, um den Unterschied zwischen fortgeschrittenem Zugang zur Therapie von früher und Praxis der Akzeptanz zu demonstrieren. Unter dem Aspekt der Übertragung beim therapeutischen Zugang scheint es ziemlich offensichtlich, dass man untersuchen muss, was ihre Therapeutin für sie repräsentiert. Betrifft dies die Stellung der Frau oder ihren eigenen Platz? Ruft das etwas hervor, was im Zusammenhang mit der Beziehung zu ihrer Mutter steht? Ist sie traurig oder empört? Wem schreibt sie ihre Entscheidung zu? Was empfindet sie bezogen auf sich? Wir versuchen diese Reaktion zu verstehen, suchen, wo ihre Wurzeln liegen, indem wir eventuell einen Blick in die Vergangenheit werfen. Bei diesem neuen Zugang gehen wir von der Tatsache aus, dass sie eine Gefühlsregung als sicheres Zeichen von Ablehnung spürt (Traurigkeit).

Eine erste offensichtliche Ablehnung: Ihre Therapeutin hatte nicht den Platz, den sie verdient hätte. Diese Ablehnung anzuerkennen, änderte nichts bei ihr. Ihr geht es weiterhin schlecht. Das Fortbestehen der Emotion deutet auf die andere Ablehnung im Hintergrund und ist heikler als eine Frage der Rangordnung, denn sie scheint wirklich traurig zu sein. Was sagt diese Gefühlsregung? Sie hat Mitgefühl für ihre Therapeutin. Sie weint im Stillen, nicht wirklich wegen des augenscheinlichen Anlasses (dem Platz), sondern weil sie weiß, die Therapeutin ist schwer krank. Es ist die Ablehnung, sie leiden zu sehen und sie wahrscheinlich auch zu verlieren. Diese unerwartete Auflösung überrascht sie, genau wie mich, und vertreibt schnell ihre Gefühlsregung – sie erkennt.

In diesem Beispiel erkennen wir genau die Rolle, die die Gefühlsregung spielt, indem sie ihre Suche auf das Ziel ausrichtet. Lässt man die nun akzeptierte Gefühlsregung völlig ohne Interpretation sprechen, dann spricht das Herz und ein Weg dorthin öffnet sich. Erklärungen werden überflüssig, die Qualität der Stille, die jetzt herrscht, sagt mehr aus.

Eine Frau berichtet, dass sie, als sie sich gestern um ihre betagte Mutter gekümmert hat, darüber enttäuscht war, nicht mehr Liebe für sie zu empfinden, obwohl sie es versucht hat, und sie fragt sich, was sie eigentlich ablehnt beziehungsweise was sie daran hindert, liebevoller mit ihrer Mutter umzugehen. Sie wirft sich vor, nach so vielen Jahren der gedanklichen Entwicklung und Wandlung immer noch nicht weiter zu sein. Die erste Ablehnung zeigt sich in der Enttäuschung: Sie müsste eigentlich schon viel weiter und in der Lage sein zu lieben. Weil sie ihrem Idealbild nicht entspricht, lehnt sie sich in dieser Situation selbst ab. Swami Prajnanpad hätte ihr gesagt: »Bleiben Sie sich treu, so wie Sie eigentlich sind, hier und jetzt!«[34]

Es ist eine erste Falle – und die ist verbreitet: Von sich erwarten, einem spirituellen Ideal von Liebe und Gelassenheit zu entsprechen, anstatt die eigene subjektive Wahrheit des Augenblicks zu akzeptieren. Sie empfindet keine Liebe, das ist ihre Wahrheit, dem ist nichts hinzuzufügen. Die zweite Falle ist, sich auf eine negative Behauptung zu stützen und zu sagen: »Ich habe nicht …, ich bin nicht …«. Das setzt einen imaginären Ausgangspunkt voraus: »Ich hätte haben sollen, hätte anders sein sollen, als ich es war«. Wenn man ausgeht von etwas, was nicht ist, heißt das, dass man sich auf die Leere des Nichts stützt und man entsagt dem eigentlich Wahren der Realität. In dieser Grundeinstellung ist man dazu verdammt, verzweifelt zu strampeln.

Kommen wir zu dieser Frau zurück. Sie versteht zwar sehr wohl, was ich ihr antworte, aber offensichtlich bleibt Unzufriedenheit. Ich fordere sie also auf, sich damit auseinanderzusetzen, was sie empfunden hat, als sie sich um ihre Mutter kümmerte und nicht mit ihrem vermuteten Mangel an Liebe. Nun taucht eine andere Wahrheit auf, Schritt für Schritt: Sie schleppt sich dorthin, es ist eher ein Frondienst, aber sie will ihn unbedingt leisten. Es wird klar: Das eine ist, sie liebt nicht, wie sie sollte, aber ein zweiter Konflikt, der sie beherrscht, kommt hinzu. Sie hat keine Lust, zwingt sich dazu und unterdrückt dabei ihren inneren Protest. Ihre Ablehnung missbilligt stark diese spontane Gefühlsäußerung. Bereits das Zugeständnis, dass sie sich Zwang antut, schafft eine anfängliche Erleichterung. Ab hier könnten wir nun die psychologische Exploration der Beziehung zu ihrer Mutter in der Vergangenheit betreiben. Ich beschränke mich aber auf die Gegenwart dieser Beziehung: Welche Empfindung wird unterdrückt? Was wäre denn die spontane Bezeichnung für ihre Mutter, die aus tiefstem Herzen kommt? »Sie ist eine Nervensäge!« Indem sie es ausspricht, schwankt sie zwischen der Verwirrung, Ungeheuerliches ausgesprochen zu haben und einer leichten Erheiterung. »Ah! Was hat dazu geführt? – Sie ist nie zufrieden, sie ist völlig egozentrisch, sie redet schlecht über Leute, sie ist unerträglich, immer muss man sie bedienen …« Wir haben es fast geschafft! Sie hat ihre Bewertung der Mutter nach außen gestülpt und dann die Dinge, die ihr missfallen, aber es fehlt noch, was sie selbst dabei empfindet. »Ich ertrage sie nicht!« Eine Mischung aus Ablehnung, Entrüstung und Wut. Uff, endlich die emotionale Wahrheit! Die innere Vereinigung der Akzeptanz triumphiert, die Belustigung wurde zur Freude. Oh ja, es tut gut, dies ohne Einschränkungen anzunehmen, ja, sie erträgt ihre

Mutter nicht! Es ist ihr nicht möglich, ihre Mutter zu lieben, wenn sie sich selbst nicht liebt und sich ablehnt. Es geht nicht darum, ob das gut oder schlecht ist, ob sie recht oder unrecht hat, sondern darum, sich auf den tragfähigen Boden der Tatsachen zu stützen. Wenn sie keine Liebe empfindet, sondern ihre Mutter hasst, muss sie nicht recht haben (das würde die Gefühlsregung rechtfertigen), es genügt zuzugeben, dass sie ihre eigenen Gründe haben kann. Diese emotionale Wahrheit muss nicht diskutiert, sondern nur akzeptiert und verstanden werden. Erst danach steht sie für Fragen zur Verfügung: Welche Handlung berücksichtigt sowohl die Empfindung als auch die Situation? Die Öffnung zur Akzeptanz ist häufig mit psychologischen Erkenntnissen verbunden: Sie sieht, dass das Bessere der Feind des Guten ist. Ihr Verhalten ist noch zu sehr davon bestimmt, liebevoll und charmant zu sein, und sie malträtiert und ködert sich damit selbst, obwohl sie sich eigentlich von dieser »alten Giftspritze von Mutter« distanzieren will.

Dieses Beispiel zeigt einen wichtigen Punkt, an den jeder einmal kommt: *Man kann eine schwierige Situation für sich nur akzeptieren, wenn man das annimmt, was man empfindet.* Das heißt im Umkehrschluss: Jedes Mal, wenn es uns, trotz ernsthaften Bemühens, nicht gelingt, eine Situation anzunehmen, können wir sicher sein, dass wir unser Empfinden nicht akzeptiert haben.

»Um sich dieser Wahrheit bewusst zu werden, gibt es nur ein Mittel: sich selbst annehmen.«[35] Das folgende Beispiel verdeutlicht den Sinn dieses Grundsatzes sehr gut, sich nicht damit zufriedenzugeben, nur zum Akzeptieren zu ermutigen. Er sieht es als Dreh- und Angelpunkt der Wandlung. Ich knüpfe hier an das sokratische »Erkenne dich selbst und du wirst das Universum und die Götter kennen« an. Da das deformierende Spektrum, das uns hindert, die Realität zu sehen und zu erkennen, in uns selbst ist, müssen wir nach innen schauen, um diese Schwelle zu überwinden. Nur dann sehen wir die Welt klar und deutlich. In der Auffassung von Swami Prajnanpad steht *sehen* (Intellekt) im Einklang mit *annehmen* (Herz). Das ist untrennbar: Wenn man die Dinge sieht, wie sie sind, heißt das, dass man sie akzeptiert; wenn man die Dinge so akzeptiert, wie sie sind, heißt das, dass man sie erkennt.

Ein geschiedener Mann reiferen Alters hat seit einigen Jahren fast keinen Kontakt mehr mit seinem erwachsenen Sohn. Seit der Scheidung, bei der der Sohn Partei für seine Mutter ergriffen hat, will dieser nicht mehr mit dem Vater reden. Er erzählt von seinen vergeblichen Versuchen. Bei den wenigen Malen, die er ihn gesehen hat, versuchte er, ihn zu verstehen, er wollte ihm alles erklären, seine Entscheidung rechtfertigen und hat damit genau das Gegenteil erreicht – sein Sohn sperrte sich noch mehr. Er schickt ihm Nachrichten, erhält aber keine Antwort. Als guter spirituell Suchender unterstreicht er seinen Bericht folgendermaßen: »Aber das ist halt so, ich bin sein Vater, es ist an mir, auf ihn zuzugehen, das muss ich wohl so akzeptieren«. Ich empfinde hierzu genau das Gegenteil. »Fühlst du dich wirklich gut in dieser Situation?« – »Na ja, es geht schon ...« – »Wirklich?« – »Gut, nach all dem, was ich unternommen habe, um wieder an ihn heranzukommen, ist es allerdings schon mies ... [»Mies«, eine Wertung, also eine Emotion?] Er könnte halt meinen, dass ich seine Mutter wegen einer sexuellen Affäre verlassen habe, aber ich konnte nicht mehr.« [Der Konditional »er könnte« bestätigt die Anwesenheit von Ablehnung; er könnte = er müsste eigentlich verstehen]. – »Bist du ihm deshalb böse?« [Beklommene Stille. Er schüttelt widerwillig den Kopf, und hier ist sie, diese unterdrückte Emotion, unwürdig eines spirituell Suchenden. Mein zustimmender Blick überrascht ihn und ermutigt ihn dann.] – »Ja, ich bin wütend auf ihn, seit Jahren macht mir das das Leben schwer. [Sein Gesicht belebt sich, der Redefluss wird schneller, das sind alles Anzeichen, dass er sich seiner Wahrheit nähert.] – Mein Sohn ist wirklich bescheuert, er lässt sich von seiner Mutter manipulieren und merkt es nicht einmal. Sie hat mich von ihm getrennt!« [Eine neue Woge der Ablehnung bricht über ihn herein mit Urteilen, vermischt mit ein paar Brocken von Tatsachen. Ein Anfall von Wut über seine Ex-Frau sprudelt aus ihm, diesmal ohne Zurückhaltung, gespickt mit einigen derben Grobheiten – die Intensität des Gefühlsausbruchs zeigt die Nähe zu seinem Schmerzpunkt.] – »Getrennt von ihm?« – »Ja, genau.« Ihm stockt der Atem und er bricht ab, als hätte er einen Dolchstoß versetzt bekommen. Er schaut mich intensiv an, er hat verstanden, und wie ein

Krieger, der Schwert und Schild niederlegt, kapituliert er und beugt sich innerlich seiner Wahrheit [die Wut hatte ihn hart gemacht und schützte ihn vor dem Kummer]. Er bricht in Tränen aus und schluchzt den Vornamen seines Sohnes. Der Schmerz bricht ihm das Herz, aber er lehnt nicht mehr ab, er öffnet sich, aufgewühlt von der starken Liebe, die er empfindet. Annehmen bringt Frieden.

Dieser ergreifende Erlebnisbericht beinhaltet grundlegende Lehren. Ja, er konnte diesen Schnitt, den er ungerechtfertigt empfand (er hatte sich ja von seiner Frau, nicht von seinem Sohn getrennt!) und der so schmerzhaft für ihn war, nicht akzeptieren. Da er seine Empfindungen und den heftigen Schmerz ablehnte, konnten die Versuche zur Akzeptanz der Situation nur unwirksam steckenbleiben. Auf der Grundlage der Ablehnung – »Dieser Junge hat gar keinen Grund, sich auf Distanz zu mir zu halten, denn ich liebe ihn« – liefen all seine Aktionen (oder eher Reaktionen) ins Gegenteil, indem sie die emotionale Wahrheit des Sohnes ablehnten. Manipuliert oder nicht, der Sohn war dem Vater böse und wollte ihn nicht verstehen. Auch wenn der Vater, von außen betrachtet, versucht hatte zu verstehen, so war das Herz nicht wirklich beteiligt und sein Sohn ließ sich nicht täuschen.

Der Ausdruck »nicht mit dem Herzen dabei sein« verdeutlicht die innere Vereinigung, die Akzeptanz unserer Wahrheit. »Bin ich mit dem Herzen dabei?« Das ist eine ganz und gar einfache Frage, die wir uns stellen können, und es gibt nur zwei simple Antworten darauf: ja oder nein.

Hier noch eine andere Art der Unterscheidung zwischen therapeutischem Zugang und spiritueller Suche: Bei Ersterem wird versucht, durch Befragen unterbewusste Beweggründe, Mechanismen und Verbindungen zwischen Vergangenheit und Gegenwart ans Licht zu bringen, eventuell mit einer endlosen Reihe möglicher Antworten. Bei dem, was wir hier machen, überlebt nur eine einzige Frage, immer mit denselben zwei möglichen Antworten: ja oder nein. Keine Chance auszuweichen. Solange das Herz nicht dabei ist und nicht gesprochen hat, bleibt jede noch so brillante Analyse nur theoretisch und bringt nur oberflächliche Zustimmung. Diese Frage weitet sich auf unser Handeln aus und wir tun auch gut daran, uns diese Frage zu stellen, bevor wir handeln. Wenn das Herz nicht dabei ist, reagieren wir einfach nur, befinden uns im Kompromissmodus, sind hin- und hergerissen, gespalten oder bereuen, also leisten wir nur passiven Widerstand. Dieser Mann handelte im Kompromiss zwischen dem Verlangen, seinen Sohn zu kontaktieren und einer versteckten Animosität gegen ihn. Jetzt, da er die Trennung akzeptiert hat, ist der Druck, eine Lösung zu finden und zu handeln, gänzlich von ihm abgefallen, er fühlt sich offen, ohne Erwartung. Letzter Akt und Happy End …

Oft war ich schon Zeuge kleiner und großer Wunder in allen möglichen Bereichen, wenn eine Person auf die Knie fiel und akzeptierte. Sie muss nicht lauthals beteuern, sie muss nichts erklären, im Gegenteil. Eine kaum spürbare Änderung geht von ihr aus (die subtile Nuance des Ja) und das ändert die Dynamik der Situation. Aber Achtung, das ist kein »Zaubertrick« – ich akzeptiere und mein Sohn versöhnt sich mit mir. Ein Zaubertrick funktioniert nicht, weil die Ablehnung fortbesteht (auch sie taucht auf und das ist spürbar!) und weil das Mentale sich weiterhin Strategien bastelt, um seine Ziele zu erreichen. Bei der Öffnung des Herzens kann man weder mit Tricks arbeiten noch irgendetwas erzwingen.

Die Falle der falschen Akzeptanz

Die falsche Akzeptanz stellt eine Falle, in die diejenigen relativ leicht tappen, die noch keinerlei therapeutische Hilfe angenommen haben, denn Hilfe schafft Nähe zur Emotion und deckt die Tücken des Mentalen auf. Der in Gelassenheit und Liebe strahlende, von Verehrung umgebene Weise übt auf die, die sich direkt auf einen spirituellen Weg einlassen, ohne vorher eine Therapie durchlaufen zu haben, Faszination aus, und das umso intensiver, je weniger sie Kontakt zu ihren Gefühlen haben.

Ein Idealbild erzeugt – mehr oder weniger bewusst – das Verlangen, ihm zu ähneln und sich mit ihm zu identifizieren. Sie versuchen, genauso zu sein: annehmend, liebevoll, ausgeglichen. Nun beinhaltet der von Swami Prajnanpad vorgeschlagene Weg aber erst einmal einen »Abstieg in die Hölle«, der im Lauf des Wandlungsprozesses zu seiner Zeit ganz von selbst kommt. Swami Prajnanpad warnte seine Schüler, ja »befahl« ihnen sogar, *ihn nicht zu imitieren, sondern ihm zu folgen,* was heißt, den eigenen Weg zu gehen, Schritt für Schritt, und nicht gleich aufs Ziel zuzustürzen. Leiden zu vermeiden und die große Schwierigkeit, sich mit der Schattenseite auseinanderzusetzen, lenkt Suchende ab, die unbewusst diesen Weg mit einer Umgehung abkürzen wollen. Sie interessieren sich nur für die Sonnenseite.

Eine elegante, sich sehr disziplinierende Frau, ständig mit einem aufgesetzten Lächeln unterwegs, von Beruf Yogalehrerin, konsultiert mich erneut. Sie bittet um Rat, weil sie in bestimmten Situationen immer noch gereizt reagiert, was sie gerne ablegen würde. »Ich kann inzwischen viele Dinge akzeptieren, aber ich rege mich zum Beispiel auf, wenn ich hinter dem Steuer sitze und andere die Verkehrsregeln nicht beachten oder zu dicht auffahren (in Paris ist das keine Seltenheit!). Ich weiß, das ist einfach total dumm. Ich akzeptiere, dass andere anders sind, ich atme tief durch, um mich zu konzentrieren, aber diese lächerliche Gereiztheit bleibt. Was raten Sie mir?« Jetzt muss ich erst einmal tief durchatmen! Ich kann nur das mit ihr teilen, was ich offen sichtbar wahrnehme: Ihrer Rolle folgend, signalisiert ihre Gefühlsregung ihr eine Ablehnung, die sie abzuwürgen versucht. Das ist für sie nicht annehmbar.

Ich muss mich in ihre Welt begeben und ihre eifrigen und aufrichtigen Versuche ausloten, sich ihrem Ziel zu nähern. Wenn sie sich spiritueller Methoden bedient hat, um ihren Emotionen einen Maulkorb zu verpassen, wird sie wohl lange zurückliegende Gründe für solch ein Betäuben der Emotionen haben und Schwächen, die sie verteidigen muss. Dass ich dies intuitiv spüre, berührt mich und nähert mich ihr an. Ich bin mit ihrer Motivation, nach bestem Wissen und Können zu handeln, einverstanden. »Sie geben sich viel Mühe! Ich habe den

Eindruck, dass Sie viel von sich verlangen …« [Sie nickt zustimmend.]
– [Mit einem gewissen Stolz sagt sie:] »Ja, ich verlange viel von mir.« –
»Ich frage mich, ob das nicht zu viel für Sie ist?« – »Meinen Sie?« [Sie
ist überrascht] – »Na ja, all diese Leute, die völlig chaotisch fahren und
drängeln, das ist schon anstrengend, oder nicht?« – »Das ist unmög-
lich, sich so zu verhalten, die sind völlig gestresst, die sind verrückt!«
– »Ich finde, es ist schon berechtigt, genervt zu sein, das ist doch lästig!«
– »Wirklich!? Sie finden es normal, genervt zu sein?« [Ihr Gesicht hellt
sich auf] – »Ja, ich finde, dass Sie hier zu streng mit sich sind, es gibt
Grenzen!« [Unglaublich! Ich rechtfertige eine Gefühlsregung, bin also
ein »Anti-Swami-Prajnanpad«!] Sie lächelt, ungläubig, aber zufrieden.
Ihr, die glaubte, nie genug zu tun, wurde gesagt, dass sie zu viel tue …
Ihre legitimierte Gefühlsregung wird akzeptiert [uff, wenigstens eine,
die vor dem Fegefeuer gerettet wurde] und ihre Ehre wird damit erhalten [sie bleibt eine »Superpraktizierende«].
Ich mag dieses Beispiel, zunächst, weil es mir die Herausforderung
stellte, nicht zu beurteilen. Ich hätte sie verletzt, wenn ich ihr erklärt
hätte, dass sie gegen den Strom des spirituellen Handelns schwimmt.
Indem ich mich ihr geöffnet hatte, konnte ich den Weg zu ihrer Empfindsamkeit finden. Der Kontakt schloss sich in diesem Moment. Das
machte mir möglich, ihr wirklich zu helfen, ihren Weg selbst zu finden.

Eine solche Entwicklung findet auch bei uns Anwendung. Es gibt
Momente, in denen sich jeder isoliert fühlt, nicht mehr viel empfindet. Diese – ach so unangenehme – Leere der Gefühle lässt
uns an ihre Abwesenheit glauben, obwohl Gefühle immer präsent
bleiben, wie ein dünner, kaum sichtbarer Seidenfaden, … und
trotzdem suchen wir dort, wo sie gar nicht sind.

Zum Beispiel würde man gern einen Impuls des Herzens oder
Freude empfinden, sieht aber nur Eintönigkeit. Gibt es nicht ge-
nau dann eine leichte Färbung in Form von Ärger oder Verdros-
senheit, den kleinen Faden, an dem man ziehen kann? Diese Frau
angelte sich mit dem kleinen Faden keine Sardine, sondern einen
Wal. Der Anspruch, der in der offensichtlich wenig bewegenden
Frage steckte, kam direkt aus einer leidvollen Erfahrung in der
Kindheit, nämlich der Beziehung zu ihrem Vater. Das zeigt, dass

wir, um zum Herzen vorzudringen, unsere Voraussetzungen fallen lassen müssen und nichts versäumen dürfen unter dem Vorwand, es sei kaum der Rede wert oder unbedeutend.

Ein Mann bittet mich, mit ihm »Lyings« zu machen. Er erzählt von seiner Begeisterung für Spiritualität und Metaphysik, von seiner Wertschätzung für Arnaud, seiner intensiven und regelmäßigen Praxis der Spiritualität. Als ich ihn frage, ob er Schwierigkeiten habe anzunehmen, antwortete er ohne Zögern: »Nein! Was ist, ist, und dem ist nichts hinzuzufügen.« [Na, das fängt ja gut an!] »Kommt es vor, dass Sie emotional empfinden?« – »Ach, diese Emotionen, die psychologischen Probleme, das ist nur die Sache mit dem kleinen Ich, dem messe ich keine Bedeutung bei, das vergeht von selbst wieder.« [Alle Ausgänge sind verschlossen …] Ich zeige, dass ich perplex bin: »Ich sehe nicht so ganz, was Ihnen die »Lyings« bringen könnten, denn Sie haben ja gar kein Problem.« – »Ja, aber Arnaud hat mir die »Lyings« empfohlen, und ich tue, was er mir sagt.« [Energisch, entschieden, keinen Widerspruch duldend. Ich stehe vor einem dornigen Hindernis.] Ich erkläre ihm genau, worin die Übung konkret besteht und spreche auch die Rolle der Gruppe an. »Die Gruppe!? [Entsetzter Blick]. Das ist dieses Auskotzen, jeder betreibt Nabelschau und singt sein Klagelied. Sie glauben doch nicht, dass ich das brauche, um zum Absoluten zu gelangen. Das kommt gar nicht infrage!« [Wütend. Ah, ein Gefühlsausbruch! Ein Faden, an dem man ziehen kann …] – »Mir scheint, sie finden das ziemlich idiotisch …« – »Na klar, diese Leute, die ihre kleinen Wehwehchen ausbreiten, rumjammern, obwohl sie gesund sind, das ist eine Beleidigung für den Weg der Wege, das ist reine Egozentrik, etwas für neurotische, gestörte Tussen. [In hitzigem Ton.]« – »Das scheint Sie zu nerven?« – »Nein, nicht im Geringsten! [Finsterer Blick, der mich am liebsten töten wollte; wie konnte ich es wagen, solchen Unsinn zu unterstellen? Der Fehler war: Ich war zu schnell.] Ich diskutiere nicht darüber, was ist, sondern sehe die Dinge, wie sie sind. Es gibt Menschen, die ihren ganzen ›Schotter‹ New-Age-Therapien hinterherwerfen. Welch ein ›Nutzen‹ für die Kranken!«
Er zeigt mir seine Praxis der Akzeptanz offen. Die Bühne ist aufgebaut, das Schauspiel verspricht heikel zu werden. Ich atme tief durch und versuche, einen anderen Weg zu finden, und plötzlich merke ich, dass

mir von Anfang an eine Tatsache ins Auge fällt. »Wenn Sie mir das alles so erzählen, kann ich mir gut vorstellen, welch immenses Vertrauen Sie in Arnaud haben und sogar einen Rat befolgen, der Ihren Überzeugungen so sehr widerspricht. [Ich empfinde das wirklich. Würde ich selbst einen Ratschlag befolgen, der mir so zuwider ist?] Ich bin beeindruckt von Ihrem Vertrauen.« [Sein Gesichtsausdruck verändert sich völlig, entspannt sich, wird weicher] – »Ich empfinde so große Dankbarkeit für ihn [Tränen stehen ihm in den Augen], Arnaud hat mir das Schönste gegeben, was ich im Leben je hatte! Diese Momente der Ruhe mit ihm, das ist so wunderbar, welch ein Wissen, welch eine Harmonie.« Das, was sich zunächst als unüberwindbares Hindernis, als Quadratur des Kreises abzeichnete, war genau an der Stelle, wo sich die Ausgangstür befand. Was mir rational absurd erschien, nämlich sich zu einer Entspannungsübung zu zwingen, bekam Sinn, als das Herz hinzukam (als ich selbst losgelassen hatte!). Arnaud übernahm häufig die traditionelle Redewendung zum Begriff der Akzeptanz – »Versöhnung der Gegensätze«. Diese Situation war das lebendige Beispiel dafür. Die Entwicklung konnte in Gang kommen, seine Beziehung zu Arnaud öffnete den Zugang zu seinem kindlichen Herzen. Er war in einer Welt so voller Härte und Strenge, so voller Gewalt aufgewachsen, dass er die Menschheit hasste. Er hatte sich verschlossen, war sogar gegenüber Frauen gepanzert, gegen die er eine gewisse Verachtung empfand, ohne jegliches Bewusstsein für seine eigene Gewalt. Das erste menschliche Wesen, das er ohne Einschränkungen lieben konnte, war Arnaud. Mit seiner spirituellen Neigung wollte er sich über die menschliche Mittelmäßigkeit heben, auch über das brodelnde Magma der Emotionen.

Zu intensives Leiden, wie großer Liebesentzug und/oder Missbrauch in der Kindheit, löst tiefer greifende Mechanismen als nur Ablehnung aus, um sich zu schützen, nämlich Spaltung und Verweigerung. Radikale Beurteilungen – Konsequenz der Behandlung der Emotionen – trennen ohne Abstufung Schönes, Gutes und das Wohlergehen vom Hässlichen, vom Schlechten und vom Übel, und dabei ist es gleichgültig, ob es um Personen oder Gedanken geht.

Das Ideal duldet keinen Kompromiss, auch wenn Köpfe rollen müssen! Es teilt Menschen ein in einen kleinen Kreis von Auserwählten, die den Kriterien entsprechen und in den Rest, der weder Aufmerksamkeit verdient, noch Positives beitragen kann. Spiritualität zieht Menschen mit einem gewissen Profil an, die den passenden Hafen für ihre Ideale finden wollen, auch auf die Gefahr hin, dass sie dadurch in einer Spaltung und emotionalen Betäubung bestätigt werden. Je mehr Argwohn sie hegen, desto mehr brauchen sie eine Therapie. Wie wir gerade gesehen haben, kann die Beziehung zu einem Meister das Zünglein an der Waage sein, unter Umständen mit der Gefahr von sektiererischen Bewegungen, die Schwachstellen mit beherrschender Einvernahme ausnutzen.

Bei anderen, die psychisch labil sind, herrscht Mangel an innerer Struktur und sie vermeiden, die Tatsachen des Lebens anzunehmen – sie treiben orientierungslos. Ihnen gibt Spiritualität eine Richtung und steckt den Rahmen ab, der ihnen hilft zu leben und sich neu zu bewerten. Dabei laufen sie allerdings Gefahr, sich abzukapseln und von der Realität der Welt abzuschotten, wenn sie sich keine geeignete psychologische Hilfe suchen. Aber die falsche Akzeptanz lauert nicht nur empfindlichen Menschen auf oder denen, die sich keiner Therapie unterzogen haben. Sie ist eine wichtige Strategie des Mentalen, um Ablehnung zu verschleiern, auch für erfahrene Suchende.

Ein Mann, den ich bereits gut kenne, der sich engagiert und in seine Entwicklung einbringt, konsultiert mich. Er erklärt mir, er komme gut voran bei der Handhabung einer Schwierigkeit in seiner Beziehung, die ihn früher immer gepackt hat. Jetzt schafft er es, ruhig zu bleiben, sich zu öffnen. [Wunderbar!] Allerdings überschüttet er mich mit Details und beginnt sich zu wiederholen, was bei mir den Eindruck einer Unstimmigkeit weckt. Er beschreibt das Verhalten seiner Partnerin: »Du hättest sehen sollen, was sie wieder für einen Zirkus veranstaltet hat, aber das zieht bei mir ja nicht mehr [Ich notiere: »Zirkus«, eine versteckte Bewertung]. Sie zog halt wieder die alte Leier von Vorwürfen ab, aber das ließ mich kalt, ich war in keiner Weise getroffen. Und das regte sie noch mehr auf.« [Er kann diese Szene teilnahmslos betrachten wie einen Goldfisch im Glas. – Das versteht er unter »sich geöffnet haben«!?] Die Aggressivität gegen seine Partnerin hatte sich in Distanz und Überlegenheit gewandelt. Da sie auch auf einem spirituellen Weg ist, glaubte er, indem er unbeeindruckt und ruhig geblieben war, hier nun einen Punkt gemacht zu haben! Das gebe ich ihm humorvoll zu verstehen und er liest zwischen den Zeilen, er versteht und bricht in schallendes Gelächter aus. Das Mentale verleiht ganz gern jemandem quasi einen »Orden der Akzeptanz« … Eine Öffnung, die den anderen nicht mit echtem Gefühl von Nähe einbezieht, tut nur so, als ob …

Eine andere Variante der falschen Akzeptanz ist das heldenhafte Opfer. Besonders zu innerfamiliären Beziehungen fallen mir hierzu endlos viele Beispiele ein. Eltern berichten mir davon, wie sie schwieriges oder abscheuliches Verhalten ihrer Kinder, ob groß oder klein, akzeptieren. Sie ertragen, ohne Vorwürfe zu machen, sie zeigen ihnen so in höchstem Maße ihre Liebe und zerreißen sich, um zu helfen.

Eine Frau schildert mir ihre schwierige Beziehung mit ihrer erwachsenen Tochter. Letztere benutzt sie als Kindermädchen, für alle möglichen lästigen Hausarbeiten und scheint nie zufrieden. Sie kritisiert ihre Mutter für das kleinste Detail in herrischer Art. Die Mutter ertrug all das fast schon mit einem Lächeln. Sie setzte Akzeptanz um. Es war für sie sehr schwer zu erkennen, dass sie sich selbst nicht respektierte: Welche Liebe hatte sie zu sich selbst? Nachdem sie einiges über Kindererziehung gelesen und verstanden hatte, dass sie in der Erziehung ihrer Kinder, als sie noch klein waren, Fehler gemacht hatte, wollte sie etwas wiedergutmachen und gab ihnen jetzt das »Maximum«. Für sie war akzeptieren und lieben gleichbedeutend mit »alles ertragen« [Ein jüdisch-christlicher Hintergrund etwa?]. Dennoch bemerkte sie, dass sie von ihrer Tochter verletzt wurde und dass sie auf dem Nachhauseweg häufig weinte. Es nutzte nicht, mit ihr zu diskutieren, ihre Überzeugung war unerschütterlich. Das Einzige, was sie akzeptierte und sie anrührte, war, wenn ich ihr sagte, dass ich Bedauern für sie empfinde. Ein Blick zurück in ihre Vergangenheit drängte sich auf, um Widerstand zu mobilisieren. Es überraschte nicht, dass sich die Beziehung zu ihrer Tochter als perfekte Kopie der Beziehung zu ihrer eigenen Mutter herausstellte. Um Ablehnung durch ihre Mutter zu vermeiden, spielte sie damals die Rolle des Aschenputtels und kümmerte sich zusätzlich zu ihren Hausaufgaben um Einkauf, Haushalt und Geschirrspülen. Sie musste bezahlen für Hoffnung auf etwas Liebe, die sie selbst damit nicht bekam. Die Mechanismen des Mentalen holen sich spirituelle Motivation, um das Handeln zu durchdringen, indem sie sich mit spirituell korrektem Vokabular einkleiden. Als sie diesen Mechanismus sah, verstand sie und richtete sich innerlich auf. Ohne ein weiteres Wort änderte sie die Beziehung zu ihrer Tochter unmittelbar.

Kinder haben einen sechsten Sinn dafür, wenn ihre Eltern sich gegenseitig nicht respektieren, und attackieren diese häufig schonungslos, um sie aufzurütteln ... *Wenn Akzeptieren dazu führt, sich schlecht zu behandeln, dann ist das kein echtes Akzeptieren. Wenn ein Annehmen nicht zu friedlichem Glück führt, dann ist das kein echtes Annehmen.*

Ein noch spektakulärerer Fall: Eine Frau erzählt, ihr Mann, der jünger als sie ist, betrüge sie mit einer Frau im Alter der gemeinsamen Tochter. Zu meiner Verwunderung sagt sie mir, sie akzeptiere das völlig. »Das ist normal, er braucht diese Erfahrung.« Ohne Ironie fügt sie hinzu: »Mein armer Liebling, er fühlt sich schlecht, wenn er mir wehtut. Ich beruhige ihn; ich sage ihm, dass Männer nun mal so sind und sich ihre Männlichkeit beweisen müssen und dass ich es aus Liebe zu ihm akzeptiere.« Ich bin sprachlos. Sie bringt diese Situation in keiner Weise damit in Verbindung, dass sie zurzeit massive körperliche Probleme hat. Es tut ihr überall weh; sie hat Blockaden im Rücken. Wenn Emotion daran gehindert wird, ihre Rolle als Signal zu spielen, übernimmt der Körper und schwenkt die rote Fahne – du lehnst ab! Da diese Frau charakterstark ist, gehe ich den Weg der Provokation. »Ich hoffe, Sie überlassen den beiden die Wohnung, wenn er sie sehen will, und Sie bringen ihnen zum Frühstück frische Croissants.« Es dauert nicht lange, und sie reagiert. Von einer Sekunde zur anderen verwandelt sich die schmerzhafte, leidende Madonna in eine Tigerin. All die Wut, die in ihrem Körper eingesperrt gewesen war, kommt heraus wie ein Vulkanausbruch. Schimpfwörter sprudeln nur so aus ihr heraus … völlig fassungslos darüber, dass sie sich bis zu diesem Punkt etwas vorgemacht hatte, beschimpft sie sich selbst.

Ein weiteres lehrreiches Beispiel: Man kann intelligent sein, vorwärtsgekommen sein und dennoch in die Falle tappen, wenn man etwa wahrhaftig glaubt zu akzeptieren, insbesondere wenn es um starke Gefühle und Sexualität geht. Das bestätigt auch, was Arnaud unermüdlich wiederholte – »in der Emotion denken wir falsch« – wir können uns keineswegs auf unseren Verstand verlassen, auch wenn wir noch so brillant sind.

Faktisch kann es, wenn wir uns an die Stelle des anderen setzen und ihn unbedingt verstehen wollen, auch dazu führen, dass wir den Sinn für uns selbst verlieren. Das ist genau wie mit einem Sprung ans Ziel kommen wollen, *nur die anderen*. Diese vier Phasen (nur ich/ich und die anderen/die anderen und ich/nur die anderen) reihen sich nicht in logischer und linearer Abfolge aneinander, aber zu gegebener Zeit kann man die Hauptrichtung erkennen.

In ein und derselben Situation kann es von einem Moment auf den anderen ein schnelles Hin und Her zwischen diesen vier Positionen geben. Damit man seine Fähigkeit der Akzeptanz nicht überschätzt, rate ich wieder zum ersten Punkt zurückzukehren und dort neu anzufangen: »Wenn es nur mich, nur meine Sichtweise gäbe, was empfinde ich, was will ich?«

All diese Beispiele unterstreichen, dass die Praxis der Akzeptanz – trotz ihrer Einfachheit – mit der Komplexität des Mentalen konfrontiert, die mit allen Raffinessen eine Ablehnung verschleiert. Ich werde hierzu noch einiges anmerken und empfehlen. Die Verwendung des Verbs »annehmen« suggeriert, es handle sich um eine Handlung. Eigentlich ist aber das Ablehnen eine Handlung. Wenn man akzeptiert beziehungsweise sich entspannt, hört man auf abzulehnen und sich zu verkrampfen. Diese Überlegung hat mich dazu gebracht, eine Methode vorzuziehen, bei der man die

Ablehnung offen sichtbar macht und nicht das Akzeptieren in den Vordergrund stellt. Wenn uns Ärger oder Schmerz zustoßen, ist es unser gutes Recht aufzubegehren. Genehmigen wir uns also diese erste Ablehnung, denn das ist unsere Wahrheit des Augenblicks. Das ist die erste Akzeptanz: Ja zum Nein! Wenn wir dieses Nein völlig ausleben, betrifft das nicht nur unseren Verstand, sondern auch den Schwall der Emotionen und die körperlichen Anspannungen, die sie begleiten. Das Annehmen dieser anfänglichen Ablehnung verschafft bereits Entspannung und öffnet den weiteren Weg. Wenn wir Hinweise haben, dass diese Situation uns wirklich berührt, sollten wir sehr aufmerksam auf unsere Empfindungssignale hören.

Emotion? Welche Emotion? Welche Intensität? Was sagt sie? Was lehne ich ab? Wir führen diese Fragestellungen fort, bis die Antwort in uns wirklich ein Echo hervorruft, im Herzen und im Körper. Wir lassen die Emotion durch unseren ganzen Körper fließen, bis sie verfliegt. Wenn wir uns dann mit uns selbst vereint haben, kehren wir zur äußeren Situation zurück. Wie erleben wir sie jetzt? Gibt es noch Ablehnung der Emotion? Wenn ja, kehren wir wieder zur Empfindung zurück, bis wir wieder Entspannung, Befreiung und Beruhigung empfinden und so unsere Einheit wiedergewonnen haben. Das kommt alles wie von selbst, wenn wir alle Widerstände beseitigt haben. Diese Übung kann man in allen Situationen anwenden, ausnahmslos, bei harmlosen Kleinigkeiten genauso wie bei überwältigenden Erschütterungen. Sie darf nie Gewalt, Spannung, Isolation oder Verdruss hervorrufen. In diesem Fall können wir sicher sein, dass Ablehnung und Unterdrückung sich noch beimischen. »Es scheint Tod und Leere zu geben, solange es Verdrängung gibt.«[36]

Kapitel 9
»Lying« – Eine Erfahrung

»Lying ist völlige Versöhnung mit allem,
nicht nur mit gewissen auserwählten Emotionen,
die Ihnen wichtig erscheinen.«[37]

Konfrontiert mit den manchmal unüberwindbaren Schwierigkeiten seiner Schüler beim Praktizieren von Akzeptanz hat Swami Prajnanpad eine einzigartige Methode vorgeschlagen: »Lying«. Diese Bezeichnung entspricht lediglich der wörtlichen Bedeutung des englischen »liegen« (auf einer Matte, direkt auf dem Boden). Lying selbst zielt nicht auf Therapie, sondern bietet die Möglichkeit, Akzeptanz genau da zu erleben, wo sie unmöglich scheint.

Er selbst hat mehrfach betont, er sei kein Psychoanalytiker. Er hat weder für diese Methode Regeln aufgestellt, noch eine Schule etabliert und blieb damit seinem Standpunkt treu, nur für individuelle Bedürfnisse da zu sein und sich jedes Einzelfalls anzunehmen. Die einzige Bestimmung von Lying ist: Die Erfahrung des »Ja«, und dabei muss jeder seinen eigenen Weg entdecken.

Lying hat also besonderen Stellenwert für den Suchenden, der sich auf diesen spirituellen Weg gemacht hat: Durch Lying bekommt das Verständnis von Akzeptanz, das sich grundsätzlich auf den Intellekt beschränkt, eine zweite Dimension. Die Akzeptanz betrifft den Menschen in seiner Gesamtheit, bis in das tiefste Innere. Auch wenn Lying therapeutische Wirkungen mit sich bringt, sehe ich es nicht unter diesem Blickwinkel, sondern als spezifische Leistung zur Entwicklung einer Wandlung.

Die Praxis des Lying verlangt das vollkommene Emporkommen des spirituell Suchenden, mit anderen Worten, eines Menschen, der von der inneren Haltung bestimmt ist, sich in voller Absicht völlig zu öffnen und zu akzeptieren. In der Therapie versuchen wir unsere Probleme zu lösen und uns damit vom Leid zu befreien. Alle Bestrebungen sind auf die erwähnten Probleme ausgerichtet. Jetzt aber richten wir die gesamte Aufmerksamkeit auf unsere innere Haltung: Gibt es noch Widerstände, gebe ich mich ganz hin, bin ich empfänglich für das, was in mir aufsteigt? Es geht also nicht darum, etwas loszuwerden. Der Weg vom Umgang mit Emotionen, wie im ersten Teil beschrieben, zum Lying hängt also nicht von Techniken ab, sondern *einzig von dieser Änderung der Absicht.* Äußerlich hinterlässt dieser Übergang keine Spuren, es geht immer noch darum, sich der Emotion zu öffnen und dabei dieselben Hindernisse zu überwinden. Die Aufmerksamkeit richtet sich hier hauptsächlich auf die Qualität der Akzeptanz und die Möglichkeit, sie dann auch in einer realen Situation zu erleben.

Manche, in der spirituellen Methode anfangs sehr Engagierte, kommen mit diesem geistigen Status zum Lying, weil sie ihn monate- oder jahrelang täglich trainiert haben. Sie sind überzeugt, diese Methode könne ihnen etwas bringen, da sie in ihren nicht zu bewältigenden und ihnen unverständlichen emotionalen Reaktionen festgefahren sind. Bei anderen, die sich bereits in einer Therapie engagiert haben, führt schrittweise Reifung in diesem Prozess zu einer inneren Wende. Sie verstehen, dass die bisher geleistete psychologische Arbeit an die Grenze der Möglichkeiten stößt und jetzt eine Änderung der Einstellung notwendig wird. Arnaud Desjardins formuliert diesen Unterschied klar und deutlich: »Es handelt sich nicht einmal darum, Leid zu akzeptieren, es handelt sich nur darum, sich für das Leid zu entscheiden, das Leid, das da ist.[38] [...] Lying besteht darin, sich hinzulegen und sich all dem hinzugeben, was uns im Leben umtreibt, all unsere Aspekte zu vereinen und völlig im wahren Selbst zu sein.«[39]

Das Herz sprechen lassen

Außer der Intention zu akzeptieren, was auch auftauchen mag, gibt es einige für das Lying förderliche Grundbedingungen: Entspannung, Vertrauen, Toleranz und aufmerksames Hören in den drei Ebenen: Körperliches, Emotionales und Geistiges. Entspannung und Vertrauen vereinen sich darin, dass es sich nur um mich, nur um die Beziehung von mir und zu mir handelt. Natürlich spielt das Vertrauen in den, der mich begleitet, eine wichtige Rolle, aber eine geringere als die Möglichkeit, von sich nichts mehr abzulehnen und wieder völlig in sich eins zu werden.

Aspekte der Übertragung, die in der therapeutischen Phase charakteristisch waren, haben sich aufgelöst und eine gelassenere, leichtere und lebendigere Beziehung ermöglicht. Der Begleitende erwartet nichts, er bietet nur einen offenen Raum für ein mögliches Annehmen. Im Liegen kann der Körper entspannen, wenn jedoch Spannung bleibt oder auftritt, weist das auf latentes Vorhandensein einer Gefühlsregung hin.

Wie bei der therapeutischen Arbeit richtet sich die Aufmerksamkeit in gleichem Maße auf die Wahrnehmungen des Körpers, die Nuancen des inneren Zustands, Gedanken, Bilder und Erinnerungen. Dabei wird versucht, nichts zu zensieren oder zu selektieren. In dem Maße, in dem die Dinge ins Bewusstsein aufsteigen, »geht es darum, das Instrument des Zum-Ausdruck-Bringens zu spielen und damit Unterdrückung zu verringern«[40]. Um ein einfaches Bild zu verwenden: Wenn man das erste Mal auf Skiern steht, lernt man, sich zu entspannen, um ins Gleiten zu kommen. Sobald uns die Bretter mitreißen, bekommen wir Angst und spannen wieder an. Für den Anfänger bedeutet gleiten einen furchterregenden Kontrollverlust, wogegen beim guten Skiläufer es das faszinierende Gefühl von Freiheit und Lebhaftigkeit auslöst, den Hang hinunterzugleiten. Beim Lying entdeckt man, dass es möglich ist, Emotion zu erleben, man darf nur nicht bremsen und muss sich mit ganzem Herzen und aller Kraft hingeben.

Manche zeigen sich für dies spontan begabt, andere haben mehr Schwierigkeiten, aber noch einmal: Das Grundlegende wohnt nicht so sehr der »Produktivität« inne als vielmehr der Qualität der Begegnung mit sich selbst. Lying besteht nicht in einem festgelegten Prozess, bei dem man Erfolg hat oder nicht, Lying ist das Prinzip jedes einzelnen: François, Irene oder Marie. In dieser Eigenschaft ist es jeweils eine Facette von François, Irene und Marie, die sie explizit zulassen müssen, unabhängig davon, was sie äußern. »Beim Lying kann es niemals ›feindliche‹ Bedingungen geben. Beim Lying kann es nie ein Versagen geben.«[41]

Man erlaubt dem Herzen, seine einfache Sprache zu sprechen: Was hat es uns zu sagen? Ist es eng, traurig, erstickt, unterdrückt oder leicht, fröhlich und friedlich? Wenn man einmal ein Kind beobachtet hat, das etwas sagen wollte, aber die Erwachsenen, die um es herum waren, sprachen, interpretierten und erklärten, würde man am liebsten sagen: »Seid still! Schweigt, hört zu, lasst es sprechen!« Sobald das Herz zu sprechen beginnt, mischt sich das Mentale mit Kommentaren, Schlussfolgerungen und Bewertungen ein, und man muss ihm nur sagen: »Sei still! Gib deine Kommentare später ab!«

Dieses Hören des Herzens bringt mit einem Gedankensprung das Unerwartete und den Geist völlig aus dem Konzept. »Lying ist völlig irrational«[42], also auch völlig unvorhersehbar. Eine Person kann wegen einer Kleinigkeit zu weinen beginnen: Sie sieht sich als Kind, das in der Früh seinen Milchkaffee trinkt, und beginnt zu weinen. Erst später wird ihr bewusst: Es war einfach, weil ich damals noch so glücklich und sorglos war, weil die Großmutter, die ich so sehr liebte, das Frühstück gemacht hat. Wenn sie sich von diesem harmlosen Bild abwendet, sich sagt, es gäbe keinen Grund, wegen so etwas zu weinen, sondern allein die Szene zählt, in der der Vater sie vor der ganzen Familie geschlagen hat, verbietet sie ihrem Herzen zu sprechen und lähmt damit den Prozess.

Herz und Körper lassen Augenblicke der Vergangenheit vollständig und in all ihrer Intensität wieder auftauchen: Man ist dort, man nimmt den Geruch von Kaffee wahr, diese kindliche Begeisterung des Tagesbeginns, man erlebt sie nochmals, obwohl der Verstand nur eine verschwommene Erinnerung hat. Swami Prajnanpad drückte das so aus: »Lying ist das Sein im Hier und Jetzt und nicht das Sich-Erinnern.«[43] Das, was das Kind unbewusst erlebt hat, erlebt der Erwachsene jetzt mit vollem Bewusstsein, aufmerksam, mit allen Sinnen und voller Sensibilität. Ob Freude oder Leid, Wut oder Schrecken, man nimmt mit geschärften Sinnen die Qualität wahr, das, was Swami Prajnanpad mit einem Begriff aus dem Sanskrit ausdrückte, »bhoga«, was man mit »wertschätzen«, »mit vollem Bewusstsein genießen« übersetzen kann.

Man beschränkt sich nicht auf die Geschmacksrichtung süß und aromatisch, sondern probiert auch das Bittere, Salzige, Saure, Herbe, Scharfe, um die gesamte Palette kennenzulernen. Eine wichtige Dimension dieser Übung besteht in der Erweiterung unserer Palette, bis wir alles genießen können. Das schließt die Versöhnung mit Gefühlszuständen ein, die uns nicht gefallen. Wir sind bereit, das Richtungsgebende des Lying anzupacken, nämlich das Annehmen der großen grundlegenden Emotionen, die im Alltag Widerstand leisten und für uns das Inakzeptable darstellen.

Unannehmbares annehmen

Verzweiflung

Eva hat immer wieder Anfälle tiefer Traurigkeit. Dabei wird ihr das Herz so schwer, dass sie am liebsten sterben würde (allerdings ohne Gedanken an Selbstmord). Sie stellte fest, dass dies bei Beziehungsproblemen auftritt, und zwar überproportional; und manchmal überkommt sie Traurigkeit ohne ersichtlichen Grund. Ab dem Zeitpunkt, als sie sterben wollte, ist bei ihr der Lying-Prozess in Gang gekommen. Was war so zum Verzweifeln, dass es besser wäre, nicht mehr zu leben, nichts mehr zu empfinden? Das war für sie inakzeptabel. Ihre Akzeptanz entwickelte sich im Laufe mehrerer Sitzungen, bis sie schließlich nicht mehr in endlose Verzweiflung flüchtete. Im Gegenteil, sie bemühte sich, sich dem zu stellen, zu sehen und das anzunehmen, was sie immer aus ihrem Kopf verjagt hatte, und so gelang es ihr, sich eine Szene aus ihrer frühen Kindheit vor Augen zu führen: Sie war noch ein Baby. Sie weinte, aber ihre Mutter schüttelte sie und schrie sie an, und das mit einem mörderischen Gesichtsausdruck.

Ab dieser Sitzung gab es eine ganze Reihe von Erinnerungen und Anknüpfungspunkten an die sehr schmerzhafte Beziehung zu ihrer Mutter. Diese eine Episode markierte den Höhepunkt der mütterlichen Ablehnung. Diese erfuhr sie während ihrer ganzen Jugend, aber das, was sie als Baby empfunden hatte, überstieg an Intensität alles. In diesem Moment hatte ihr Leben seinen Sinn verloren. Im Prozess des Lying kamen die psychologischen Konsequenzen grundlegend zusammen mit der Erfahrung, ein so schreckliches Gefühl zu akzeptieren. Wir mussten mehrmals zum Erleben dieser Szene zurückkommen, um einerseits die emotionale Last abzubauen und andererseits sich völlig der nachhaltigen Wirkung dieses unerträglichen Bildes zu öffnen, indem man ihm nicht mehr den geringsten Widerstand entgegenbringt.

Hier ist es das Paradoxon von Lying, wie es Arnaud Desjardins so gern formulierte: »Um aus der Hölle zu kommen, muss man dort springen, wo die Flammen am höchsten sind.»[44] Solange noch ein Versuch der Vermeidung oder ein Stück Ablehnung da sind, bleibt der Gefühlsschmerz bestehen. Wenn einem Säugling, der gerade gestillt wird, noch zehn Gramm Milch fehlen, schreit er, als hätte er nichts getrunken. Wenn er sie dann endlich in seinem Bäuchlein hat, schläft er sofort ein.

Akzeptanz duldet nicht den geringsten Kompromiss. Sie ist vorhanden oder nicht. Man nähert sich ihr an, man setzt ihr immer weniger Ablehnung entgegen und – so wie Ruhe eintritt, sobald das letzte Geräusch verebbt – etabliert sich Akzeptanz mit der Auslöschung des letzten Funkens der Ablehnung. »Das Geheimnis von Lying sind die 100 Prozent, 99 Prozent reichen nicht. 100 Prozent – das ist die große metaphysische Erfahrung: kein Ego, kein Geist mehr.«[45] Das ist einer der Unterschiede zu einer Therapie der Emotion, bei der schon ein Großteil der Ablehnung fällt, was bereits sichtbare Linderung bringt. *Im Lying achtet man sehr auf die Perfektion des Ja; die geringste Spur des Nein muss beseitigt werden,* indem man unmittelbar zum empfindlichsten Schmerzpunkt geht. Wenn man das Schlimmste schon erlebt hat, muss man nichts mehr fürchten.

Eva spürte, wie ihre Ablehnung nach und nach verschwand, und ihr Herz zeigte sich nun anders: es pochte, vibrierte, es war von diesem unerträglichen Schmerz befreit. Sie freute sich, dass sie am Leben war. Neu und überraschend: sie empfand Liebe zu sich selbst, liebkosende Zärtlichkeit für dieses verwundete Baby. Ihr trauriger Gesichtsausdruck war verschwunden und ungestüme und schelmische Züge zeigten sich auf ihrem Gesicht. Sich selbst zu akzeptieren, bekam Sinn. Liebe zog bei ihr ein, sie war der Liebe würdig, sie lächelte sich an und fand sich schön, wenn sie sich im Spiegel sah. *Diese Liebe war nicht nur der Erfolg der Arbeit mit Emotionen aus der Vergangenheit, sondern auch der Entschlossenheit, bis zum Ende von dem zu gehen, was sie spürte, so schmerzhaft es auch sein mochte, um dann davon befreit zu werden.* Diese Entscheidung war bereits ein Akt der Liebe. Natürlich war sie noch sehr verletzbar, wenn ihr andere mit Kälte oder Aggressivität begegneten, aber diese Gefühlsregung hatte ihren dramatischen Charakter verloren, sie kam damit zurecht, konnte annehmen, vorüberziehen lassen und sich auf die Liebe zu diesem verletzen Kind stützen, dem sie nun neue Kraft geben konnte.

Wenn die Akzeptanz grundloser Verzweiflung einem schon gegen den Strich läuft, stellt die freie Entscheidung für ein Abtauchen in die Angst eine noch größere Schwierigkeit dar. Alle inneren Signale verstärken sich und alle Verteidigungskräfte mobilisieren sich zu einer Kehrtwendung, sobald das Gefühl eines unmittelbar tödlichen Risikos droht. Hier wird der Satz »in die Flammen springen« plastisch und spektakulär, denn Lying fordert jetzt großen Mut. Man muss diesen Weg gehen, um zu entdecken, dass wir im Moment, in dem wir glauben zu sterben, erkennen, dass es sich nur um Angst und starke Empfindung handelt; beide werden uns nicht umbringen.

Beklemmende Angst

André, ein Mann mittleren Alters in verantwortungsvoller Position, hat sich für eine spirituelle Methode entschieden. Er ist Opfer von unkontrollierbaren Ängsten. Er versucht, sie zu akzeptieren, durchaus mit gewissem Erfolg, indem er sich auf seine Körperwahrnehmungen konzentriert. Aber das Unbehagen bleibt teilweise bestehen und er versteht nicht, woher es kommt.

Während ich mit ihm rede, scheint es schon so, als habe er in seinem von Verantwortung belasteten Leben Ängste, nicht an alles zu denken und Wichtiges zu vergessen. Ich fordere ihn also auf, zu seinen körperlichen Wahrnehmungen in der Angst zurückzukehren. Sie fokussieren sich auf die Brust durch beklemmenden Druck, der seine Atmung beeinträchtigt. Das Atmen wird immer mühsamer und sein Gesicht ganz rot. Sein ganzer Körper ist zur Kugel zusammengerollt, er bekommt keine Luft mehr, er krümmt sich noch mehr, alle Muskeln sind angespannt. Ich frage ihn, ob er etwas sehe oder an etwas denke. »Nein, alles ist schwarz«, bringt er mit Mühe hervor. »Ich weiß nicht. Ich kann nicht mehr atmen, ich werde erdrückt.« Sein Gesicht ist hochrot, seine

Atemnot wird schlimmer und seine Angst zu Panik. Schlagartig richtet er sich auf und bricht ab. Angst repräsentiert bei Weitem die schwierigste Gefühlsregung, bei der sich unser ganzes Wesen verteidigt und sich vor allem nicht ihr ausliefern will.

Diesem Mann mangelt es in keiner Weise an Mut, seine Absicht, sich mit der Angst zu konfrontieren, ist glaubwürdig. Aber sie war stärker als er, wie ein Sicherungsknopf, der automatisch abschaltet. Er legte sich wieder hin und hatte wieder dieselben Symptome, mit noch beängstigenderer Atemnot. Er war eine ganze Weile ohne Atmung, völlig verkrampft. »Hilfe, ich sterbe!« Er war wie ein Ertrinkender. In diesem Moment wurde die Absicht, zu akzeptieren, in die Enge getrieben, denn alles ging in Richtung Ablehnung. Der Körper sandte Signale des bevorstehenden Todes, muss aber weitermachen, es weiterlaufen lassen bis zuletzt.

Seine Hände waren durch die Muskelanspannung in Pfötchenstellung verkrampft, seine Unterarme und Beine gegen den Rumpf gepresst. Dann sah ich, wie er den Kopf zwischen Wand und Matte drückte und mit dem Kopf stieß, als wollte er durch ein Hindernis. Eine Kriechbewegung durchlief seinen Rücken und er stieß mit seinem Kopf wie ein Besessener. Wellen von Panik erfassten ihn, während er wiederholte, dass er sterben würde, und um Hilfe rief. Mit einem Angstschrei hatte die Panik ihren Höhepunkt erreicht: »Ich kann hier nicht raus!« Er kämpfte verzweifelt und stieß mit dem Kopf, als hinge sein Leben davon ab. »Ich schaffe das nicht, ich kann nicht mehr, ich habe keine Kraft mehr, ich werde da drin sterben.« Dann, nach weiteren Versuchen, entspannte sich sein Körper plötzlich, er atmete wieder frei und ruhig. Er lag eine ganze Weile reglos da, er begann zu frösteln: »Mir ist kalt! Ich bin ganz allein.« Sein Bauch bewegte sich krampfartig und er schluchzte heftig. Er löste sich von einer unermesslichen, unsäglichen Bedrängnis. Ich tröstete ihn, was den Ausdruck seiner Bedrängnis zunächst verstärkte, ihn dann aber völlig zur Ruhe brachte.

Als er darüber, was er soeben erlebt hatte, sprechen konnte, empfand er – wie selbstverständlich – den Augenblick seiner Geburt. Er war eingesperrt im Dunkeln, am Ersticken und hatte das Gefühl von Lebensgefahr. Er musste da unbedingt heraus – in diesem Augenblick wusste er, dass er sich im Bauch seiner Mutter befand. Er konnte seine Arme und Beine nicht mehr bewegen, nur seinen Kopf, der durch stoßende Bewegungen den Ausgang suchte. Er spürte, wie seine Energie abnahm, strengte sich noch mehr an, aber ohne Erfolg, und seine Panik verstärkte sich – das ist noch milde ausgedrückt. Er würde da nicht herauskommen. Dann fand er sich plötzlich draußen wieder, zunächst ruhig, aber eine wachsende Einsamkeit spürend, seine Mutter weit entfernt von ihm. Was ist der Zusammenhang mit seinen Ängsten im Alltag? Der Druck seiner Verantwortung in verschiedenen Bereichen reaktivierte die Prägung der Vergangenheit: Wird er sich befreien können, wird er die Kraft haben oder wird er von Überlastung erdrückt?

Die Akzeptanz, eine so stark ausgeprägte primäre Angst anzugehen, vergisst man nicht. Man hat eine Erfahrung durchlebt, die verändert – die Angst, die das Leben erstickt, wurde wieder richtig eingeordnet, denn der Tod, den sie angekündigt hatte, trat nicht ein. Die Akzeptanz, völlig auszuleben, befreit von ihrem beherrschenden Einfluss. Man tritt in Kontakt mit der eigenen Grundlage, der wesentlichen, ja entscheidenden Lebensenergie.

Das Eintauchen in das Selbst bringt manchmal Erfahrungen[46], die – wie auch die von André – scheinbar von den Anfängen des Lebens vor dem Spracherwerb herrühren. Die Gefühle, die das Geburtserleben begleiten, schließen eine Dimension anderer Rangordnung ein, zeitlos und absolut, dort, wo das Mentale nicht interveniert. Die Verzweiflung ist immens, die Angst unsäglich, die Wut ein Vulkanausbruch. Unsere Gefühlsregungen als Erwachsene scheinen im Vergleich dazu relativ und das rückt sie in ein anderes, neues Licht. Im Gegensatz zu diesen mächtigen Gefühlsregungen zeigen sich oft auch positive Empfindungen bei einem »Wiedererleben« der Geburt, ein inneres Glücksgefühl, eine Gelassenheit. Die Gefühle in solchen Momenten tragen etwas Besonderes bei. Etwas Heiliges schimmert in manchen Augenblicken der Ruhe durch und erinnert an das Spiel starker Naturkräfte. Der Übergang zum Spirituellen, zur Kontemplation vollzieht sich ganz natürlich, auch wenn die Empfindungen den anderen Extrempunkt berühren, nämlich die Erfahrung des drohenden Todes. Bevor es den Fortschritt in Geburtshilfe und Wiederbelebung der Neugeborenen gab, drohte im Umfeld der Geburt tatsächlich häufig der Tod. Die Nähe des Todes führt zu den

Grundlagen und eliminiert alles, was falschen Anschein weckt. André behielt davon das innige Gefühl, ein zweites Mal geboren worden zu sein, aber das im vollen Bewusstsein.

Beim Wiedererleben der Geburt vereint eine Art Osmose das Psychologische mit dem Spirituellen. Einer der großen heiligen indischen Texte (»Brihadaranyaka Upanishad«) beschreibt Angst als primäre Emotion, die die Trennung – den Verlust der grundlegenden Einheit – begleitet. Wir können den symbolischen Bezug zur Geburt herstellen, als Freud'schen Prototyp von Angstsituation und Trennung. Angst stellt die Hauptschwierigkeit für Akzeptanz dar, so sehr trägt sie atavistisch Vermeidung und Ablehnung in sich: »Nein, nein«, schreit derjenige, der Angst hat. Sie führt zu einer Bewegung, die genau das Gegenteil von entspannen und annehmen ist. Alles drängt uns dazu, sie unter Kontrolle zu bringen und zu versuchen, zur Ruhe zu kommen.

Mit der Angst vor der Angst wird häufig das Hindernis noch höher, denn diese Gefühlsregung nimmt uns körperlich mit, sie macht uns knieweich. Eine ängstliche Person fürchtet nur eines, den Angstanfall. »Angst ist der größte Feind des Menschen«[47], sie konditioniert uns nämlich tief und behindert unsere Freiheit. Freiwillig in ihr Flammenmeer einzutauchen ist eine wichtige Etappe auf dem Weg zur Wandlung. Bevor wir unsere stärksten Ängste mit Lyings angehen, zähmen wir die Schwierigkeiten mit leichter erreichbaren Gefühlsregungen, wie Traurigkeit oder Wut.

Zorn

Adam hat es geschafft, sich seiner latenten Aggression gegen Frauen und seines Zorns auf seine Mutter bewusst zu werden. Er fühlt sich in einer Opferrolle, in die ihn seine Mutter als Kind gebracht hat, als sie ihn gezwungen hat, für sie da zu sein und nicht umgekehrt, insbesondere nachdem der Vater sie verlassen hatte. Er konnte diesen Zorn besser annehmen und ihn nicht mehr gegen sich richten. Aber seine Mutter hat sich nicht geändert und trotz des distanzierten Verhältnisses fing es sehr schnell an, in ihm zu brodeln, wenn er eine gewisse Zeit mit ihr verbrachte und das trotz all seiner Bemühungen, sich zu entspannen. Er wollte nun diese Gefühlsregung direkt mit Lyings angehen, um mit sich ins Reine zu kommen. Allerdings spürte er – trotz seiner vordergründigen Gereiztheit – einen Widerstand beim Gedanken, seine Aggression gegen die Mutter zum Ausdruck zu bringen: Man musste sie schützen, sonst brach sie beim geringsten Vorwurf in Tränen aus, denn sie bezog immer alles auf sich. Auch wenn sie abwesend war, zog er für sie in die Schlacht, obwohl er schon im Voraus besiegt war. Er erkannte nun, wie sehr er sich beherrschte und auf sich nahm, und das schon so lange.

Ein anderer wichtiger Aspekt beim Lying ist es, den anfänglichen Sinn eines Widerstands zu erkennen und nicht zu versuchen, ihn niederzuringen. Denn der Widerstand will uns helfen, Unangenehmes zu vermeiden. Wir sollten ihn und diese Gefühlsregung also nicht wie einen Feind behandeln. Wir suchen nach der Funktion, die sie in der Vergangenheit hatte, und löschen sie, indem wir sie ganz und gar annehmen.

Gleichzeitig unterdrückte Adams Körper mühsam seinen Ärger und forderte dringend, all diese aufgestaute Energie rauszulassen. In seinem Inneren war etwas in Bewegung und zur Reife gekommen. Was wollte er jetzt am liebsten machen? Er spürte, wie eine Säule der Energie in seinem Körper aufstieg, vom Becken bis zum Kopf: »Ich würde sie am liebsten schütteln.« Diese Worte untermalte er mit einer entsprechenden Geste. Er nahm ein dickes Kissen, hielt es mit beiden Händen vor sein Gesicht, schüttelte es und knurrte in seinen Bart: »Hör jetzt endlich auf mit deinem Gejammer! Ruhig jetzt, ich will nichts mehr hören!« Sein Zornesausbruch wurde heftiger, ging in lautes Schreien über, und er zitterte am ganzen Körper. »Ich habe zu viel geschluckt, zu viel ertragen, lass mich in Ruhe mit deinen Geschichten! Heul dich woanders aus!« Die Situation kippte. Eine Woge der Empörung kam über ihn und er brüllte: »Und ich!? Du hast nichts gemerkt! Du bist blind und taub! Du hast nicht gespürt, dass es mir schlecht ging! Du siehst nur dich! Als Papa gegangen war, hatten wir [er und seine Schwester] niemanden. Du hast nichts für uns getan, nichts gesehen. Du hast versagt, ich hasse dich! Wir waren allein, hörst du, allein!« Und wieder kippte die Situation. Seine Stimme wurde brüchig und löste sich in verzweifeltem Schluchzen: »Papa! Papa! Warum hast du uns mit ihr allein gelassen, warum nur?« Doch seine Wut kehrte sofort wieder zurück: »Wir sind ja auch dir gleichgültig! Du lässt uns einfach so zurück, ohne ein Wort! Mistkerl! Ihr habt beide versagt, ihr Blindgänger, ihr Idioten! Ihr seid zum Kotzen!« Und wieder wandelte sich sein Wutgeschrei in verzweifeltes Schluchzen: »Ich habe keine Eltern« – dann beruhigte er sich. Adam hatte sich noch nie so eins mit seiner Wut gefühlt, er hatte es sich erlaubt, die Gewalt, die ihn knebelte, zu hundert Prozent auf sich zu nehmen, ohne dabei seine Eltern in Schutz zu nehmen. Er strotzte vor Energie und Vitalität und war entschlossen, seinen Freiraum zu behaupten.

Beim Akzeptieren des Zorns ist es zunächst wichtig, die totale Bejahung zu erleben, das *Ja der wiedererlangten Einheit mit sich selbst,* das den mächtigen Strom des Lebens wiedererweckt. Dann gilt es, den sensiblen Punkt zu suchen, der den Zorn verursacht hatte. Wenn man die Verletzung spürt, die das Herz verschlossen hat und sich nicht dagegen wehrt, ermöglicht das ein erneutes Öffnen und man kann die Welle der Traurigkeit vorüberziehen lassen. Das heftige Weinen ist für Adam wie ein wohltuender Regen nach endloser Trockenheit. Die Tränen der tiefen Akzeptanz reinigen, regenerieren, machen fruchtbar. Liebe kann wieder sprießen, Freude und Dankbarkeit bringen.

Sich öffnen und dann ...

Lyings, wie wir sie hier gesehen haben, verhelfen zu einer Öffnung, deren Dauer beträchtlich variiert. Manchmal kehren akzeptierte Gefühlsregung und Ablehnung nicht zurück. Häufiger erlebt man aber in Alltagssituationen, die die Ablehnung reaktivieren, Schwankungen zwischen Öffnung und Rückkehr zur Ablehnung. Nachdem Lying gezeigt hat, dass diese Gefühlsregung ohne Konflikt angenommen werden kann, geht es jetzt darum, diese Erfahrung erneut zu machen, und zwar im alltäglichen Umfeld (ohne Geschrei und Geheule!).

Obwohl man vorher nur eingeschränkten oder keinen Handlungsspielraum hatte, wurde eine Akzeptanz möglich, auch wenn wir wissen, dass wir in stressigen Situationen weniger dazu neigen als während einer Reihe von Lyings. Ablehnung wuchert wie Quecke, ihre langen Wurzeln lassen sich nur schwer ausreißen, genau wie ein emotionales Schema, das uns jahrzehntelang beherrschte. Wir brauchen Ausdauer, Geduld und Geschick, um sie auszumerzen. Der Geschmack, den die bereits erreichte Akzeptanz hinterlässt, betreibt unsere Motivation. Wir wissen, was uns Ablehnen an Spannung, Verdrossenheit und unangepasster Reaktion kostet. Das Leben bietet dazu von morgens bis abends Möglichkeiten in Hülle und Fülle. Und ich greife den Satz »Wollen Sie denn vom Leben nur die Hälfte?« von Swami Prajnanpad an Arnaud auf, um die Tendenz, sich zu verschanzen, herauszuarbeiten. Sonst leben wir in einem Mischzustand, in den sich Subjektivität einschleicht und unsere Sicht der Ereignisse allmählich hinterhältig einfärbt.

Wir bemühen uns, völlig subjektiv zu sein während der Lyings oder in Situationen, die wir auswählen, um im Rest der Zeit zu sehen, wann unsere Subjektivität eingreift und die Realität deformiert. »Das Bemühen, so objektiv und neutral wie möglich zu sein, das bedeutet: sein Bestes versuchen und beharrlich in der

Welt leben, im Alltag individuelle Sichtweise und damit Vorlieben und Färbungen des Mentalen hinter sich lassen.«[48] Diese Forderung lässt den Intellekt eingreifen, der unter der Führung der Bewusstheit (»Awareness« bei Swami Prajnanpad) beobachtet, hinterfragt und Lehren zieht.

Für die drei oben erwähnten Personen ermöglicht Lying nicht die freie Bahn, gibt jedoch einen Impuls, der das Strampeln sehr erleichtert. Das Leben beschränkt sich nicht auf Empfindungen, sondern verlangt ständiges Handeln. Solange der Empfindung nicht der ihr zustehende Platz eingeräumt wird – weder aufdringlich noch zurückgenommen – stört sie den Handlungsablauf durch die Phänomene Hemmung oder Zwang.

Das innere Kind lieben, um es zu befreien

Bei diesen Erlebnisberichten haben wir Eigenliebe entstehen und wachsen sehen. Das ist nur möglich, wenn man dem inneren Kind (das durch die Gefühlsregung repräsentiert wird) freien Raum bietet. »Lasst das innere Kind leben und wachsen in der Atmosphäre von Liebe, Aufmerksamkeit und intelligenter, aufgeschlossener Anleitung.«[49] Das Bild des inneren Kindes zeigt sich in unserem Bewusstsein. Wir sehen, was wir waren: das ängstliche Baby, das traurige Kind, der rebellische Jugendliche ... So unterscheiden wir und verwechseln nichts mehr und identifizieren uns auch mit nichts anderem mehr. Ein wichtiger Punkt: Unterscheiden heißt nicht getrennt sein; das Kind oder die Gefühlsregung haben in uns keine eigene Existenz, so wie die Finger oder ein anderes Organ auch nicht vom Körper getrennt existieren können. »Sie sind nicht Kind, sondern das Kind ist in Ihnen.«[50]

Es sind nur die Formen, die in uns erscheinen, die erkennbar werden und die wieder verschwinden. Wir können sie lieben wie etwas Vergängliches oder Flüchtiges, ohne sie festzuhalten oder zu verfestigen. »Ich sehe, dass da Wut ist, aber nein, nicht ich bin wütend, auch wenn da Wut ist.«[51]

Manche Personen taumeln tatsächlich von der Identifikation mit dem Kind in seine Personifizierung: Sie leben jetzt mit dieser inneren, fast autonomen Einheit zusammen, was sie in die Falle einer neuen Komplikation lockt. Liebe zu sich, wie Liebe zu unseren Kindern, verlangt gleichzeitig, Gefühlszustände völlig ernst zu nehmen. Sicherlich, aber ohne schwerfällig zu werden, müssen wir einsehen, dass das Leben trotzdem nicht aufhört, und so den vergänglichen Charakter aller Dinge anerkennen.

Liebe kerkert sich nicht ein, sie befreit, erleichtert vom Drama, bringt die Dinge wieder an ihren Platz. Dafür achtet Liebe darauf, Bedürfnisse wahrzunehmen, die durch Gefühlsregung eingefordert werden. Sie sitzt nicht mit verschränkten Armen da! Das Bedürfnis erwartet eine Antwort von uns (und zwar nicht mehr wie ein Kind von der Außenwelt), es erwartet, gehört zu werden und dass wir ihm durch ein angemessenes Handeln die Antwort geben.

Als Erwachsene haben wir die gesamte Verantwortung, danach zu streben, dass wir glücklich sind, niemand anders ist dafür verantwortlich. Andere können zu unserem Glück nur durch unser Handeln beitragen, wenn wir unsere Bedürfnisse identifizieren können und unsere Wünsche akzeptieren und sie ihnen gut und angemessen präsentieren: Es ist an uns, unser eigener Botschafter zu werden!

Kapitel 10
Leben – voll und ganz

»Der nach Wahrheit Suchende macht die befreite
und bewusste Erfahrung (bhoga)
seiner Bedürfnisse und Wünsche; dadurch wird er frei. [...]
Was wollen Sie und warum wollen Sie es?« [52]

Die Methode von Swami Prajnanpad ist in den Alltag eingebunden und stützt sich auf einen Zyklus, der sich immer wieder erneuert: sehen – empfinden – handeln. Die intellektuelle Überzeugung wird zur positiven Empfindung, die sich durch Handeln erfüllt. Die Handlung markiert den Erfolg dieses Zyklus, sie konkretisiert die Richtigkeit dessen, was man gesehen und empfunden hat oder verweist auf unsere Fehleinschätzungen und unsere emotionalen Projektionen.

Handeln ist also ein Prüfstein für die Wahrheit der Methode, denn dies führt zu Erkenntnis. Wenn das Selbsterkennen sich darauf beschränkt, unsere innere Welt zu erforschen, läuft sie große Gefahr, sich im Imaginären zu verirren. In der indischen Tradition mischt sich spirituelle Suche mit Abenteuer. Die Suchenden schließen sich nicht in Bibliotheken oder Klöstern ein, sie lassen alles hinter sich, ihre Familie, ihre Identität und ihre Rolle in der Gesellschaft. Sie begeben sich auf die Suche nach einem Meister und nach Methoden, die Zugang zur Wahrheit ermöglichen.

Das hat auch Swami Prajnanpad gemacht. Allerdings ermutigte er mit seinem üblichen Pragmatismus, den eigenen Weg zu gehen, der sich häufig in das gesellschaftliche Leben integrieren ließ. Wenn die Entscheidung einmal getroffen war, regte er an, sich ohne Zögern darauf einzulassen, damit die Erfahrung wertvoll wird, das aber mit dem Anspruch eines wissenschaftlichen Forschers, der nichts als gesichert sieht. Was? Warum? Wie? Mit welchem Ziel? Hat die Handlung das erwartete Ergebnis gebracht und wenn nicht, warum nicht? Welche Folgen ergeben sich daraus? Die Handlung ermöglicht uns zu erkennen, was wir sind und zerstört unsere falschen Überzeugungen und Illusionen. »Versuchen Sie auszudrücken, zu testen und zu überprüfen, was Sie sind und zwar so, dass kein Konflikt mehr in Ihnen herrscht, keine Trennung Ihrer Persönlichkeit, keine Dualität (›dvaita – Zweiheit‹) in Ihrem Inneren.«[53]

Schließlich predigt Swami Prajnanpad ja nicht Leidensfähigkeit. Etwas anpacken und dann schleifen lassen, niemals! Wenn ich mich für eine Handlung entschieden habe, gehört sie mir und bietet mir die Möglichkeit, ihr Ausdruck zu verleihen und sie für mich zu erfüllen. »Jede Tat, die Ihnen keine Freude macht, ist schädlich. Wenn die Tat dennoch im Einklang mit Ihnen ist, können Sie Freude am inneren Kampf, ja sogar am Leiden, das sie hervorruft, haben, auch wenn Sie einige Widerstände spüren.«[54] Im anderen Fall enthalte ich mich und trage die Konsequenzen, ohne mich zu beklagen. Das heißt, sich klar zu entscheiden, sich ohne Reue und ohne Zögern völlig darauf einzulassen, um das Beste an Erfahrung herauszuholen. Keine Resignation! »Es gibt nichts zwischen Ja und Nein. Zwischen Ja und Nein ist nur Illusion.«[55]

Ich und das Leben

Machen wir nun weiter mit Adam und Eva, die beide im Herzen der modernen, urbanen Gesellschaft Frankreichs leben und nicht in einer Einsiedelei im Himalaya.

Wir waren stehen geblieben bei Adams Unzufriedenheit mit seiner beruflichen Karriere, die ihm zwar finanzielle Sicherheit gab, ihn jedoch langweilte. Die väterliche Unterstützung, um seinen Neigungen nachzugehen, hatte ihm gefehlt. Es passte ihm nicht, sich der Autorität beugen zu müssen; er sehnte sich nach mehr Kreativität, nach Überraschungen, ja sogar nach Abenteuer. Nachdem diese Tatsachen auf den Punkt gebracht waren, kam die Antwort wie von selbst. Er wollte die Firma verlassen und sich mit Freunden selbstständig machen, weiterhin in Informatik, aber in der Produktentwicklung und mit neuen Dienstleistungen. Er wollte mehr soziale Kontakte und Innovation. Er fing wieder an, Bassgitarre zu spielen, machte einen Kurs, um bei Amateur-Musikveranstaltungen mitwirken zu können. Natürlich ging er damit das Risiko ein, dass er deutlich weniger verdiente und genau rechnen musste. Aber statt sich morgens mit der Perspektive auf einen »Scheißtag« – wie er zu sagen pflegte – aus dem Bett zu quälen, strotzte er nur so vor begeisterter Motivation.

Ihnen mag sich jetzt der Gedanke aufdrängen: Was für ein Unterschied – nur mit einer Therapie, die greift? Faktisch kein einziger, nur die Perspektive, die mit der beruflichen Veränderung einhergeht, ist eine andere. Es ist offensichtlich, dass eine Situation entstanden ist, die ihm besser gefällt und ihn zufriedener macht. Dadurch mag er sich selbst mehr. Aber seine spirituelle Suche schließt eine Zweckbestimmtheit ein, die diese unmittelbare Zufriedenheit übersteigt: ein innerer Zweck. Er, der ewig Unzufriedene, wird durch Fakten gewahr, woran seine chronische Unzufriedenheit liegt: an den Lebensumständen oder an etwas Anderem? Hier ist also der Grund, dass man der Erfahrung des Handelns nicht ausweichen kann. So hat er zunächst festgestellt, dass diese Veränderung einen echten Unterschied ausmachte, ihm wieder Lebenskraft brachte und eine Bedeutung gab, die er vor langer Zeit verloren hatte. Ja, dieser Schritt war also nötig. Gleichzeitig wurde ihm allerdings recht schnell klar, dass er noch mehr wollte, aber mehr wovon? Freier, »verrückter«, noch sorgloser, fröhlicher; nicht mehr fremdbestimmt, sondern selbstbestimmt, das Leben in vollen Zügen leben. Schließlich hat die berufliche Veränderung die spirituelle Neigung noch verstärkt, sein mentales Gefängnis zu verlassen. Er wollte, dass die Energie noch intensiver durch seinen Körper fließt und er abwertende Urteile und Zukunftsprojektionen loswird. Das, was er gesehen und empfunden hatte, in die Tat umzusetzen, führte ihn zu einem neuen Lebensabschnitt und öffnete einen anderen Blick – stärker sein Inneres zu pflegen und sich von seiner erbarmungslosen geistigen Tretmühle zu befreien.

Das, was Adam in dieser Phase zum Ausdruck brachte, rief mir große Worte von Swami Prajnanpad in Erinnerung: »Der Mensch muss in jedem Augenblick seines Lebens frei sein. Frei bedeutet: Herr seiner selbst, nur von sich selbst abhängig, gestützt auf sich. Der Mensch darf unter keiner Fremdbestimmung und nie, nicht einmal einen Augenblick, unter Zwang arbeiten. Denn jede Verpflichtung und jeder Zwang ist unmoralisch, auch wenn die Rechtfertigungsgründe dafür noch so erhaben oder grandios sein mögen.«[56] Man kann ihm also niemals vorwerfen, Unterwürfigkeit und Konformismus zu predigen!

Eva musste eine mürrische, zickige Vorgesetzte in dem Verlag, in dem sie arbeitete, ertragen, was gut zu ihrer Vergangenheit und der Aggression gegen ihre Mutter passte … Abgesehen von diesem Punkt gefiel ihr die Arbeit, sie mochte Bücher und Literatur. Das Ergebnis der therapeutischen Arbeit und die anschließenden Lyings mit Bezug auf die Mutter veränderten ihre Prägung zu hierarchischen Beziehungen stark. Sie lässt sich nicht mehr malträtieren, sie rückt die Dinge entschlossen zurecht, wenn ihre Vorgesetzte sie angreift und schaut ihr dabei direkt in die Augen. Außerdem weckt ihre Veränderung in Ausdruck und Haltung nicht mehr den Anschein eines traurigen, abgelehnten, schwachen Kindes, mit dem sie früher identifiziert worden war. Die anderen gehen jetzt eher auf sie zu. Sie fragt sich: »Was kann ich für mich machen, was macht mich freier, was macht mich ausgeglichener und offener?« Ich hatte den Eindruck, dass diese intelligente

Frau unterfordert war, und sie ihr Potential nicht nutzte, weil ihr Mangel an Selbstbewusstsein sie daran hinderte. Eines Tages entdeckte sie eine intern ausgeschriebene Stellenanzeige, die mehr Verantwortung, mehr Kontakte und Geschäftsreisen ins Ausland mit sich bringen würde. Sie kommt ganz aufgeregt zu mir und erzählt, dass sie Lust auf diese Stelle hätte, aber sich nicht gut genug dafür fühle. Man muss fließend Englisch sprechen, was sie zwar kann, aber sie fürchtet, dass sie am Telefon nicht damit zurechtkomme. Außerdem glaubt sie, dass dies ihre Chancen, eine Familie zu gründen, erschwere. Wie soll sie das damit vereinbaren? In der Familie hat man immer ihren Bruder herausgehoben, auf seine Überlegenheit hingewiesen, was durch sein Ingenieurstudium bestätigt wurde. Man glaubte kaum an ihre Fähigkeiten, sondern hoffte eher, dass sie unter die Haube kommen und ihrem Mann folgen würde. »Aber wer will schon so eine«, sagte ihre Mutter, »mit so einem Charakter?« Letzten Endes verhieß ihr das kaum eine Zukunft. Im Umgang mit ihrer Ablehnung hat sie ein großes Zwischenziel erreicht, denn sie versank nicht mehr in Selbstzerstörung und lernte, sich zu achten und respektiert zu werden. Früher hätte sie keinen Gedanken darauf verschwendet, dass diese Anzeige sich an sie richten könnte. Jetzt, angesichts dieser Möglichkeit, melden sich ihre inneren Dämonen wieder zu Wort (das machen sie häufig in derartigen Situationen, so als liefe die Person Gefahr, ihnen zu entkommen). Wenn sie diese Stelle bekäme (aber man würde sicherlich jemand Besseren finden als sie ...), würde sie versagen und hätte wertvolle Zeit, vielleicht schwanger zu werden, verloren. Das würde das Schicksal, das ihr die Familie zudachte, bestätigen.

Ihre negativen Überzeugungen, die seit der Kindheit in ihr verankert sind, müssen immer wieder bekämpft werden, wie eine Hydra mit hundert Köpfen. Aber diesmal mit einem Unterschied: Eva hat bereits die Liebe zu sich selbst gekostet, sie spürt, dass ihre spirituelle Neigung, die schon seit ihrer Kindheit vorhanden ist, neuen Schwung hat und sie anregt, Selbstvertrauen zu haben. Was will sie wirklich? Eine Paarbeziehung, ein Kind, war ihre spontane Antwort. Aber, obwohl sie fürchtet, dass die biologische Uhr tickt, spürt sie intuitiv, dass ihr das Leben ausgerechnet jetzt diese Anzeige in den Weg gelegt hat und sie diese Gelegenheit wahrnehmen muss. Nachdem sie nun Klarheit darüber hat, was sie will, löst sich der Konflikt. Im Hinblick auf ihre psychologischen Hindernisse und die angebliche Unfähigkeit, erinnere ich sie an ihren Satz »Ich bin nicht gut genug«. Dies drückt eine Wertung aus, eine Wertung in Verbindung mit einer Gefühlsregung, welche Gefühlsregung? Angst, sich zu irren, es nicht zu schaffen und damit ihren Eltern recht zu geben. Sieht sie, dass die Befürchtung, unfähig zu sein, von der Angst herrührt? Ja, sie spürt es. Und, kann sie diese Angst jetzt akzeptieren und annehmen, ohne sie auf die Zukunft zu projizieren? Ja, und sie gibt zu, dass sie Angst habe, zu scheitern wegen der Gehässigkeit ihrer Mutter, die sie belastet. Wenn sie versucht, ein Scheitern in freundschaftlicher und wohlwollender Atmosphäre zu sehen, könnte sie ihm viel besser begegnen. Jetzt versteht sie, worin das Hindernis besteht.

Bei solchen Gelegenheiten bestehe ich auf diesem entscheidenden Punkt: Solange wir bei der inneren Wertung bleiben, können wir nur mit ihr diskutieren: »Aber nein, ich bin nicht unfähig, ich habe schon Dinge erreicht«; aber sie will nicht hören, sie attackiert wieder, widerspricht energisch: »Doch, du bist eine Null«, und wir zweifeln an uns, weil das in einer Endlosschleife wiederholt wird. Dadurch verlieren wir viel Zeit und Energie und sind wegen dieser wertenden Dominanz sogar in Gefahr aufzugeben.

Als Eva ihre Angst erkannte, änderte sich ihre Perspektive augenblicklich, und zwar mit einem großen Gewinn an Kraft: mit Lust und ohne Angst vor perfiden Bemerkungen, falls sie versagen würde. Sie steht vor einer echten Entscheidung: Fühlt sie sich bereit, dieses Risiko einzugehen, wohl wissend, dass sie durch nichts dazu verpflichtet ist? Die Antwort aus neuer Sicht kam sofort und war: Ja! Gleichzeitig hat sie die andere Seite des inneren Widerstands erkannt, Wohlwollen würde ihr helfen. Die Angst hatte ihre Rolle gut gespielt und ihr gezeigt, dass sie dieses Wohlwollen braucht, das sie aus ihren familiären Beziehungen nicht kannte. Liebe zu sich selbst verpflichtet; sie denkt sofort darüber nach, eine Antwort auf Bedürfnisse zu finden; das zeigte sich gleich in zweifacher Hinsicht: Sie weiß, welchen Freunden sie von diesem Vorhaben erzählen wird, um ehrliche Unterstützung zu bekommen. Hingegen wird sie sich hüten, ihre Familie darüber zu informieren. Siehe da! Sie achtet auf sich selbst. Sie wird üben, auf Englisch zu telefonieren und ihre Bewerbung sorgfältig ausarbeiten. Das Erkennen der Bedürfnisse und die zufriedenstellende Antwort betreiben die Motivation, die dadurch gestärkt wird. In der Tat war Eva nach unserem Gespräch entschlossen, sich zu bewerben. Wie ich sie – in ihre endlosen Zweifel verstrickt und beim Vor-Sich-Herschieben ihrer Vorhaben – kennengelernt habe, so entdecke ich sie jetzt kämpferisch und entschlossen. Strategisch geschickt legt sie den Grundstein in der Firma und es gelingt ihr, die Personalabteilung von ihren Qualitäten zu überzeugen (sie hatte sich dabei helfen lassen, diese aufzulisten, denn zu wissen, wie man sich verkauft, war noch nicht in ihrem Repertoire!). Sie hat damit alle Welt überrascht, ganz besonders ihre Vorgesetzte, die vor Staunen den Mund nicht zubekam.

Ich erwähne diesen Ausgang, um die Kraft der inneren Einigung zu betonen, die viel höher ist als die Strategien des Mentalen. »Das Sein bestimmt das Leben.«[57] In der Tat bin ich verblüfft zu beobachten, wie sehr die Kraft eines geeinten Wunsches sich auf das Leben auswirkt und Situationen anzieht, die ihm entsprechen.

Spirituelle Praxis hellt Schattenseiten, Ängste und Schuldgefühle auf, sie streicht falsche Wünsche, die nur gesellschaftliche Imitationen, familiäre Konditionierungen oder Ausgleich für unterdrückte Emotionen sind. Es bleiben nur noch die Wünsche, die solider, konsistenter und wirklich unsere eigenen sind. Die Arbeit am Mentalen bringt Komplikationen, innere Zerrissenheit, Alibis und Rechtfertigungen zum Verschwinden, die nur zum Aktionismus anregen oder zum Untergang führen. Angesichts dieser Intensität antwortet das Leben: »Wenn sie einen starken Wunsch und ein reines Herz haben, fehlt nur noch die Erfüllung. Das Herz ist rein, wenn sie weder Angst noch Schuldgefühle haben.«[58]

Zusammenfassend lässt sich sagen: Es liegt in unserem Interesse, den inneren Hausputz zur Erfüllung eines Wunsches vorher in Angriff zu nehmen. Dann fügen sich die Dinge ganz natürlich. Es handelt sich nicht um Zauberei. Da der Geist nicht mehr von inneren Unstimmigkeiten oder von Konfusion verwirrt ist, steigt die Bereitschaft, die äußeren Umstände anzugehen.

Aber Eva ist hier nicht stehen geblieben ... Sie entdeckt ihre Begabung im Umgang mit ausländischen Geschäftspartnern und hat Freude daran, genauso wie an Geschäftsreisen. Aber etwas anderes treibt sie noch um: ein alter Traum, den sie seit ihrer Jugend hat. Als sie davon berichtet, wird sie rot, als wäre es etwas Peinliches, Lächerliches. Sie fürchtet, dass ich mich über sie lustig mache. – Sie hat Lust, einen Roman zu schreiben! Auch hier muss der Wunsch klargestellt werden: Geht es ihr vor allem ums Schreiben und um die Umsetzung ihrer Lust? Will sie veröffentlicht werden? Will sie einen Literaturpreis erhalten? Bei dieser Art von Frage haben wir Tendenzen, die Fragen und Antworten allein zu stellen: Eva hatte bereits mehrmals angefangen, einige Seiten zu schreiben, aber entschieden, dass sie nichts taugen. Im Grunde sehnt sie sich nach gesellschaftlicher Anerkennung und empfindet Leidenschaft fürs Schreiben. Was kann sie heute? Keine Veröffentlichung, kein Literaturpreis, wenn sie nichts geschrieben hat. So gesehen ist das Einzige, was völlig von ihr abhängt, die Freiheit nach Swami Prajnanpad, ihren Roman zu schreiben: Was will sie zum Ausdruck bringen? Nothing else!

Weder im Hinblick auf unsere Empfindung noch im Hinblick auf das Handeln darf man sich einer Beschränkung unterwerfen. Wenn man sich die Freiheit bewahren will, darf man weder Zweifel, noch Irrungen oder Kompromisse tolerieren: »Will ich das wirklich? Kann ich es? Also mache ich es.« Ein entschlossenes Leben zu führen, setzt voraus, Schluss zu machen mit Flucht und Energieverschwendung, die von Zweifel und innerer Spaltung herrühren.

Ich und die anderen

Ein lebenswichtiger Wunsch erweist sich als noch schwieriger zu realisieren als alle gesellschaftlichen und beruflichen Neigungen: die Liebesbeziehung. Auch wenn wir uns mit unserem Wunsch vereint fühlen, heißt das noch lange nicht, dass jemand mit einem Blumenstrauß auf uns wartet.

Adam lebt seit zwei Jahren in einer Beziehung, möchte aber seine Freiheit wahren, weswegen er allein wohnt. Er schätzt seine Freundin wirklich sehr, liebt sie aber nicht. Er hat immer wieder Abenteuer, vor allem aus Freude am Reiz und am Sex. Die therapeutische Arbeit hatte ihm gezeigt, warum er sich der Liebe verschließt, und er fühlt sich bereit, sich erneut darauf einzulassen. Sein Wunsch nach einem erfüllteren und intensiveren Leben ist ihm Motivation genug. Da er in der aktuellen Beziehung keine Entwicklungsmöglichkeit sieht, beschließt er, mit seiner Freundin Schluss zu machen und eine Auszeit in Einsamkeit und sexueller Abstinenz zu nehmen – eine Erfahrung, die er bis jetzt immer vermieden hatte. Er merkt, dass ihm das recht guttut und er dadurch sein inneres Leben intensivieren kann, trotz mancher Augenblicke der Verzweiflung, wenn ihn die Einsamkeit belastet. So verbringt er einige Monate. Er nimmt sich fest vor, keine Beziehung mehr einzugehen, ohne wirklich verliebt zu sein. Das körperliche Verlangen quält ihn mehr und mehr. Einige Male wird er schwach und stellt dann fest, dass ihm das ja gar nicht mehr so großen Spaß macht. Bei einem mehrtägigen Seminar trifft er einige Teilnehmer, auch Eva (Sie ahnen schon …!) Er war ihr bei ähnlichen Veranstaltungen bereits begegnet und hatte sie, ohne mit der Wimper zu zucken, von der Liste der Frauen, die es zu verführen gilt, gestrichen: nicht sexy, zu viele Probleme, zu emotional.

Eva ihrerseits macht weiter eine Durststrecke in puncto Liebe durch, ist davon aber wegen ihrer beruflichen Veränderung weniger bestimmt. Bereits zu Beginn hat sie Adams verführerische Kräfte bemerkt, aber sofort abgehakt: Ein Mann wie er interessiert sich nicht für so eine Null wie sie es ist, und von Verführern hat sie genug – da ist das Leid schon vorprogrammiert. Im Lauf des Seminars stellt Adam verblüfft fest, wie sehr sie sich verändert hat. Schon äußerlich: Sie hebt ihre Weiblichkeit stärker hervor, aber vor allem strahlt sie einen unerwarteten Charme aus durch ausgeprägte intuitive Sensibilität, ihr Lachen, ihr Interesse an den anderen und ihre lebhafte Konversation. Er bewundert diese Entwicklung. Sie hingegen bleibt ihm gegenüber unverändert freundschaftlich und fühlt sich dabei recht entspannt. Das Seminar geht zu Ende und Adam ist etwas traurig. Wenn er so in sich hineinhört, stellt er fest, dass er Gefallen an dem Kontakt mit ihr gefunden hat und ihm das fehlen wird. Das Wort, das ihm zu ihrer Person einfällt: erfrischend. Es wird ihm bewusst, dass er, der Desillusionierte, sich der eigenen Sensibilität annähert, indem er sich mit Eva austauscht. Ein Anflug von Überheblichkeit (oder Angst?) hält ihn davon ab, nach ihrer Telefonnummer zu fragen (ich werde einen Teufel tun und sie ihm geben!). Er ärgert sich natürlich sofort darüber, aber es ist zu spät.

Sie, immer noch ihrer negativen Überzeugung treu, bemerkt nichts. Er schafft es dann doch irgendwie, ihre Telefonnummer zu bekommen, und ruft sie an, verlegen. Sie versteht nicht; was will er? Mit ihr essen gehen? Witzige Idee, aber warum will er mit ihr seine Zeit vergeuden? Perplex stimmt sie zu und die beiden treffen sich in einem Restaurant und sitzen sich gegenüber. Da sie sich nichts erwartet, amüsiert sie diese ungewöhnliche Situation. Sie scherzt, führt die Konversation, beendet sie und geht, ohne dass er noch irgendetwas gesagt hätte. Er ist völlig entwaffnet und empfindet eine Art Schüchternheit und Hilflosigkeit, da er nicht – wie er es sonst gewohnt war – den Abend in den Armen einer Frau beendete. Er spürt, wie sich etwas Zerbrechliches in ihm regt mit einem ambivalenten Gefühl: es ist zart, angenehm, aber sein zynischer Anteil lehnt das ab. Er regt zu weiteren gemeinsamen Treffen an. Sie verzichtet darauf, das verstehen zu wollen, und findet es schließlich ganz angenehm, Zeit mit einem Mann zu verbringen, ohne Qualen der Liebe ertragen zu müssen. Adam ist ein interessanter Mann, die Treffen mit ihm sind vergnüglich, warum darauf verzichten! Der Tag der Wahrheit ist gekommen, Adam muss sich beugen: Er ist verliebt, der Fisch ist am Haken. Gewöhnlich musste er sich von den Leidenschaften, die er entfacht hatte, befreien … Er weiß, dass er nicht mehr zurückkann, er muss seinen Panzer ablegen. Das Mentale ist in Gang gekommen: Er hatte völlig die Orientierung verloren mit seinem leeren spirituellen Psychotrip. Hier steht er nun ohne Kompass, wie ein naiv-sentimentales Mädchen in einem trivialen Fotoroman. Und diese Frau, was hat sie eigentlich an sich? Sie wird bestimmt wieder ihre Neurose aktivieren ... Möglich, dass sie sexuell völlig verklemmt ist. Sie ist nicht das attraktive Blondchen für ihn, der mit echt heißen Hasen unterwegs war! Außerdem wird er sich schnell langweilen, wenn einmal der Reiz des Neuen vorüber ist. Monogamie, das ist nicht sein Ding.

Unruhe schüttelt ihn durch. Er ist verunsichert, bereit, zurückzurudern. Ihm fällt wieder ein, was wir immer wieder gemeinsam herausgearbeitet hatten: Das Mentale treibt ihn um = verdrängte Emotion. Welche Emotion? Angst. Angst wovor? Die Kontrolle zu verlieren, nicht mehr zu wissen, wohin die Reise geht, zu leiden wie mit zwanzig. So, das Hindernis ist erkannt, die Entscheidung gefällt. Er nähert sich wieder seinem Drang nach Freiheit, einem intensiveren Leben, sich aus seinem mentalen Panzer zu befreien. Die Antwort liegt auf der Hand: hingehen. Ganz unvermittelt steht er nun mit einem Blumenstrauß in der Hand vor ihrer Tür. Sie öffnet und hat die Nase in den Blumen. Wirklich, dieser Typ sorgt immer wieder für Überraschungen! Er möchte mit mir sprechen, etwa bevor er zu seiner neuesten Eroberung abzieht? Ja, genau, er will sie sprechen. Und er sagt es ihr. Was sagt er ihr? Er sagt, er liebe sie. Nun wird sie wütend. Er darf nicht so mit ihr spielen; mit so etwas scherzt sie nicht. Was ist das für eine Geschichte, im Ernst? Aber er ist beharrlich, plötzlich kommt ihr alles wieder hoch seit ihrem ersten Abendessen, ihr fällt es wie Schuppen von den Augen, sie sieht. Sie ist am Boden zerstört, sie bringt keinen Ton raus. Schließlich stammelt sie, dass sie gerade aufbrechen wollte und spät dran sei, entschuldigt sich, sie müsse gehen. Gesagt, getan. Adam steht nun wie gelähmt allein auf dem Treppenabsatz. Auch ihm ist nicht gerade zum Jubeln. Ihm ist die Sicherung völlig durchgebrannt.

Eva ist aber gar nicht weggegangen; denn von echter Panik ergriffen hat sie buchstäblich und eiligst die Flucht nach innen angetreten. Sie hat Lust, sich auf ihr Telefon zu stürzen und mich zu Hilfe zu rufen. Statt eines »Ja«, steigt ein großes »Nein« in ihr auf. Seine Liebeserklärung wirklich ernst zu nehmen, heißt, sich selbst auf einen brennenden Scheiterhaufen zu stellen; sie wird sich im Leid verzehren. Mit solch einem Mann kann es ihr nur schlecht gehen, wenn sie sich in die Falle locken lässt, ihn zu lieben. Also alles verriegeln, kühlen Kopf bewahren. Sie kann die ganze Nacht nicht schlafen. Ihr wahnsinniger Drang nach einer Liebesbeziehung wirft die Hülle ab und tobt in ihr.

Die angespannte Erwartung, sie will die Liebe eines Mannes, sie will sie wirklich, sie kann die Hoffnung nicht aufgeben seit so vielen Jahren. Sie kann es nicht bestreiten, dass dieser Widerstreit der Empfindungen ihre innere Hölle ist. Man sollte eher von Zerrissenheit sprechen! Adam hat sich wieder beruhigt und kommt zu dem Schluss, dass er recht hatte. Diese Frau ist total verrückt. Was für eine Reaktion! In welch nerviges Schlamassel ist er denn da geraten? Er ist ziemlich beschämt und wagt es nicht einmal, seinen Kumpeln davon zu erzählen. Mit Anbruch des Tages kommt Eva zur Ruhe und gewinnt Klarheit. Sie realisiert, dass die Welle der Emotion sie buchstäblich mitgerissen hat. Sie wird solch eine Gefühlsaufwallung künftig nicht mehr zulassen, ein Erwachsener nimmt die Zügel wieder in die Hand. Sie muss sich bei ihm entschuldigen und ihm ihre Panik, von der sie ergriffen war, erklären. Sie hat sich ihm gegenüber brutal verhalten, just in dem Augenblick, in dem er es wagte, sich zu öffnen. Sie hat ihre Orientierung wiedergefunden; etwas hat sie überzeugt, ihre Angst zu überwinden: Gestern seine »Schmetterlinge im Bauch« gespürt zu haben – er führte also keine Verführungskomödie auf. Das hat sie tief im Herzen empfunden, trotz dieses Hauchs von Verrücktheit. Keine großen Reden, keine verführerischen Versprechen, nur Authentizität kam zum Vorschein.

Um zu wissen, ob er ihr Mann fürs Leben ist, das würde noch unbedingt erfordern, das Mentale erkennen zu lassen, sich festzulegen und sich zu beruhigen. Bei ihm fühlt sie sich offen, wertvoll, angerührt. Statt auseinanderzudriften, sind die beiden Ströme, die unvereinbar schienen, zusammengekommen; die Liebe zu sich selbst hat ihre Bedürfnisse hinter den Emotionen anerkannt. Ja, sie hat so sehr das Bedürfnis, diese Liebe zu leben, aber ohne sich wie eine selbstmörderische Verrückte auf Männer zu stürzen, die sie nicht respektieren. Das Blatt völlig unbeschrieben lassen, kommen lassen, das unglaublich Unerwartete dieser Begegnung genießen. Adam findet nicht mehr die durchgedrehte Jugendliche vom Vortag vor, sondern jemand mit Sensibilität und Charme in einer neuen Dimension. Die verspielte Freundin hat sich in eine Frau verwandelt mit intensivem Blick, die sich ihm zuwendet. Er spürte seine Voreingenommenheit dahinschmelzen und lässt sich von der bestrickenden Weichheit gewinnen, die sie ausstrahlt. Er kann auch den typischen Ablauf, der nach ersten Avancen gleich ins Bett führt, übergehen. Unnötig und sogar schädlich, an »das Danach«

zu denken, besser sich nur in die Gegenwart begeben, sich überraschen lassen, das Unvorhersehbare goutieren. Welch ein Unterschied zu seiner gewöhnlichen Art! Sie überrascht ihn durch ihre Wärme und ihre Freigiebigkeit, als sie sich näherkommen. Weder für sie noch für ihn läuft etwas nach den mentalen und emotionalen Gewohnheiten ab. Er hat immer noch seine Hintergedanken, den Abstand in seinen Beziehungen mit Frauen. Sein »innerer Kommentator« erspart ihm nichts, er beurteilt sie körperlich, sexuell, bewertet seine eigenen Leistungen. Als er nach Hause geht, stellt er sich ihre Liebesspiele vor und übt Kontrolle, um seine Freude zu dämpfen und die sanfte Trennung vorzubereiten.

Wunsch und Bedürfnis
in ihrer Dualität erkennen

Spirituelle Praxis bietet Halt, der ermöglicht, sich aus einem inneren Gefängnis zu befreien: Welche Erneuerung, welche Frische bei meist eingefahrenen Strategien? Die Verinnerlichung führt uns zum Herzen im Augenblick, in dem sie aufhört, das Duo des Mentalen und der Emotion zu nähren. Eine Liebesbeziehung weckt die mächtigsten Emotionen und die hartnäckigsten mentalen Überzeugungen. Wir müssen den Kurs halten, um gegen die Wellen anzukommen. Adam musste das tiefe Misstrauen überwinden, das seine Gewandtheit an der Oberfläche verschleierte. Bei der ständigen Suche nach einer Frau, die seinen perfektionistischen Kriterien entsprach, setzte er den Wunsch mit dem Bedürfnis gleich: Um glücklich zu sein, dachte er, bräuchte er eine Frau ohne Mängel. Er verkannte seine wahren Bedürfnisse – ein weit verbreiteter Mechanismus – indem er ignorierte, was diese sein könnten. Wenn er unzufrieden war, entstand das stark durch seinen Wunsch nach einer Frau seines Ideals.

Unsere Bedürfnisse zu pflegen, ist Vorbedingung für inneres Wachsen. Aber das verlangt, dass man nicht Wunsch und Bedürfnis verwechselt. Das erfüllte Bedürfnis lässt uns wachsen im Sinne von größerer Freiheit und Öffnung. Im Unterschied zum Wunsch, der seine Attraktion verliert, wenn das Ziel erreicht ist, bringt die Erfüllung eines psychoaffektiven Bedürfnisses einen Überschuss an Energie und verstärkt das Engagement. Anders ausgedrückt, der Wunsch bringt einen Gewöhnungseffekt mit sich (man muss die Dosis erhöhen, um dasselbe Ergebnis zu erzielen. Es entsteht also Abhängigkeit vom Wunsch), während das Bedürfnis nicht mehr verlangt, als seinen Teil zu bekommen. Wenn der Vorrat an Bedürfnissen voll ist, verleiht er eine Zeit der Autonomie.

Das Kleinkind braucht Aufmerksamkeit und Kontakt mit der Mutter. Wenn es dies bekommen hat, geht es auf Entdeckungstour und spielt, bis es wieder das Bedürfnis hat. »Die Befriedigung eines Bedürfnisses stellt keinerlei Problem dar. Das Bedürfnis ist natürlich, normal, richtig. Ein Problem entsteht erst durch das Auftreten des Wunsches, der sich über das Bedürfnis stülpt. Der Wunsch ist immer persönlich und hängt von einer Gefühlsregung und von festgelegten Gedanken ab beziehungsweise ist mit ihnen verbunden.«[59] Solange das Bedürfnis noch nicht im Bewusstsein angekommen ist, kann man einem Wunsch hinterherjagen, der nur oberflächliche und flüchtige Befriedigung bringt.

Was Adam brauchte, war seine Sensibilität wiederzugewinnen und sie zu äußern; was er nicht brauchte, war – seinem Wunsch nachlaufend – die Jagdtrophäe einer neuen Eroberung aufzuhängen. Eva tritt aus ihrem gewohnten Schema heraus, und die Überzeugung, dass Adam sich nicht für sie interessieren könne, schützt sie paradoxerweise vor ihrer gewohnten Scheu. Sie schützt sie, denn sie überträgt in diesem Fall eine Wahrheit. So wie sie früher war, das hätte Adam die Flucht ergreifen lassen. Genau aus dem Grund, nämlich nichts zu erwarten, zeigte sich ihre Spontaneität in aller Gelassenheit. Früher hätte sie die geringsten seiner Reaktionen beobachtet, wäre abhängig von jedem Telefonanruf gewesen. Aus diesem Grund hatte er jetzt freies Feld, sich ihr anzunähern, sie ohne Druck zu entdecken. Ihre Panik und ihr Verhalten am Vortag hatten dazu geführt, dass sie sich wieder annimmt, ohne sich zu quälen, und mit ihm wieder Kontakt ohne zerstörerische Angst aufnimmt.

Der Halt für beide ist die Nähe zum Herzen durch das Annehmen von sich selbst. Das Bedürfnis kommt nicht aus unserem persönlichen Willen. Im Unterschied zum Wunsch nehmen wir es zur Kenntnis und versuchen, ihm zu entsprechen, ob es uns passt oder nicht. Dem Bedürfnis zu entsprechen, ist der konkrete Liebesbeweis und fordert häufig, Widerstände zu überwinden. So zögert eine Person, die sich bestätigt fühlen will, aus Angst vor dem Konflikt, sich auf ihre Bedürfnisse einzulassen ...

Annehmen auf dem Prüfstein der Andersartigkeit

Einige Monate lang erlebten unsere Turteltäubchen ohne größere Zwischenfälle eine glückliche Zeit. Die Folgen von Evas neurotischem Ausbruch waren positiv: große Aufmerksamkeit für den anderen, was Adam entzückte. Welche Veränderung: das Gegenteil seiner Mutter! Er fühlte sich eingehüllt von Zärtlichkeit, genehmigte sich mehr offene Wärme und gab seine oft schneidende Ironie auf. Er hatte den Eindruck, sich zu regenerieren! Eva mochte es, sich mit ihm auszutauschen, ihn bei all seinen Aktivitäten zu begleiten und mit ihm auszugehen, sie empfand ihn als echten Partner an ihrer Seite und nicht nur als schönen Liebhaber. Wegen ihrer Mehrarbeit war sie kaum mehr zu Hause und lebte zu 200 Prozent.

Eines Abends kommt sie spät von einer Auslandsreise zurück, er schläft schon. Sie schaltet den Computer ein und kommt zufällig in seine E-Mail-Box. Ein plötzlicher Impuls verleitet sie, genauer hinzuschauen. Ein weiblicher Vorname ... Eine eindeutige Nachricht. Sie ist wie vom Blitz getroffen, mit trockenem Mund, wie erstarrt. Sie hätte Lust, loszubrüllen, dass die Wände wackeln: Nein, nein, nein! Das ist mies, zu enttäuschend, zu vernichtend. Sie kam voller Elan aus Deutschland zurück, hatte Lust, ihm vorzuschlagen, ein Kind zu machen. Sie war so zuversichtlich, alles schien so klar, und jetzt zettelt er hinter ihrem Rücken so eine miese kleine Affäre an. Viel schlimmer ist für sie, dass sie es aufnimmt wie einen Verrat des Lebens, eine Infragestellung ihrer ganzen Entwicklung. Ekel und Mutlosigkeit überwältigen sie. Soll sie ihn aufwecken, schütteln, beschimpfen? Es ist nun einmal geschehen. Abhauen? Aber wohin? Zu viel Schmerz, zu viel Emotion. Ja, zu viel Emotion, stellt sie fest, hier liegt die Entscheidung. All das, was ihr widerfährt, all die Gewalt bringt sie nur zum Reagieren, zum Ankämpfen gegen einen unerträglichen Schmerz? Das ist die falsche Richtung, sie verletzt sich nur noch mehr.

Was braucht sie? Die Anwesenheit einer Freundin, Hilfe, sich der Katastrophe zu stellen, ohne dass ihre mentale Gesundheit darunter leidet, aber es ist zwei Uhr morgens. Trotzdem, sie braucht wirklich Hilfe, ein harter Kampf kündigt sich an. Während sie auf den Anbruch des Tages wartet, bleibt ihr nur eine Sicherheit – sich nicht noch mehr Leid aufzubürden. Ja, ihr geht es schlecht, sehr schlecht, und da ist ein Ausweg: weinen. Aber die Wut kehrt zurück, sie hätte am liebsten das Leben beschimpft und Adam beleidigt. Sie schließt sich im Wohnzimmer ein und weint in ein Kissen. Das Leben ist genauso schlecht zu ihr, wie ihre Mutter, eine Rabenmutter, der es nie an Falschheit mangelte … Eva spürt die alte Wunde wieder bluten. All diese Schönheit, diese Magie ihrer Beziehung der letzten Monate, alles ist zerstört. In ihrer Verzweiflung verliert sie das Zeitgefühl, bis sie in Schlaf sinkt. Er findet sie so vor, ist verwundert, versteht nicht, warum sie nicht zu ihm ins Bett gekommen ist, wagt jedoch nicht, sie zu wecken. Sie muss krank sein … Er hinterlässt ihr ein kleines Liebesbriefchen und verlässt diskret die Wohnung. »Wie tickt der denn, der ist doch komplett irre, dieser Typ!?«

Sie greift zum Hörer und ruft mich an wegen eines Notfalltermins. Ihr Tonfall lässt keinen Zweifel an der Dringlichkeit. Bei mir muss sie zunächst heulen, bevor sie zu sprechen beginnt, dann erzählt sie mir. Das besonders Unerträgliche ist, mit einem Übermaß an Vertrauen, das sie vorher nicht kannte, vollkommen nackt dazustehen. Sie ist drauf und dran, ihre ganze Entwicklung der Öffnung zu verleugnen, Zweifel überwältigen sie: »Was nützt es? Ich fange immer wieder von vorn an, ich bin dazu verdammt, das wird nie enden.« Ich bin gerührt zu sehen, wie schlecht es ihr geht, und drücke ihr Sympathie aus; ich fühle mich an ihrer Seite. Und jetzt, was will sie? Sich dem stellen? Sie weiß genau, dass sie nicht zurückwill, obwohl sie Lust hätte, alles hinzuschmeißen. Wir sprechen wieder über Vertrauen: Kann sie zugestehen, dass *Vertrauen beim Erwachsenen nicht darin besteht, sich dem Gedanken hinzugeben, dass alles gutgehen wird – das wäre kindisch, und in Betracht ziehen, dass alles passieren kann* und sie sich dann die Fähigkeit einräumt, Ressourcen zu finden, sich dem zu stellen. Das ist genau die Situation, in der sie jetzt ist. Ich erinnere sie an das tiefe Erlebnis, das sie beim Lying hatte, und schlage ihr vor, diese Ressource zu nutzen, zunächst für sich selbst, auf ihrem Weg zur Freiheit, aber auch, um Antworten anderer Art zu ihrer Beziehung mit Adam zuzulassen. Wie Swami Prajnanpad sagte: »Alles, was Ihnen begegnet, kommt als Herausforderung und Chance auf Sie zu.«[60] Die Herausforderung, ja, die sah sie, wenigstens das! Aber die Chance, wo zum Teufel war sie? Die Chance, das Wunder der bedingungslosen Akzeptanz zu entdecken … Sie hob die Augenbrauen, halb neugierig, halb skeptisch: »Wie dem auch sei, ich sehe Adam heute Abend, ich kann nicht so tun, als wenn nichts gewesen wäre, das ist unmöglich. [Langes Schweigen.] Ich muss mit ihm reden. [Ihre Stimme nimmt einen entschlosseneren Tonfall an.] Ich will sehen, was ihn in seinem Innersten umtreibt.«

Am Abend, auf dem Sofa sitzend, erwartet sie ihn ruhig, aber kampfbereit. Als er hereinkommt, nimmt er sehr wohl wahr, dass etwas in der Luft liegt, was nicht zum Scherzen einlädt, zumal er sie den ganzen Tag nicht erreicht hat, obwohl er ihr einige Nachrichten geschickt hat. Unbehagen überfällt ihn, was rührt sie denn für ein Süppchen an, eine Szene etwa? Er kann sich nicht erklären, warum. Bis zu ihrer Abreise nach Deutschland lief doch alles gut zwischen ihnen. »Hast du mir etwas zu sagen?«, hob sie an. – »Nein, warum machst Du so ein Gesicht, stimmt etwas nicht?« – »Ja. Aber das weißt du am besten.« – »Diese Spielchen mag ich nicht.« – »Adam, du enttäuschst mich!« – »Ich dachte, wir könnten uns diese Art von Szenen ersparen.« [Sein Unbehagen verschlimmerte sich.] – »Ah ja! Da stimme ich dir völlig zu. Und du, ich glaubte auch, dass du mir das ersparen würdest!« – »Was, das?« – »Aber Adam, verarschst du mich? [Ihre Wut steigerte sich heftig] Du verarschst mich wirklich! [Sie wird rot.] Schluss jetzt!«

Alles Mögliche schwirrt Adam im Kopf herum und er verliert die Fassung. Im Geiste hatte er die Dinge so voneinander abgeschottet, um jegliche Missstimmung zu vermeiden, als wäre dieses Abenteuer eine

Geschichte, die sein Leben mit ihr nicht betraf, deswegen brauchte er so lange, bis er endlich kapierte, wovon sie sprach. Evas Aufschrei hat seine Panzerung durchbohrt und ihn mitten ins Herz getroffen. Nein, das ist keine Szene, das erkennt er durchaus, das ist die Klage des Leids einer betrogenen Frau. Sie weiß es also, weiß Gott woher, aber sie weiß es. Obwohl er das unbedingt vermeiden wollte! Vor allem, weil das ihre Geschichte gar nicht berührt ...

Ja, er hatte lediglich Lust, Sex mit der wunderbaren Vanessa zu haben, ihr Körper war für ihn unwiderstehlich. Aber er war nicht verliebt in sie, und das änderte nichts an seinen Gefühlen für Eva. Er hätte Lust zu lügen, ihr einfach irgendwelche Märchengeschichten zu erzählen und ihr zu sagen, dass sie sich zu Unrecht aufrege, dass nichts war, nur ein kleines Wortgeplänkel, dass sie das vergessen und ihm vertrauen könne. Ihr schonungsloser Blick lässt ihn wie angenagelt stehen, die Worte erstarrten ihm im Mund. Er hat weder die Kraft zu lügen noch die Wahrheit zu sagen und will nur abhauen, verschwinden. Genau, er könnte die Tür hinter sich zuschlagen! Sein versteinerter Körper reagiert nicht. Am Boden zerstört senkt er schweigend den Kopf. Die Hölle! Plötzlich kommt ihm ein Satz in den Sinn, den er in einem Buch von Arnaud gelesen hatte: »Um aus der Hölle zu kommen, muss man dort springen, wo die Flammen am höchsten sind.« Also gerade dahin gehen, wo er auf keinen Fall hinwollte. Das Blut steigt ihm in den Kopf, er spürt dumpfe Herzschläge in seinem Kopf, Trommelwirbel, die eine Hinrichtung ankündigen. Am ganzen Körper zitternd steigt er auf das Schafott. Mühsam kommen zwei Worte aus seinem Mund: »Ja, Eva.« Er wartet darauf, dass die Guillotine fällt, aber Eva schweigt. Endloses Schweigen. Er ist schweißgebadet. Kurioserweise kommt in ihm Ruhe auf, ja, er hat mit Vanessa geschlafen, das ist die Wahrheit, dem ist nichts hinzuzufügen. Er wehrt sich nicht mehr, er fängt an, dies anzunehmen gegenüber Eva. Er ergreift das Wort einfach nur, um dies zu sagen, er sucht keine Entschuldigung oder Ausrede mehr. Ja, er hatte Lust auf dieses Mädchen, ja, er wollte es verheimlichen – hermetisch abriegeln. Sie weint immer noch leise. Er sieht, wie sehr er sie verletzt hat, welchen Schaden er angerichtet hat. Plötzlich überkommt ihn die Emotion und Tränen kullern ihm über die Wangen. Es geht ihm schlecht damit, ihr wehgetan zu haben. Sie bittet ihn, sie in Ruhe zu lassen, zu gehen. Sie ist zu aufgewühlt, sie ist an ihren Grenzen.

Langsam packt er seine Sachen in einen Koffer und steht nun wie betäubt auf der Straße. Ist es zu Ende? Hat er alles ruiniert? Und er kann nur sich die Schuld zuschreiben. So viele Jahre, die er nicht mehr geliebt hat, das Herz verschlossen war, er misstrauisch war. Und jetzt, jetzt hat er diese Liebe zerstört, er hat sich selbst verflucht. Suizidgedanken gehen ihm durch den Kopf. Er würde sich am liebsten beschimpfen, sich schlagen.

»Dort springen, wo die Flammen am höchsten sind.« ... Er hat es vorhin schon gespürt, das ist der einzige Ausweg. Er könnte sich in Vanessas Arme stürzen, und dann? Nein, nach Hause gehen, den Koffer, den er mit sich rumträgt, abstellen. Jetzt spürt er es, das Gefühl erfüllt ihn von Kopf bis Fuß – ein Sack voller Tränen. Kaum, dass er die Schwelle seiner Wohnung überschritten hat, schluchzt er aus vollem Herzen, immer noch mit demselben Satz, »wo die Flammen am höchsten sind«. Von außen betrachtet würde man einen gebrochenen, verzweifelten Mann sehen, aber innerlich weiß er, was er tut, er lässt es zu, ermutigt sich. Unermesslicher Schmerz, ein Schmerz, der den Atem raubt und den er tief drinnen aufsteigen fühlt, erreicht sein Herz. Dieser Schmerz schlummerte schon immer im Hintergrund, soweit er zurückdenken kann, und färbte sein Leben grau. Der Schmerz, nicht geliebt zu werden, allein, immer noch einsam in der Wüste. Taschentuch um Taschentuch wird feucht, er leert eine ganze Packung Taschentücher und hat das Gefühl eines Sees, der sich immer weiter leert. Das könnte die ganze Nacht andauern. Unermüdlich kommt er auf seinen Schmerz zurück, um nichts fortbestehen zu lassen. Bis ans Ende gehen, bis zu dem Moment, wo er das Unannehmbare am heftigsten spürt. Na also, jetzt ist sein Herz gebrochen, er hat es nicht einen Millimeter verlassen während dieses Ausbruchs, er hat ihm den ganzen Raum gelassen, seine ganze Aufmerksamkeit, sein Gehör geschenkt. Das Bedürfnis ist erfüllt, dieses Bedürfnis nach vollständiger Aufmerksamkeit, die ihm seine Mutter nie entgegengebracht hatte. Und sein Herz findet endlich Ruhe, wie ein Kind, das getröstet und beruhigt ist. Liebe beginnt zu sprudeln und durch seine Adern zu strömen. Endlich ist er bei sich selbst, ohne Distanz, ohne ewig kritischen Blick. Eine kleine Flamme der Freude beginnt in seiner Brust zu tanzen. Diese Liebe bewässert trockenes und verdurstetes Land, das sich mit Wonne vollsaugt. Wohlwollende Zärtlichkeit hüllt ihn ein und verstärkt seine Freude noch mehr. Er liebt sich, er liebt sie, er empfindet Dankbarkeit für diesen glücklichen Moment der Versöhnung.

Von diesem Elan inspiriert, schreibt er ihr einen langen Brief. Er fühlt sich wie ein Poet, er lacht selbst darüber – das ist doch sonst gar nicht sein Ding! Die Sätze reihen sich nur so aneinander, verbinden sich frei und zeichnen Arabesken auf dem Papier. Er lässt es laufen, es sprudelt nur so aus ihm heraus: zärtliche, entzückende, überraschende Worte. Woher kommen sie? Noch nie in seinem Leben hat ihn eine derartige Spontaneität überkommen. Es ist unglaublich, dass eine so lebendige Quelle in ihm sprudeln kann! Wie einen wertvollen Schatz legt er persönlich das Schreiben in Evas Briefkasten.

Sie saß stundenlang in derselben Position auf ihrem Sofa. Sie hat sich wie eine Statue nicht einen Millimeter bewegt, den Blick in der Ferne verloren. Sie verdaut den Schock. Adams erste Weigerung, etwas zuzugeben, hatte sie tief verletzt. Sie hoffte so sehr, dass er sich als Mann zeigt, dass er dazu steht … Wenn er sich auf Leugnen versteift hätte, hätte sie ihn mit ihrer ganzen Kraft rausgeschmissen, um ihn nie wiederzusehen. Dann wäre die Liebe endgültig zerstört. Sie hätte die Mittelmäßigkeit und Böswilligkeit einer Lüge nicht ertragen können. Er hätte jedes Quäntchen Respekt bei ihr zunichtegemacht. Zum Glück hat er sich wieder gefangen, nicht verhandelt, keinen Gegenangriff geführt und das, was sie erlebt haben, nicht beschmutzt, zum Glück. Die klaffende Wunde in ihrer Brust hält sie starr, bis zum Tagesanbruch.

»Das Büro … ich muss ins Büro.« Sie steht auf, ist seltsam wackelig, ohne festen Halt, sie steht auf unsicheren Beinen, ihr Kopf ist leer. Nur die tiefe Wunde konzentriert all ihre Wahrheit, all ihr Bewusstsein auf sich selbst. Langsam bricht sie auf, geht die Treppe hinunter und findet den Brief. Sie liest ihn jetzt nicht hier im Treppenhaus, also geht sie wieder hinauf in ihre Wohnung. Sie setzt sich aufs Sofa und betrachtet aufmerksam die auf ihrem Schoß offen liegenden Seiten. Man muss gar nicht lesen, die Zeilen sprechen für sich, lebendige Zeilen, die ansteigen, abfallen, sich krümmen. Sie umranken die Wunde, murmeln zarte Worte, lächeln ihr zu. Ihr Herz schlägt, verteidigt sich, ist gespalten von einem herrlichen Gefühl und zugleich stechenden Schmerz, von jedem Satz, den sie entdeckt, angefacht. Der Kontrast wird immer stärker, der von ihm versprühte Charme, die Anziehungskraft verschlimmern den Schmerz, anstatt ihn zu lindern. Sobald sie nachgibt, hat sie das Gefühl, von einer scharfen Spitze aufgespießt zu werden. Ihn lieben, heißt sich töten. Sie kann sich weder dem hingeben, ihn zu lieben, noch ihn nicht mehr zu lieben. So sitzt sie stundenlang, immer noch starr und vergisst völlig, dass sie ja eigentlich hätte ins Büro gehen müssen. Sie bleibt wie gelähmt sitzen, konfrontiert mit etwas Unmöglichem. Seine Treulosigkeit hat sie mit vollem Schwung zu ihm vordringen lassen, sie überwältigt und ihr eigentlich den Weg zurück versperrt. Und doch entfacht jedes Wort, das sie liest, leidenschaftliche Liebe, berauscht sie, macht unbändige Lust, sich in seine Arme zu stürzen.

Sie will nicht mehr – wie schon so oft – ihr selbstzerstörerisches Muster wiederholen, das sagt ihr nicht nur die Vernunft, sondern auch ihr Lebenstrieb. So oft hat sie sich nicht respektiert, aus Abhängigkeit abgefunden mit ungeniertem oder verletzendem Verhalten. Das Maß ist nun voll. Es steht für sie außer Frage, dass sie sich dem aussetzt und sich dabei kaputt macht. Bei der Lektüre von Adams Worten wird ihr eines klar: Die Sache ist verfahren. Am Abend schreibt sie ihm dann schließlich eine SMS: »Ich bin extrem gerührt von deinem Brief, aber ich kann den Schock nicht überwinden. Das ist zu zerstörerisch für mich.« Jetzt hat sie das Bedürfnis, mit einer Freundin zu sprechen. Mit wem? Isabelle, die die Geschichte kennt. Isabelle hält mit ihrer Wut nicht hinterm Berg. »Ich war mir sicher, dieser Typ ist ein Charmeur, Don Juan und Schürzenjäger, du hattest mit ihm keine Gemeinsamkeiten. Meine Liebe, du wirst dich doch nicht wieder auf so einen Typen einlassen, der dich nicht verdient. Ich habe am Wochenende Zeit, nehme dich morgen Abend mit nach Étretat* und werde dich verwöhnen. Du musst ihn aus deinem Leben streichen!« Vorsichtig versucht Eva, ihr zu sagen, dass sie ihn noch liebt, dass es nun einmal nicht so einfach und offensichtlich ist. Aber Isabelle in ihrer bestimmenden Art ist auf diesem Ohr taub und sieht es als ihre Aufgabe, sie wachzurütteln, und wiederholt dieselbe Leier nochmals in durchdringenderem Ton. Eva ist gerührt von diesem freundschaftlichen Eifer, sie zu schützen, aber sie empfindet ihn als nicht stimmig zu ihrer derzeitigen Wahrheit. Das Bild weicht stark von der letzten Trennung vor drei Jahren ab. Gewiss, Adam hat sie betrogen, aber ihre Beziehung ist so anders als alle, die sie früher erlebt hat, dass ein Vergleich dem nicht standhält. Sie selbst

---

* Anmerkung der Übersetzerin: Étretat ist ein französisches Seebad in der Normandie und bekannt durch seine steilen Felsklippen und beeindruckenden Felsformationen.

hat ihre innere Haltung stark geändert und mit Adam eine völlig neue Qualität der Beziehung erlebt. Als sie den Hörer auflegt, erkennt sie klar, dass sie jemanden braucht, der mit mehr Distanz und weniger Voreingenommenheit zuhört. Virginie könnte das sein. In der Tat, sie führt ein ganz anderes Gespräch mit ihr, es nimmt der Sache die Dramatik, indem Virginie Adams Affäre als kleine Panne sieht, die bei Männern häufig vorkommt. Er sei in einer Liebelei mit dieser Vanessa …, aber das ist nur eine sexuelle Beziehung ohne Zukunft. Liebt er sie, spürt sie das, ja oder nein? Ja, sie spürt es. Also soll sie sich doch ins Zeug legen, Klarheit schaffen, die Sache abhaken und eine neue Seite aufschlagen. Eva findet Wahres in dem, was sie hört, aber sie kann die Situation so nicht annehmen. Der Schmerz ruft »Nein«, wie könnte sie sich so sehr selbst verleugnen und einfach darüber hinweggehen? Diese beiden Telefonate bestätigen ihr die extreme Ambivalenz, die sie an diesem Punkt wie in einem Krampf lähmt.

Adam seinerseits sah mit der SMS, von der er sich einen neuen Auftakt erhofft hatte, seine schöne Ausgeglichenheit ins Wanken kommen. Die Ablehnung lässt nicht auf sich warten und sein altes Denkschema bringt ihn wieder in Wallung: »Ja genau, immer wieder dasselbe Problem mit den Frauen. Die ist doch auch wie alle anderen, warum kann sie nicht verstehen, dass er sie weiterhin liebt, auch wenn er mit einer anderen geschlafen hat!?« Er ist wirklich nicht geeignet für eine Partnerschaft, er muss sich das nun endgültig zugestehen und seinen romantischen Traum von einer idyllischen Liebe aufgeben. Seine Kumpel haben recht. Diese Frau ist sympathisch, sie hat viele tolle Seiten, aber sie ist auch nicht gerade ein »heißer Ofen«, und vor allem verlangt sie zu viel von ihm. Er würde sich einen Klotz ans Bein binden und schließlich in seinem Käfig verkümmern. Er schickt ihr eine wütende SMS zurück: »Hast du nicht gemerkt, dass ich mich auch bewegt habe, dass ich es zugegeben habe? Was willst du noch, dass ich auf allen Vieren angekrochen komme? Willst du mich an die Leine legen? Wenn es das ist, dann ist die Sache gestorben, dann machen wir Schluss.« Sie antwortet sofort: »Nein, ich will nicht, dass es entgleist und wir feindselig auseinandergehen. Komm, lass uns reden!«

Auf dem Weg zu ihr fragt sich Adam die ganze Zeit: »Was will ich?« Er fühlt sich voller Wut. Okay, er hat Mist gebaut, aber danach hat er sich Mühe gegeben, er hat sich nackt gemacht, er kann nicht mehr. Jetzt läuft er warm: Nein, diese Beziehung nicht um jeden Preis! Ab und zu ahnt er die Reaktion, die ihn zum Abbruch der Beziehung und zum Alles-zum-Teufel-Schicken antreibt, aber schnell wieder verschwindet. Als er nun bei Eva ist, sieht er diese beiden Wege vor sich. Entweder er löst sein Halsband und lässt seiner Reaktion freien Lauf mit genau den Worten, die eine endgültige Zerstörung hervorrufen, und damit ist die Sache dann auch ein für alle Mal beendet. Mist, die Frauen … Dann könnte er sofort verschwinden, und welche Lust er dazu hätte! Aber aus einem Winkel seiner Gehirnwindungen schlägt ihm ein leises, kaum hörbares Wispern einen anderen Weg vor: »Nein, Adam, du glaubst, ihr wehzutun, aber du tust dir weh. Hast du die Liebe der letzten Nacht schon vergessen? Was willst du, Adam, was willst du wirklich?« Eva schaut ihn intensiv an, sie sieht die Wut in seinen Augen. »Setz dich.« Er spürt ein Zittern im Körper und weiß nicht so recht, woran er ist. Hat er eine Feindin sich gegenüber? Kann es gelingen, miteinander zu sprechen, ohne sich anzugreifen? Es ist schwer, den Impuls zu unterdrücken, die Lust, zu beißen und wehzutun! Aber nein, er sieht in ihr keine Feindin, das hilft, sie offen anzuschauen.

Sie spricht mit ihm. Früher hätte sie ihn mit Vorwürfen überhäuft, hätte ihn als Monster, Schweinehund, herzlosen Egoisten beschimpft. Sie hätte ihn mit all ihren Kräften beschuldigt, ihm gezeigt, wie sehr er sie hat leiden lassen, sie hätte geschluchzt, geheult und schließlich sich selbst die Schuld zugewiesen. Sie ist nun mal das arme Dummchen, das alles gibt, das man mit Füßen tritt und das allen scheißegal ist. Nein, sie will nicht mehr in Verzweiflung die Hände ringen, sich die Haare raufen, sie will nicht mehr in diesem Drama versinken. Sie will Rückgrat wahren – vor allem sich nicht noch mehr Leid aufbürden, sie will sich in dieser Schicksalsprüfung lieben. Sie erklärt ihm ihr Unvermögen, macht ihn aber nicht dafür verantwortlich. Das ist ihre Grenze, die sie hier und jetzt spürt und respektieren muss. Es geht weder darum, ihn für etwas zahlen zu lassen, noch um irgendeine Manipulation. Es tut einfach nur sehr weh. Kann er das verstehen?

Und er? Er würde gerne anderes hören. Das ist klar, Grenzen hat er nie geliebt! Und jetzt ist ihm danach, sie an sich zu drücken und mit ihr auf dem Sofa zu schlafen. Zum Teufel mit all den Worten, wenn doch nur nicht mehr diese Distanz zwischen ihnen herrschte!

Ihr zuzuhören, sie zu verstehen, verlangt ihm viel ab. Sie nicht zu berühren noch viel mehr. Die leise Stimme in seinem Kopf fährt fort: »Lass ihr Raum, respektiere sie, beweg dich nicht, warte!« Es wird kommen, nach und nach. Er kommt zur Ruhe und fängt an, sie wirklich anzuschauen, ihr zuzuhören. Er spürt, dass sie offen spricht, er nimmt ihren Schmerz wahr, er erfasst das Ausmaß. Er sieht sie: schön und würdig, das ist kein Pathos, er ist angerührt. Mehr noch, anstatt sich auf seine Ablehnung und seine Erwartung, sie möge sofort seinem Wunsch entsprechen, zu versteifen, entdeckt er eine Art Freude, sie so anders zu sehen, als er erwartet hatte. Sie ist nicht er, sie ist nicht sein Wunsch, sie ist das, was sie ist, ganz und gar, voll und ganz. Statt sich darüber zu ärgern und Anstoß daran zu nehmen, schätzt er, genießt er das, was sie ist, das, was sie ausstrahlt und – welch Überraschung – er erwartet gar nichts mehr! Sie könnte sogar noch anders sein, er würde sich noch mehr darüber freuen … Sie beendet das Gespräch und sagt ihm, dass sie sich helfen lassen wird, um diese Blockade zu lösen, das hat nun Priorität für sie, bevor sie irgendeine Entscheidung zu ihrer Beziehung in Betracht ziehen kann.

Adam seinerseits will das teilen, was er gerade erlebt hat. Er ist nun bereit zu sagen, was seine Wut ausgelöst hat und ihr keine Vorwürfe mehr zu machen. Er erzählt ihr von der Nacht, in der ihm ein Licht aufging, und von seiner Wut, als er ihre erste SMS erhalten hatte. Und im Moment, als er dies erwähnt, wird ihm im Nachhinein klar, welcher Verwundbarkeit er sich ausgesetzt hat, indem er seine üblichen Verteidigungsmechanismen aufgab und »in die Flammen sprang«. Er hatte die Waffen gestreckt, und unterbewusst erwartete er, dass sie sich sofort dafür empfänglich zeigte. Er erwartete in gleichem Maße, in dem er bedingungslos kapitulierte, dass sie das auch tat. Sie hätte ihn mit offenen Armen empfangen sollen und sie hätten wieder zueinandergefunden. Er war verletzt, dass solch eine Kehrtwendung in seiner Haltung, wo er doch sein ganzes Herzblut eingebracht hatte, nicht reichte – was konnte er noch tun? Eva, die den Ton seiner Nachricht schrecklich übertrieben fand (man sollte schließlich nicht die Rollen tauschen!), verstand nun seine harsche Antwort. Als sie die Antwort erhalten hatte, hat sie vollkommen richtig die Klippe vermieden: sie hätte ihn nämlich am liebsten beschimpft. Instinktiv hatte sie gespürt, dass die Beziehung nur noch an einem Faden hing und dass ein Wort zu viel gereicht hätte, alles zu zerstören. Sie hatte im Gefühl, dass nur der persönliche Kontakt – von Angesicht zu Angesicht – die Chance war, ehrlich miteinander zu sprechen und weiterzukommen. Nachdem sie ausgesprochen hatten, wer und was sie sind, trennten sie sich – zwar nicht als Liebespaar, aber jeder für sich versöhnlich gestimmt.

Waffenstillstand

*»Wenn Sie keinen Unterschied sehen,
vollziehen Sie eine Trennung.
Wenn Sie den Unterschied sehen,
werden Sie eins.«*[61]

In kritischen Phasen hat schon jeder heikle Momente erlebt, in denen der andere in keiner Weise den Erwartungen entsprochen hat. Ihre sensibelsten Punkte vereinten alle Zutaten, um die vernichtende Situation weiterlaufen und sich wandeln zu lassen. Adam und Eva haben die ganze Verantwortung für ihre Emotionen übernommen und nicht erwartet, dass der andere sie trägt, dadurch, dass man ihn mit Druck oder Beschuldigungen dazu zwingt. Bereits diese einzige Haltung ändert die gesamte Perspektive, die ansonsten – wegen extremer Intensität – nur auf einen Schlagabtausch hätte hinauslaufen können.

Sie haben zwei grundlegende und nicht voneinander trennbare Aspekte umgesetzt. Zunächst nicht dem ersten Impuls nachzugeben oder sich wenigstens nicht zu sehr damit aufzuhalten. Nach seiner anfänglichen Leugnung gelang es Adam, die Waffen niederzulegen, sich nicht in einem Netz von Lügen zu verfangen und vor allem nicht wieder seine mächtige Vermeidungsstrategie zu verfolgen. Trotz seines männlichen Stolzes hat er sogar akzeptiert, sich zu beugen und seinem narzisstischen Bild von sich die Flügel zu stutzen. Sein Mentales wartete dagegen nur auf die Gelegenheit zu triumphieren und ihn zu Überdruss und Zynismus zurückzutreiben. Die Wut wollte, dass er endgültig Schluss macht und sich mit schneidenden Bosheiten rächt.

Dank des anderen Aspekts des Verhaltenstrainings ermöglicht diese tiefgreifende Wandlung, die Emotion voll und ganz zu erleben, wie auch immer sie geartet ist, Augenblick um Augenblick.

Das ist die notwendige Bedingung, die den Anfang der Beherrschung von Reaktionen ermöglicht. Mutig, entschlossen und von ganzem Herzen hatte Adam gewagt, in die Verzweiflung der Einsamkeit einzutauchen, und genau dort hat er unvermutet die Quelle der Liebe entdeckt.

Was Eva betrifft, so kannte sie die vorhersehbaren Szenen schon in- und auswendig. Früher hätte sie die Vorstellung der Verzweifelten gegeben und sich schließlich inmitten der Ruinen selbst geopfert. Sie hat also der Versuchung der Selbstzerstörung und der Rolle des in Tränen aufgelösten Opfers gut widerstanden. Vor allem hatte sie sich weder im Leid ertränkt, noch versucht, ihre Gefühle zu unterdrücken, indem sie sich in unangemessenem Heldentum stilisierte. Sie sah sehr wohl, dass sie an ihre Grenzen gestoßen war und dass sie all ihre Energie benötigte, Sekunde für Sekunde, um anzunehmen, um anwesend zu bleiben. Stundenlang schien nichts Anderes möglich, nicht einmal die kleinste Körperbewegung. Sie musste unermüdlich bei sich selbst bleiben, sich selbst an der Hand halten, auf ihr Bedürfnis des Augenblicks hören und versuchen, dem zu entsprechen.

So konnte sich auch unter schwierigen Bedingungen eine wahre Beziehung ohne Ausflüchte entwickeln. Je stärker der andere unsere Erwartung enttäuscht oder konterkariert, desto mehr wird unsere Welt brüskiert, da jeder versucht, nur seine Sichtweise gelten zu lassen. Adam und Eva konnten sich so die nötige Aufmerksamkeit schenken, indem sie die Verantwortung für ihren jeweiligen Zustand selbst übernahmen. Sie hatten nur eine einzige Aufgabe, nämlich die Wahrheit des Augenblicks zu erkennen und ihr das komplette Auftauchen zu ermöglichen. Weil sie diese Wahrheit angenommen und erkannt haben, waren sie in der Lage, das dem anderen zum Ausdruck zu bringen. Sie mussten nichts verteidigen, nur überzeugen, dass ihre Worte die Empfindung widerspiegelten, deren alleinige legitime Vertreter sie waren.

Durch ein Gefühl von Leichtigkeit und Entspannung bestätigten Herz und Körper augenblicklich, dass ihre Äußerungen stimmig sind; auch wenn der Schmerz noch weiterbestand, die beiden konnten nebeneinander existieren. Es handelt sich also um die Beziehung zu der eigenen subjektiven Wahrheit des Augenblicks, was ein drittes Element in die Beziehung einbringt. Ohne diesen Zwischenraum, der der Suche nach Authentizität dient, würden beide Welten aufeinanderprallen und Gegensätze bilden, da jeder der beiden Protagonisten beweisen wollte, dass er die Wahrheit auf seiner Seite hat.

Seine subjektive Wahrheit zum Ausdruck zu bringen, besteht nicht darin, zu formulieren was man denkt, *sondern ausschließlich darin, was man zu präzisen Tatsachen empfindet.* Wie soll man die Andersartigkeit des anderen akzeptieren, wenn diese so sehr von dem abweicht, was man erwartet hat, oder wenn sie mich verletzt und sich meinem Wunsch widersetzt? Ich kann sie nur akzeptieren, wenn ich davor meine eigene Andersartigkeit angenommen habe, ob sie mir gefällt oder nicht. Nicht meine Andersartigkeit im Allgemeinen, sondern die Andersartigkeit hier und jetzt: Ich unterscheide gleichzeitig zwischen dem, was ich im Augenblick davor war – mir ging es gut, mir geht es schlecht; und ich unterscheide zwischen dem, was der andere ist, und dem, was er von mir erwartet. Ich empfinde nicht genau wie er, ich entspreche also nicht zwangsläufig dem, was er will. Das, was ich bin, kann ihn enttäuschen und ich selbst kann mich enttäuschen, wenn ich sehe, dass sich bei mir innere Zustände oder schwierige Reaktionen breitmachen. Meine eigene emotionale Wahrheit will ohne Widerrede angenommen werden, einfach nur, weil es sie gibt. Sie anzunehmen führt dazu, dass ich Wertungen und Kommentare überwinde. Nein, ich bin nicht anders, ich bin, was ich bin.

Wenn sich dann endlich Frieden zwischen mir und meinen Gefühlen etabliert und der Impuls, zu reagieren, nachlässt, werde ich frei für eine Beziehung. Davor nur ich, ich und nur ich. Jetzt fange ich an, den Blick für den anderen zu öffnen und entdecke, in welchem Maße er von meinen Erwartungen abweicht. Ich und die anderen! Jeder Unterschied, den ich wahrnehme, hallt im Raum meiner Empfindungen nach und ruft eventuell Reaktionen hervor. So zeigt sich meine Andersartigkeit erneut und verlangt immer noch, angenommen zu werden. Und so geht es ständig weiter mit diesem Pendel zwischen meiner Wahrnehmung des anderen und dem, was das in mir weckt.

In Konfrontationen verkörpert der andere eine Bedrohung oder mindestens Enttäuschung, wenn nicht Aggression. Mich zu öffnen, läuft meinen archaischen Verteidigungsreflexen zuwider. Ich muss mir Beweise liefern, dass ich nicht mein eigenes Interesse verrate, dass ich sehr wohl solidarisch mit mir selbst bin. Deshalb erweist sich achtsamer Umgang mit meiner Empfindung als unerlässlich für den Beweis meiner Liebe zu mir. So kann ich mir ein Herz fassen und die Wahrheit des anderen aufnehmen und sie entdecken, wie sie ist, und nicht nur dem entsprechen, was ich erwarte.

Nun ist der Augenblick gekommen, wo mich die Realität des anderen interessiert. Ich fange an, mit seinen Augen zu sehen – ah ja, so erlebt er es. Die anderen und ich. Ich bin immer hier, aber innerlich habe ich mich bewegt, um mich neben den anderen zu setzen und von seinem Standpunkt aus zu sehen. Das verschafft mir Klarheit. Indem ich ihn annehme und verstehe, trete ich in seine Welt ein. Dabei habe ich meine Welt nicht vergessen, jetzt sind wir wirklich zwei Menschen. Ansonsten versuche ich nur, wie es Sacha Guitry* über Paarbeziehungen ausdrückte, aus zweien eins zu machen – »Hauptsache, man weiß, welches!« Ich mache den anderen herunter, damit er sich an mich klammert, während er sich – dem autoritären Druck ausgesetzt – dagegen wehrt und umgekehrt. Zwei Welten, das ist zu viel für mich, ich ertrage nur eine und zwar meine … Wir glauben also, zwei zu sein, aber in Wirklichkeit wollen wir es gar nicht. Sobald der

---

* Anmerkung der Übersetzerin: Sacha Guitry (1885–1957) war ein französischer Schauspieler, Filmregisseur, Drehbuchautor und Dramatiker.

Unterschied auftaucht, wollen wir nur eine Welt, und zwar unsere. Ist nicht gerade der Unterschied Bedingung für eine Beziehung – wenn zwei verschmelzen, verschwindet die Beziehung; der Unterschied präsentiert sich in unseren Augen oft als Stolperstein, obwohl er eigentlich das Fundament ist.

Je mehr ich den Unterschied spüre, desto klarer zeigt sich parallel dazu mein eigenes Leben in einem nicht davon trennbaren Prozess. Der Unterschied zeigt mir, wie ich wirklich bin, lässt mich meine Wahrheit spüren. Ja, ich bin das hier und du bist das dort, eine immer klarere Eindeutigkeit. Meine Welt dehnt sich aus, wird weiter und erträgt es, durchgerüttelt zu werden. Die innere Starre bekommt Risse und Widerstände brechen. Nachdem er den Schmerz verursacht hat, klärt, nährt und erneuert der Unterschied. Indem ich die Welt des anderen erkunde, entdecke ich sie auf seine Art, die so anders ist als meine, dass er – wie ich – nach der Achtung seiner Freiheit und nach Wertschätzung strebt, dass er – genau wie ich – Bewertungen hasst, dass auch er anerkannt und angenommen werden will. Hier spüre ich die Einheit mit ihm, ich spüre, dass wir aus demselben menschlichen Teig geformt sind.

Schöne Reden über die Andersartigkeit zu schwingen, erfordert nicht viel. Sie im realen Alltag, und vor allem in Krisensituationen anzunehmen, ist dagegen ein täglicher Hindernislauf, der immer wieder auf die Probe stellt. Während dieser mühsamen Kleinarbeit stehen wir dauernd vor der Entscheidung und wägen ab zwischen: Herausforderungen, Chancen und Möglichkeiten. Ein entschlossenes, reiches, intensives Leben kann nicht vor Unterdrückung, Selbstablehnung oder Resignation sprühen. Es fordert eine bewusste Entscheidung: Ist es ein »Ja« zu dem, was ich bin, zu dem, was der andere ist? Dabei wahre ich immer die Freiheit, mich auf Ablehnung zu versteifen, ungeachtet dessen, was es mich kostet.

Den anderen anzunehmen, heißt aber auf keinen Fall, alles zu tolerieren. Der Entschluss zur Handlung kommt in einem zweiten Schritt, wie wir es bei Eva beobachten. Sie stresst sich nicht, unter dem Einfluss der Emotion zu entscheiden. Gleichzeitig kann sie sich von ihrer Empfindung leiten lassen, indem sie nicht emotional reagiert, auch ohne sich hinreißen zu lassen. Indem sie ihre Emotion einbezieht, spürt sie die Grenze, die sie nicht überschreiten darf. Sie braucht weder Grundsatzpositionen einzunehmen noch Strategien zu entwickeln. Sie entwickelt sich, Schritt für Schritt, in Richtung des Unbekannten und Unvorhersehbaren, was von ihr und von Adam ausgeht. Das Vertrauen in diese Entwicklung gibt ihr Halt. Wie wird es ausgehen? Sie weiß es nicht, aber eines ist für sie sicher: Sie wird sich nicht wehtun.

Sich nicht wehtun, heißt nicht, sich betäuben oder zurückdrängen, ganz im Gegenteil. Und dennoch sitzt es uns so tief im Fleisch, dass wir uns selbst lieben, wenn wir uns dem Unangenehmen und dem Schmerz verschließen. *Nein, sich lieben heißt: zu wagen, nicht zu vermeiden, auch nicht vermeiden, das zu empfinden,* was stört. Lieben verlangt eben genau, den anderen nicht zu vermeiden.

Die Liebe des anderen

Der Übergang von »nur ich« zu »ich und die anderen« oder »die anderen und ich« bedeutet ganz klar, dass die Beziehung Vorrang hat. Wir sind zwei, ich bin nicht der Mittelpunkt der Welt, wo der andere die Pflicht hat, mir zu entsprechen. Die Liebe umfasst also mehrere Aspekte: nicht schaden, sich klar positionieren, den anderen sich äußern lassen, zuhören und die Bedürfnisse berücksichtigen. Nachdem ich die Bereitschaft des anderen, mir zuzuhören, überprüft habe, werde ich mich also bemühen, den Anforderungen der Wahrheit nicht auszuweichen. Ich lege meine Maske ab, ich verstelle mich nicht mehr und liefere keine Alibis mehr, ich klage nicht an und rechtfertige nicht. Ich biete dem anderen Authentizität – das, was ich bin, ungeschminkt, hier und jetzt, ungeachtet meines Narzissmus. Ich will nicht mehr gefallen, bezaubern oder heucheln.

Der andere weiß, wen er gegenüber hat, und bleibt völlig frei, zu nehmen oder zu lassen. Er wird voll und ganz respektiert, nichts wird ihm aufgezwungen oder abverlangt. Ich selbst, ich löse mich vom »Nur ich«, um wirklich Raum zu lassen. Indem ich die Situation mit seinen Augen betrachte, kann ich mir einerseits vorstellen, was er wohl denkt und – viel wichtiger noch – ich stelle mich darauf ein, was er empfindet. Im gleichen Maße, in dem das Mentale durch seine ausgeklügelte Kompliziertheit strahlt, so sehr funktioniert das Herz auf einfachen Grundlagen, die die Gefahr eines Irrtums verringern: Um Traurigkeit von Wut zu unterscheiden, braucht man keinen Masterabschluss in Psychologie. Indem ich das aufnehme, was der andere ausstrahlt, kommt in mir eine Intuition auf. Das Wort, die Geste, der Vorschlag, alles, was seinem latenten Bedürfnis im Augenblick entspricht, nimmt in mir Gestalt an.

Was wird in dieser Situation aus Adams Liebe zu Eva? Adam und Eva waren sehr bemüht, nicht ihrem gewöhnlichen Hang nachzugeben und sich neu auszurichten. In diesem Stadium haben sie vermieden, sich Schaden zuzufügen, statt ihren jeweiligen Bedürfnissen zu entsprechen. Adam macht sich das als Erster klar. Sein Verhalten hatte Eva verletzt, das hatte er sehr wohl erkannt, aber sein Verlangen hatte die Herrschaft zurückgewonnen. Er hat sich dem Unmöglichen, das sie ihm ausgedrückt hatte, gebeugt. Aber was hat er für sie getan? Recht wenig, und jetzt? Er hat gesehen, wie sehr sie psychisch und physisch getroffen war. Sie hat nicht geschlafen, das Essen ausfallen lassen, alles hängen lassen und vergessen, zur Arbeit zu gehen. Er weiß, dass sie am nächsten Morgen wieder wegfliegen muss. Eine substanzielle Hilfe wäre willkommen; ein paar Einkäufe, und er macht fix ein Abendessen fertig, das er liebevoll anrichtet. Er schlägt vor, sie in der Früh zum Flughafen zu fahren. Bevor er sich verzieht, um ihr nicht seine Anwesenheit aufzudrücken, wird er erneut sagen, wie sehr es ihn berührt habe, sie verletzt zu haben, und dass ihm Entschuldigungen nicht angemessen erscheinen in einer derartigen Situation, aber dass er gesehen und verstanden habe, welche Auswirkungen sein Handeln hatte. Er versteht sehr wohl, dass sie Zeit braucht, um ihr derzeitiges Unvermögen aufzulösen und respektiert dies. Er weiß auch, dass sie seine Ungeduld und seine Möglichkeit, die Beziehung zu beenden, fürchtet. Er bestätigt ihr erneut seine Gefühle für sie, damit Abhängigkeit und Angst vor Ablehnung ihre Entscheidung nicht beeinflussen. Sie kennt seine Position und verfügt über freies Feld, ohne Druck.

Wir finden hier die Art der richtigen Demut in der Liebe, einfach und konkret, ohne Anspruch und ohne große romantische Liebeserklärungen: Was sind die Notwendigkeiten des anderen? Nicht mehr, nicht weniger! Ja, der andere muss wissen, wie weit ich dabei gehe, dass ich ihm den festen Boden meiner Wahrheit anbiete, und – wie Swami Prajnanpad uns nahelegt – ich ihn durch meine Haltung, meine Worte und mein Handeln unterstütze und seine Entspannung verstärke. Ich strebe nicht danach, einem Liebesideal zu entsprechen, was in mir eine Trennung von der Wahrheit und dem Ideal erzeugen würde. Ich würde unvermeidbar ein Ergebnis erwarten. Wenn dieses Ergebnis nicht meinen Erwartungen entspricht, bestünde die Gefahr einer Reaktion, die in die falsche Richtung läuft – Enttäuschung und/oder Aggression.

Um völlige Deckungsgleichheit mit meiner Wahrheit zu erreichen, braucht es die Öffnung meines Herzens. Wenn ich diese Grenze überschreite, indem ich es besser machen will als diese Wahrheit, kreiere ich Spannung, die den authentischen Schwung einschränkt. Mit anderen Worten, das Mentale übernimmt die Kontrolle, indem es sein Ideal durchsetzt und dem Herzen einen Maulkorb verpasst. Sobald unser Kopf das Tempo beschleunigt und einen besonderen Zustand fordert, zerreißt der zarte, dünne rote Faden, der uns mit dem spontanen Leben unseres Herzens verbindet.

Gewiss strahlen wir noch nicht im Zenit fest etablierter Liebe, aber die ersten Funken beginnen schon zu sprühen. Da wir lieber vorhersehen sollten, dass sein Feuer unser Ich verzehrt, führt uns unser Widerstand dazu, dass wir uns mit unseren bescheidenen Möglichkeiten zufriedengeben. Im Moment der Bescheidenheit, in dem wir uns so annehmen, wie wir sind, immer noch egozentrisch, nur zu schüchterner und flüchtiger Liebe imstande, steigert sich unser Streben, noch mehr loszulassen und die Tore unseres Bollwerks zu öffnen.

Dritter Teil
Nur die anderen

»Wenn Sie jemanden lieben, können Sie nicht erwarten,
dass er macht, was Ihnen gefällt.
Das liefe darauf hinaus, dass Sie nur sich selbst lieben.
Aber derjenige, der wahrhaft ein Mensch werden möchte [...],
lernt alle zu lieben,
er arbeitet am Wohl und Glück aller und schadet niemandem,
nur um seine persönlichen Interessen zu wahren. [...]
Nur so jemand ist imstande, den Status eines authentischen
Menschen zu erlangen.« [62]

Als Erwachsene knüpfen wir in allen Lebensbereichen Kontakte
und Verbindungen und bauen Konstrukte auf, die uns mit allem Andersartigen konfrontieren. Ganz einfach ausgedrückt, ist
»der/die/das andere« all das, was nicht »ich« ist. Wir können diese
Aussage der gewöhnlichen Einteilung folgendermaßen verstehen:
Ich, das ist meine soziale Identität, meine Persönlichkeit, mein
Körper, und die anderen, das sind die menschlichen Artgenossen,
die mich umgeben.

Swami Prajnanpad definiert das Ich anders, nämlich auf der
Grundlage seines Funktionierens, und unterscheidet das, was ich
liebe, von dem, was ich nicht liebe: Wir nehmen Andersartigkeit
wahr, sobald etwas auftaucht, was uns nicht vertraut ist. Wenn
ich mich in meinem Körper wohlfühle, verschwimmt die Beziehung zu ihm, er verschmilzt mit mir. Es gibt nicht mich und meinen Körper, sondern nur die einzige Einheit – ich in und mit
meinem Körper. Wenn zum Beispiel eine Neuralgie im Arm ausgelöst wird, kommt es zur Trennung zwischen mir und diesem
verdammten Schmerz, den ich habe. Das geht sogar so weit, dass
ich meinem Arm dafür böse bin, dass er existiert, denn er ist »etwas anderes« geworden.

Das Gleiche gilt für eine Emotion, die ich als unangenehm
oder beunruhigend empfinde, für einen Gedanken, eine Erinnerung oder eine Person, die mich stört. Alles, was nicht meiner

Erwartung und meinem Wunsch entspricht, ist »das andere«. Im Unterschied zum Kind gesteht sich der Erwachsene zu, in Beziehung mit diesem anderen zu treten, ob es von innen kommt – Zustand, Wahrnehmung, Gedanke – oder von außen in Form eines Ereignisses oder eines Menschen.

Schließlich ist die Beziehung viel ausschlaggebender, die man mit dem anderen unterhält, als die Art des anderen. Im Leid lehnt man die Existenz dieses anderen ab und versucht unbedingt, ihn mit allen Mitteln zu beseitigen – zwischen mir und ihm ist einer zu viel. Zwischen mir und meinem Schmerz, mir und meiner Angst, mir und meiner Depression, mir und meinem Partner, der mich nicht versteht, mir und meinem Chef, der mich stresst, mir und meinem Konto im Soll. Raten Sie, wer von den beiden verschwinden muss! Natürlich, der Störenfried, der Spielverderber. Es ist der andere. Es ist an ihm, auf den geraden Weg meiner Vorstellungen und Erwartungen zurückkommen. Und das gefälligst flott, sonst fängt er sich meinen Zorn ein!

Arnaud Desjardins hat es klar formuliert: »Wir wollen uns ohne unser Leiden; Veränderung, das ist unser Leiden ohne uns!«[63] Wir brauchen sehr wohl Zeit und viele Enttäuschungen, bevor wir darauf kommen, dass der Störenfried nicht derjenige ist, den wir verdächtigen! Also wäre ich es!? Schwer zu glauben! Wer, wenn nicht ich, stellt sich immer wieder nörgelnd, klagend oder schimpfend quer zum Lebensstrom? Wer sträubt sich so sehr, dass er Wasser schluckt, anstatt mit dem Strom zu schwimmen? Kann ich immer noch abstreiten, dass ich das bin?

Ich betrachte, was meinen Erwartungen entspricht, als das Meine, als das Ich, und alles andere, was mehr oder weniger Probleme bereitet und mir widerstrebt, als der/die/das andere, das Nicht-Mein, das Nicht-Ich. In diesem Zusammenhang machen wir eine verblüffende Erfahrung mit unseren Kindern: Während der ersten Lebensjahre entspricht das, was sie erleben und äußern, im Wesentlichen unseren Erwartungen. Wir leben in ihnen weiter, sie sind unser. Aber was passiert, wenn sie eines Tages diese schöne Harmonie zerstören und unsere Erwartungen so richtig enttäuschen? Sie werden plötzlich »andere«, fast wie Fremde. »Ich verstehe mein Kind nicht mehr«, werden wir sagen. Dann verändern sie sich wieder – und irgendwann kehren sie in unsere Welt zurück und werden wieder Teil von uns.

Die Grenzen zwischen dem »Ich« und dem anderen »Nicht-Ich« bilden sich ständig um: Wie ein launenhafter Machthaber, der Gnade und Ungnade verteilt, betrachten wir alles, womit wir in Beziehung treten, als unser oder anderes. In diesem endlosen Karussell kann im Bruchteil einer Sekunde das andere meines werden und umgekehrt. Dieser Ablauf ist im ersten Teil dieses Buchs (»Nur ich«) karikierend dargestellt – der andere lebt in mir nur als Abbild. In den beiden Etappen, die folgen, wird der Ablauf geschmeidiger und nuancierter. Ich nehme sein Leben und seine Andersartigkeit mehr und mehr an. Das geht sogar so weit, dass ich mich wirklich für ihn interessiere. Und noch einmal: Der andere repräsentiert alles, womit ich in Beziehung trete, sei es in mir oder außerhalb von mir, und es geht nicht nur um Menschen.

Das Ich auslöschen, die neue Herausforderung

Der Gedanke, dass das Ego für die Liebe das Hindernis Nummer eins ist, hat sich nach und nach in der Beziehung eines Erwachsenen mit einem anderen seinen Weg gebahnt. Im Lauf der Erfahrungen, die wir machen, erscheint uns das immer deutlicher. Wir kommen nun also an die Grundmauern des letzten Bollwerks des Widerstands, und zwar keineswegs an die schwächsten! Es braucht viel Zeit, bis wir diesem allgegenwärtigen Ego, das zu allem seine Meinung beisteuert, wirklich ins Gesicht schauen können und sehen, wie sehr es in unser Leben pfuscht.

Auch wenn es uns verblüfft, hängen wir doch extrem an unserem Ego, selbst wenn wir einen hohen Preis dafür zahlen müssen. Nun, trotz der Zustimmung, die es sich genehmigt, kommt es uns teuer zu stehen. Es beraubt uns der reinen Liebe, der Freude und des Herzensfriedens. Es nutzt nichts, sich über das Ego aufzuregen oder ihm die Kehle durchschneiden zu wollen.

In diesem letzten Teil beschäftigen wir uns mit der Infragestellung des Ego anhand von Alltagssituationen, unseren Beziehungen und Empfindungen. Vom Auslöschen des Ego zu sprechen, löst häufig Misstrauen und Unverständnis aus. Wenn das Ego das Ruder aus der Hand gibt, was wird dann aus mir, ein Zombie? Jemand ohne Persönlichkeit, mit dem man machen kann, was man will? Wenn man Weise trifft, die sich vom Ego befreit haben und Liebe und Lebenskraft ausstrahlen, macht man doch keineswegs mit ihnen, was man will. Sie sind alles andere als fade oder unbedeutend (was das Ego übrigens auch nicht ausstehen könnte ...).

Das Auslöschen des Ego ist nicht die Zerstörung der Persönlichkeit, sondern die Infragestellung der Egozentrik, die – wie das Wort schon sagt – will, dass sich die Welt um ihre Vorstellungen dreht und nur ihr dient. Es handelt sich darum, zu unserem wirklichen, dem bescheideneren Platz zurückzukommen, dem kleinen Teilchen in der unendlichen Weite des Universums. Das Leben kommt uns nicht entgegen, aber wir können versuchen, uns zu orientieren, wie ein Seefahrer auf dem Ozean.

Die Macht des Ego abzustreiten, besteht nicht darin, es an den Pranger zu stellen. Es genügt, seine Machenschaften aufzudecken, die sich daraus ergebenden Konsequenzen zu beachten und so die permanente Täuschung klar zu erkennen. Es behauptet, lieben zu können, und vergisst, was es heißt »Ich liebe dich, wenn ... du mich liebst«; das Gleiche gilt für die Freude: Nur, wenn alles gelingt. Und für die Ruhe: Wenn man es in Frieden lässt.

Dieses »Wenn ...« ist typisch für das Stellen von Bedingungen. Es ist der Lieblingsmodus des Ego. Es wendet ihn auf alle Personen und zu allen Zeiten an: »Ich hätte können, ich hätte müssen, hätte nicht sollen, du müsstest, solltest nicht, du könntest, sie könnten aber auch ...« Die Maschinerie ist so gut eingefahren und komplex, dass sie damit die Macht ausstrahlt, uns zu entmutigen und angesichts der Größe der Aufgabe abzuschrecken.

Glücklicherweise kommt uns wieder einmal die Emotion zu Hilfe, denn ihre Anwesenheit signalisiert unweigerlich, dass das Duo Ego/Mentales am Werk ist. Das »Ich liebe/ich liebe nicht« des Ego ist immer von einer merklichen emotionalen Färbung begleitet. Diese warnt uns davor, dass das Ego sein Unwesen treibt!

Wenn wir aber die Emotion annehmen, indem wir sie von der Ablehnung befreien, gelangen wir zur Liebe. Nur die Emotion öffnet uns diesen direkten Weg zum »Innersten des Herzens«, wie Swami Prajnanpad sagte. Das mündet in den folgenden Ausspruch: »Es gibt das Empfinden, das aus dem Herzen und über Gefühle zum Ausdruck kommt [...]. Wenn man bewusst lebt, genießt man diese Gefühle, nimmt sie in Besitz und in sich auf. Emotionen sind dazu da, zu positiven Empfindungen zu reifen.«[64] Swami Prajnanpad definiert »Empfindung« als stabile, nicht egoistische Liebe, die von emotionalen Schwankungen des Liebesgefühls unabhängig und immer positiv ist (sie kann sich also nicht in Hass oder Ablehnung umkehren).

Swami Prajnanpad erinnert auch daran, dass die Emotion uns zeigt, dass ein Ereignis oder eine Situation uns von uns selbst und von unserem ursprünglichen Dasein entfernt hat und dass durch emotionale Reaktion versucht wird, den inneren Frieden wieder zu finden. »Die Natur versucht immer, zur normalen und realen Position – zum Gleichgewicht – zurückzukehren. Es ist das Glücksgefühl, das versucht wiederzukommen. [...] So signalisieren diese Emotionen, dass etwas Fremdes über sie gekommen ist, und das wird zurückgewiesen, eliminiert ... um sich zu befreien, um zu sich selbst zurückzukommen.«[65]

Unterdrückung der Liebe beenden

In dem Maße, in dem unser Verstand mehr und mehr Klarheit gewinnt, entdecken wir letztlich ein beeindruckendes paradoxes Phänomen in uns und bei vielen anderen. Schmerz zu vermeiden, das entspricht einer nachvollziehbaren Logik, aber sich der Liebe entziehen, das ist wider die Natur. Allerdings kommt man nicht umhin festzustellen, dass das Ego einen Panzer trägt, um sich zu schützen, obwohl es ständig danach strebt, geliebt zu werden ... Das Ego bleibt mit der Haltung des Kindes – »Nur ich« – verbunden, es will geliebt werden. Im ersten Teil dieses Buchs haben wir bereits gesehen, dass dieses Ziel durch Erwartungen und Forderungen problematisch wird. Lieben beunruhigt noch mehr, denn das verlangt, den Panzer zu verlassen und zu geben. Seine Feinfühligkeit völlig auszuleben, heißt, die Gefahr der Verwundbarkeit auf sich zu nehmen und alles mit Intensität zu empfinden. »Und wenn ich dabei Federn lassen muss, wenn der andere mich etwa auffrisst, wenn man mich vielleicht ausnützt und mich gar verletzt«, beunruhigt sich das Ego. Für das Ego ist Liebe gefährlich, sie entzieht ihm die Kontrolle. Außerdem schleicht im Hintergrund immer das Schreckgespenst der Angst vor dem Leiden umher – »Was geschieht, wenn ich mich öffne?«

Ich erinnere mich an eine Situation in der Vergangenheit, wo ich das Gefühl hatte, von heftiger Liebe durchdrungen zu sein. Ich begann am ganzen Körper zu zittern und konnte dieses Zittern nicht unterdrücken. Das war so unerträglich, dass ich einen Rückzieher machte. Ich brauchte Zeit, diese Angst zu beherrschen und mich ohne Einschränkung zu öffnen. Ja, es ist der sensibelste, der schönste, wertvollste Teil von uns selbst, den wir am stärksten verdrängen. Wir setzen ihn hinter Schloss und Riegel und sperren ihn so fest ein, dass wir ihn schließlich sogar vergessen. Wenn er – wie durch ein Wunder – für einen Augenblick entwischt und sich zeigt, sind wir peinlich berührt, fühlen uns unwohl, schämen uns sogar, als wären wir unanständig gewesen. Wie oft habe ich dies beobachtet, ob in Einzel- oder Gruppensitzungen: die Person entschuldigt sich just in dem Moment, in dem sich die Wahrheit des Herzens endlich zeigt!

Was fehlt uns zum Glücklichsein, wenn wir unzufrieden, verdrossen und gestresst sind? Liebe, und zwar nicht geliebt werden wie ein Kind, sondern lieben wie Erwachsene: unser Leben und das Leben lieben, uns selbst lieben, das lieben, was wir tun, die anderen lieben, und nicht nur diejenigen, die uns nahestehen.

Schauen Sie in sich hinein und stellen Sie sich wirklich der Frage: »Schenkt mir etwas anderes mehr Freude und Frieden?« Liebe ist das tiefste und grundlegendste Bedürfnis des Menschen und verbindet ihn mit dem Universum, wenn dieses kleine Ich akzeptiert, sich endlich auslöscht und darauf verzichtet, über sein ständig bedrohtes Territorium zu herrschen ...

Kapitel 11
Gefühle wandeln

»Gibt es das Empfinden [von Liebe]
ohne eine Art anfänglichen emotionalen Aufruhrs?
Was aufkommt, kann sich nur als Emotion zeigen;
denn zu Anfang ist sie zugleich ihr Ursprung und ihr Wesen.
Die Emotion lässt sich nur stabilisieren durch einen
Wandel zur Empfindung.«[66]

Wenn wir Phasen heftiger Unruhe erleben, wie bei emotionalen Momenten in einer Beziehung, in der Familie oder bei beruflichem Ärger, zwingen uns die Alarmsirenen der Emotion zu reagieren, und wir haben keine echte Wahl. Die negativen Strategien, die ihren Ursprung in unseren Schwachstellen und Grundängsten haben, beherrschen und regieren uns tendenziell. Wie Seefahrer werden wir durch einen Windstoß vom Kurs abgebracht. Es geht gar nicht so sehr darum, gegen diese Mächte anzukämpfen – das würde uns erschöpfen –, sondern sie durch eine dynamische Perspektive aufzunehmen. Da wir Gefahr laufen, dass diese Kräfte uns vom Kurs abbringen, und zwar so sehr, dass sie die Richtung vergessen lassen, müssen wir uns vor allem diese grundlegende Frage stellen: »Was war mein Kurs vor dem Sturm, was wollte ich?« Das Wieder-auf-Kurs-Steuern richtet all unsere Bemühungen in die gewollte Richtung.

Adam hatte seine körperliche Anziehung auf andere Frauen ausgeblendet und sich auf Eva eingelassen. Ganz offensichtlich hat sich sein Verlangen weiterhin mit Druck gemeldet, umso mehr, weil Eva häufig abwesend war. Die verführerische Melodie seiner

Wünsche schaffte es, Adam zu packen, der sich arrangierte, indem er die Wahrheit spaltete: Die Welt, in der er sein Verlangen ausgelebt hatte, war nicht mehr im Einklang mit der Beziehung. Nein, nein, wir brauchen uns nicht um seine Ausrichtung in den letzten Monaten sorgen! Da es sich nicht um einen heftigen Windstoß handelte, kam er gut damit zurecht! Im Moment, in dem Schiffbruch an der Klippe drohte, war sein Charme gegenüber Eva urplötzlich verloschen. Was wollte er eigentlich? Er hatte nur eine Sekunde, um sich das in Erinnerung zu rufen, sonst drohte der endgültige Untergang der Beziehung. Was wollte er für sich, bei seinem Streben nach Wahrheit und Intensität? Was wollte er im Zusammensein mit ihr? Niemand zwang ihn zu irgendetwas – es zählte nur, was er selbst wollte, ja nur er. Auch wenn es ihm gelungen wäre, Eva einzulullen, indem er sie manipulierte, hätte er mit seiner eigenen Verpflichtung völlig gebrochen. Seine innere Spaltung hätte ihn in eine heikle Lage gebracht.

Gewiss träumte er von einer soliden Liebesbeziehung, die ihm idealerweise die Freiheit ließe, Abenteuer links und rechts am Wegesrand auszuleben. Aber er konnte dieses Ziel nicht ersetzen, ohne sich klar dazu zu bekennen, also ohne weiteres Verstecken. Diesen Traum zu verwirklichen, hätte erfordert, eine Beziehung auf der Basis dieser Einstellung anzuknüpfen und eine Bindung einzugehen, bei der er gleich zu Beginn der Frau auch die Freiheit hätte lassen müssen, das so anzunehmen oder abzulehnen, und es im Gegenzug genauso zu halten, wenn sie es wünschte. Unter dieser Bedingung hätte er seine Kohärenz und innere Einheit wiedergefunden.

Kein Innen ohne Außen

Die Versuchung, Schluss zu machen, um zum früheren Leben zurückzukehren, war der zweite Sturm. Adams Mentales ließ es sich nicht nehmen, die Alarmglocken zu läuten. Weder moralische Gründe noch Schuldbewusstsein konnten Halt geben, sondern nur sein Appell an die Wünsche – zu sehen, wie sich das Leben und die Beziehung mit einer Frau verändert, wenn er das Risiko einginge, zu lieben. Er setzt also viel aufs Spiel, um sein Ziel zu erreichen. *In der Tat, etwas wollen, heißt auch die Unbequemlichkeiten, auch die Kosten zu wollen.* Auf Vanessa zu verzichten, um den eingeschlagenen Kurs zu halten, oder sich mit Vanessa zu »belohnen«, mit allen Konsequenzen, die das auf seine Beziehung mit Eva hat – jetzt kennt er dafür den Preis. Welche Entscheidung kann er voll und ganz, mit allen sich daraus ergebenden Folgen tragen: Abenteuer in emotionaler Einsamkeit oder eine emotionale Bindung ohne Abenteuer?

Jeder konnte den einfachen Zusammenhang erkennen, als im zweiten Schritt die glückliche Phase der Paarbeziehung beschädigt wurde und sich bei jedem der beiden Partner die negativen Seiten zeigten. Ein Mann schildert mir seine Sehnsucht nach früheren, idyllischen Zeiten. Er hängt in Gedanken dem nach, wie seine Frau früher, vor der Ehekrise war, in der er sie hart und verschlossen kennengelernt hat. Eigentlich ist sie nicht von heute auf morgen so geworden, aber diese bis dahin latente Eigenschaft hat sich nun offen gezeigt. Er will seine Frau wiederfinden, aber will er sie wirklich mit dieser verschlossenen Seite, also zu 100 Prozent, oder will er nur die 50 Prozent, von denen er angetan ist?

Es ist dies ein wesentlicher Punkt: Trotz offensichtlich gesunden Menschenverstands können sich Mentales und Emotionales leicht verstecken. Sie hängen sich an ein Bild, das ihnen passt, und beteuern lauthals: »Sie, das ist doch die liebevolle Frau von früher. Diese Härte ist eigentlich gar nicht ihr Wesen.« Dasselbe gilt im beruflichen Umfeld, über das wir klagen oder von dem wir träumen: Sehen wir es in seiner Gänze, das Innen mit dem Außen, oder fehlt uns der Zusammenhang, weil wir nur die Vorteile ohne Nachteile wollen?

Kein Aufopfern, sondern Erfüllung

Swami Prajnanpad prangert auch den Gedanken zur Verpflichtung an, wobei er ihre tödliche Konsequenz und den illusorischen Charakter betont. *Nichts zwingt uns, zu keiner Zeit, außer ein Teil von uns selbst:* das Bedürfnis nach Sicherheit, die emotionale Abhängigkeit und die Angst vor Konsequenzen. Die innere Freiheit und die Freude, die sie begleitet, erlangt man nur, indem man sich ohne Vorbehalt und »mit Haut und Haar« entscheidet.

Das Verschwinden von Verdrossenheit und Schwere und das Erscheinen der freudigen Dynamik und des völligen Sich-Einbringens unterstreichen die stimmige Entscheidung. Daher die Maxime von Konfuzius: »Wer etwas kennt, reicht nicht heran an jenen, der es liebt; und der es liebt, reicht nicht heran an jenen, den es freut.«

Freude dient uns als Prüfstein der völligen Hingabe. Ein Mann, der sich mehrmals von seiner Partnerin getrennt hat, wegen ihres Stresses und ihrer Schwierigkeiten, ihn mit seinen Emotionen anzunehmen, hat schließlich für sich doch entschieden, sich ganz bewusst auf sie einzulassen, weil er tief im Inneren die Beständigkeit der Liebe spürte, die ihn mit ihr verbindet. Wir können daraus nicht automatisch schließen, dass er keine Probleme mehr mit ihr hat. Wenn sie auftauchen, schwenkt er nicht wieder um in das »Ich habe die Schnauze voll, ich mache Schluss!« oder kommt ins Wanken, beginnt zu zweifeln, um dann zurückzukommen, sondern er ist sich der Schwierigkeiten bewusst, wartet ab und übernimmt damit Verantwortung für seine Reaktion. So erspart er sich Zweifel und blutige Schnitte, die Kraft kosten und das Vertrauen, das sie gegenseitig empfinden, auf harte Proben stellt.

Wenn wir vorher mit uns einig sind, erspart uns das manche Gefühlsregung, negative Gedanken und vor allem wandelt sich das im Innersten Erlebte: Was wir leben, verkörpert unsere Entscheidung. Wir haben die Schwierigkeit einbezogen, sehen ihr gelassen entgegen und behandeln sie, ohne zu klagen. Einigung und Annehmen drücken dieselbe Wahrheit aus – wir sind voll und ganz in dem, was geschieht, und zeigen das traditionelle Bild des Menschen, der in den Stromschnellen eines Flusses taucht und schwimmt: er spürt sie kaum, sondern lässt sich von ihnen tragen, gibt dabei aber selbst die Richtung vor.

Wir müssen also auf nichts verzichten, nur auf unsere Illusionen, aber nicht auf das Leben, auf den Wunsch, auf die Möglichkeit, jetzt glücklich zu sein, auch wenn uns das Leben ins Wanken bringt. Und was ist zu tun, wenn die Möglichkeit zu handeln gehemmt wird?

Kreativität

Unter dem Einfluss der für sie zu mächtigen Emotion kann Eva weder Schluss machen, noch die Beziehung wiederbeleben. Sie trifft die einzige Entscheidung, die ihr verfügbar ist – sich Zeit nehmen und sich helfen lassen, um der Blockade auf den Grund zu gehen. Welche Türen sollte man öffnen, wenn man vor einer lähmenden Emotion steht? Die Energie, die in dieser Emotion aufgestaut ist, kann andere Prozesse in Gang bringen. Eva hat dies schnell umgesetzt, indem sie realisierte, dass diese Emotion erstklassiges Material für ihren Roman liefert. Das, was sie durchgemacht hat, stellte solch einen Reichtum an Kontrasten dar, dass sie sich dem widmete, die Verkettung in allen Nuancen zu beschreiben. Je mehr sie von dieser kreativen Arbeit durchdrungen war, desto mehr wuchs ihre Leidenschaft dafür. Dabei fand sie viel, was sie schreibend ausdrücken wollte, und was weit über ihr persönliches Erleben hinausging.

Nicht jeder trägt eine Begabung für Kunst in sich, aber doch haben wir alle in uns ein kreatives, darstellendes Potenzial. Ich spreche hier nicht vom Prozess der »Veredelung« des Schmerzes, sondern nur von seinem Ausdruck über den kreativen Weg, ohne sich – aus Sorge um künstlerische Wertigkeit – davon abhalten zu lassen. Wenn Emotion als solche erkannt ist, können wir ihr diese Variante anbieten, die nicht danach sucht, den unmittelbaren Ausbruch der Gefühlsregung zu ersetzen. Der eigentliche Sinn einer kreativen Annäherung ist, dass sie uns ermöglicht, die Emotion unter einem anderen Blickwinkel zu entdecken. Wir bekommen dadurch das Energiepotenzial, um andere Ausdrucksmöglichkeiten für uns zu erschließen.

Selbst wenn wir uns von ästhetischen Kriterien befreien, was machen wir dann zum Beispiel mit einem Wutausbruch? Wir lassen das, was kommt, mit einem Pinselstrich, mit Farbe oder einer Linie fließen. Wir denken nicht nach, sondern werden Teil eines Energiestroms.

Wir können Emotionen durch Bewegungen und Körperhaltungen, Singen, Tanzen oder Töpfern, mit einer Collage, mit Kompressionskunst oder einer Fotomontage darstellen. All das kann eine Form geben, die ihre Existenz für uns fühlbar, greifbar und erkennbar macht. Damit wird uns einerseits Akzeptanz erleichtert und andererseits die Identifikation mit ihr beseitigt. Wir beginnen, Zorn zu lieben, und im Moment, in dem der kreative Prozess zur vollen Blüte gekommen ist, bricht in uns Jubel aus, so sehr nehmen wir diesen Antrieb an.

Tatsächlich bleibt Emotion, die mit körperlichem Schmerz verbunden ist, unserem Denken aufgeprägt, wie etwas Negatives, bei dem jede Freude absolut tabuisiert scheint. Also versuchen wir uns davon zu befreien. Emotion befreit von dieser negativen Prägung, wenn wir sie wie eine Lebensenergie spüren, die man durch Kreativität ausdrücken kann. Aus dieser neutraleren – ja sogar positiven – Sicht wird Kreativität integraler Bestandteil unserer inneren Landschaft.

Unser Innenleben hegen und pflegen

Wir können Gefühle auf einem anderen Weg wandeln und nutzen, indem wir unser Innenleben hegen und pflegen. Wenn es im Leben relativ gut läuft, lassen wir uns schnell und leicht vom Strom des Lebens und unseren Aktivitäten mitreißen und treiben so zurück zur Oberflächlichkeit unseres Daseins. Schmerzhafte Gefühle beleben unser Bewusstsein wieder und bieten Gelegenheit, in unser Inneres zurückzukommen. Das Herz bringt sich wieder in Erinnerung und fordert unsere Aufmerksamkeit. Hören wir darauf oder gehen wir dem aus dem Weg, indem wir uns mit allem Möglichen betäuben, wie zum Beispiel mit Hyperaktivität, Alkohol, Zigaretten, Drogen, Völlerei oder Sex? Alles kann uns von dieser Aufmerksamkeit ablenken.

Wenn wir – in emotionaler Intensität – die Herausforderung annehmen, gibt unser Innenleben die Unentschlossenheit und Halbherzigkeit auf. »Gott speit die Lauen aus«, sagt die Bibel* ... Wie stellen wir uns zu dieser Emotion? Mit Kampf, mit Flucht oder mit Annehmen? Durch sie spüren wir unser Herz in seiner Sensibilität, wir nehmen alle in uns wahr, denen es schlecht geht. Wie öffnen wir uns? Sind wir im Widerstand, sind wir in Resignation? Sind wir dem Leben, Gott oder etwa jemand anderem

---

* Anmerkung der Übersetzerin: Offenbarung 3,16.

böse, dass wir diese schmerzhafte Erfahrung machen? Erleiden wir sie oder entscheiden wir uns bewusst für sie?

In manchen spirituellen Traditionen herrscht der Gedanke, es brauche ein vom Leben verletztes Herz, um sich Gott mehr zu öffnen. Swami Prajnanpad drückte es mit seinen nicht von religiösen Vorstellungen geprägten Worten folgendermaßen aus: Schmerz stärkt Sensibilität und Selbstbewusstsein (man beobachtet dies bei Kindern, die früher reifen, wenn sie mit traumatischen Situationen konfrontiert wurden), während angenehme Erlebnisse das Selbstbewusstsein schwächen.

- Nehmen Sie eine sitzende Meditationshaltung ein und lassen Sie sich von emotionaler Energie berühren, bringen Sie diese aber weder zum Ausdruck, noch lassen Sie sich von ihr überwältigen;
- die Schwingungen des Herzens fühlen, Schmerzen spüren, aber die Dinge so lassen, wie sie sind, sich entspannen, fühlen, wie auch der Körper in seinem Privatesten davon betroffen ist;
- wie eine völlig geöffnete Hand sein, in der dieser Schmerz liegt, ohne ihn festzuhalten oder abzuweisen;
- den Schmerz zulassen, ohne ihn zu bekämpfen oder irgendeinen Erfolg zu suchen.

Durch Sitzhaltung, Entspannung, Annehmen und Ruhe verändert sich unmerklich unser innerer Zustand ganz von allein, ohne besondere Anstrengung. Danach sind wir mehr in unserer Mitte verankert und verwurzelt, sensibler und lebendiger, auch näher an einer spirituellen Dimension und an den anderen. Starke Emotion bietet den besseren Zugang zu Kontemplation und Gebet.

Freude an Aktivität

Wenn wir an Grenzen des für uns emotional Erträglichen stoßen und von morgens bis abends in einem Schmerz leben, dann übersteigt das unsere Fähigkeiten und wird zerstörend. Es ist wichtig, zwischen Momenten des Annehmens von Schmerz und Momenten unbedingt nötiger Ruhe zu wechseln. Jedes psychische Phänomen durchläuft eine Entwicklung und wird durch die Aufmerksamkeit verstärkt, die wir ihm schenken. Wir lenken uns bewusst vom Schmerz ab und übertragen ihn auf Sinneswahrnehmungen. Freude ist das Beste, um davon wegzukommen. Nun scheint aber genau Freude am weitesten weg und am wenigsten erreichbar.

Was ich hier vorschlage, funktioniert nicht bei Menschen, die an einer Depression oder unter Angstsymptomen leiden, denn sie können keinerlei Freude empfinden. Wenn es sich aber um eine sehr starke momentane Gefühlsregung handelt, bietet unser Körper die natürlichste und lebendigste Unterstützung für unsere Aufmerksamkeit. Wir suchen uns eine Aktivität, egal welche, die an sich schon angenehm ist, und führen sie mit der geschmeidigsten, empfindsamsten und angenehmsten Bewegung aus.

Man sollte sich also eine Beschäftigung oder einen Sport suchen mit einfachen, sich wiederholenden Bewegungsabläufen und der Möglichkeit, sich heranzutasten und nach und nach anzupassen. Dabei lassen wir uns von Freude leiten.

An diesem Prozess nimmt auch die Emotion teil, indem sie das Tempo bestimmt: Wenn ich traurig bin, ist sie langsamer, wenn ich wütend bin, ist sie schneller. Die Emotion einzubeziehen, ohne ihr jedoch die Führung zu überlassen, ermöglicht ein Einswerden mit ihr, anstatt ohne sie etwas zu tun oder sie zu bekämpfen. So bleibt das Herz nicht außen vor.

Nehmen wir das Beispiel »draußen gehen«: Die meisten Städter sind, wenn sie gehen, in Gedanken. Sie eilen zu einem Ziel, ohne auf ihren Körper zu achten. Wir könnten hingegen – ausgehend von der bewussten Wahrnehmung des Abrollens der Fußsohlen auf dem Boden – Waden und Oberschenkel spüren: wie sie arbeiten, und das Wiegen des Beckens und die Wirkung der Bewegung auf den Körperstamm, auf Arme und Kopf erfahren. Die Füße führen die Gehbewegung. Wir passen dabei die Atmung der Bewegung an und suchen den Rhythmus der Schritte, wie er im Augenblick richtig scheint. Wenn eine gewisse animalische Freude an Bewegung und die Empfindung für den Gang zeigt, dass im Augenblick das Tempo stimmt, es nicht zu schnell und nicht zu langsam ist, spüren wir, dass der ganze Körper teilnimmt; denn wir fühlen nichts anderes außer gehen und spüren die Muskeln, den Kontakt der Haut und der Nase mit der Luft. Sich das Bild eines Tieres vorzustellen, hilft vielleicht, in diese Sphäre einzutauchen.

Diese unterschiedlichen Wege, die sich öffnen, sind nur ein kleiner Teil der Möglichkeiten, die wir haben, wenn uns die Emotion umtreibt. Das Wichtigste ist wahrzunehmen, welchen Reichtum sie uns bietet, das Leben in all seinen Nuancen mit mehr Kraft zu spüren. Wir sind dann nicht mehr der von den Launen des Winds getriebene Spielball. Statt mich »verwehen« zu lassen, kann ich hier sein, ich kann die Energie kanalisieren, sie zu einem positiven Ziel leiten und sie daran hindern, Chaos zu verbreiten. Wenngleich es mir nicht zukommt, die unvorhersehbaren Dinge des Lebens zu entscheiden, so ist es doch sehr wohl meine Aufgabe, mein Lebensschiff dorthin zu lenken, wo so viel Glück wie möglich liegt.

Kapitel 12
Das Ich auslöschen

*»Wenn Sie Verzweiflung in ihrer ganzen Macht spüren
und erleben, folgt keine andere Reaktion. Nichts anderes hat mehr
Raum. Sie kommen zu vollständiger Erkenntnis, Sie sind im jñana,
im Zustand der Erleuchtung.«*[67]

Lange Zeit blieb der Gedanke, das Ich auszulöschen, sehr theoretisch und weit weg von dem, was uns beschäftigt, oder wir stellten uns dies als Kontrolle vor, die wir willentlich über uns ausüben, um unserer Ichbezogenheit Grenzen zu setzen. Eine starke Gefühlsregung bietet uns die lebhafte Chance, diesen paradoxen Augenblick zu erleben, in dem das Ich völlig bewusst zustimmt, dem anderen den Raum ganz zu überlassen. *Nur die anderen,* in diesem Fall ist es die Emotion, die den Raum völlig einnimmt und sich in Liebe wandeln kann. Wir erkennen, dass sie ihren schmerzhaften Charakter verliert, wenn das Ich abwesend ist. Diese Erfahrung verblüfft uns und konkretisiert den Begriff des Auslöschens auf reizvolle Art.

Wenn sich das Ich beim »Lying« auslöscht

Um hinsichtlich ihrer Beziehung mit Adam zu einer Entscheidung zu kommen, musste Eva in sich gehen. Sie wusste aus Erfahrung, dass Adam sich auch anderweitig umschauen könnte. Selbst wenn er ihr das Versprechen gegeben hätte, das nicht wieder zu tun, würde sie das nicht unbedingt vor einem erneuten Risiko bewahren. Will sie wirklich unter diesem Damoklesschwert leben? Auf Adam zu verzichten, würde ihr das Herz zerreißen, und ihre spontane Neigung treibt sie dazu, die Beziehung fortzusetzen. Also habe ich ihr vorgeschlagen, eine Reihe von Lyings zu machen, nicht nur, um ihre Entscheidung zu erleichtern, sondern vor allem, dass sie erlebt, wie es ist, völlig loszulassen. Dann käme ihr Entschluss ausgehend von einer völlig anderen Bewusstseinsebene. Ihre Lying-Praxis aus früherer Zeit sowie die augenblickliche Wucht der Emotion erleichterten ihr diesen Schritt.

In wenigen Minuten vermag sie mit Leichtigkeit in ihre Empfindung einzutauchen. Im Kopf entsteht das starke Bild, ihr Herz zerreiße, wenn sie ihrem Impuls auf Adam hin weiter folgt. Das wird von einem starken Schmerz in der Brust begleitet. Wie in einem Traumbild verdichtete sich symbolhaft das Wichtigste dieser Situation. Hier war also unser Ausgangspunkt. Zuvor hatte ich ihr geraten, sich dadurch auf die Sitzungen vorzubereiten, dass sie mit der Absicht in sich hineinhorcht, alles, was aus ihrem tiefsten Inneren auftauchen könnte, anzunehmen und so für sich ein inneres Klima des Vertrauens zu schaffen. Sie war so stark von dieser Absicht durchdrungen, dass sie tatsächlich den Rahmen ihres gewohnten Funktionierens bei mentalen und emotionalen Reaktionen ausdehnen wollte, indem sie sich einer größeren durch Liebe inspirierten Dimension öffnete. Mit dieser Emotion konfrontiert und überfordert, ging sie vor der augenblicklichen Wahrheit in die Knie: Ihre üblichen Methoden ließen keinen Ausweg finden. Sie verließ sich nun auf die Klugheit ihres Herzens und akzeptierte, diese wirken zu lassen, egal wie und wohin. Der Schmerz in ihrer Brust nahm zu, Gesicht und Stimme zeigten das unmissverständlich: »Wenn ich mich ihm wieder zuwende, wird mich das umbringen.« Für sie, genauso wie für mich, war klar, dass das aktuelle Erleben an eine schon länger zurückliegende lebenswichtige Thematik anknüpfte. Welche? Mit wem? Wie? Wir hatten zwar sehr wohl Vermutungen, suchten aber bewusst keine eindeutige Erklärung.

Es ging darum, die Bewusstseinsebene zu finden, die über der Emotion liegt und nichts mit ihr zu tun hat. Der Schlüssel, sie zu entdecken, lag nicht darin, das überaus Schmerzhafte zu vermeiden, sondern ganz im Gegenteil darin, sich bewusst für das Schmerzhafte zu entscheiden und es völlig durchzumachen, sich durchbohren zu lassen und dabei allmählich jeglichen körperlichen und mentalen Widerstand aufzugeben. Die Ablehnung des Schmerzes ist nicht nur Teil unseres Bewusstseins, sondern geschieht großteils auch im Unbewussten. Der bewusste Impuls zu Öffnung und Akzeptanz sowie das grundehrliche Versprechen zu bedingungslosem Annehmen tragen dazu bei, in der benötigten Zeit die unbewusste Ablehnung nach und nach aufzulösen.

Der Strom der psychischen Energie muss sich völlig umkehren: vom Nein zum Ja, von der Verdrängung zum Ausdruck. Diese Wendung verlangt aus der Tiefe kommendes Engagement, eine besondere Qualität der Verinnerlichung und viel Energie, wie bei all diesen Prozessen einer Wandlung. Das Ich, immer noch bestimmt von der Suche nach dem Angenehmen und der Vermeidung des Schmerzhaften, stimmt zu, sich zurückzuziehen, sich zeitweise auszulöschen, um dem schmerzhaften Phänomen den gesamten Raum zu lassen. Es fordert nichts mehr, verlässt die Kommandobrücke und schweigt.

Nach einigen Sitzungen hat Eva in ihrem Gefühlsleben mit großer Klarheit Fortschritte hin zu mehr innerer Transparenz gemacht. Dieses »Das bringt mich um« führte dazu, dass sie auf der Matte einen »Todeskampf« erlebte, als wäre sie von einer scharfen Spitze durchbohrt worden. Sie erlebte vor ihrem geistigen Auge eine Reihe von Szenen aus ihrer Jugend, bei denen ihr Vater sich ihr gegenüber besonders parteiisch und ungerecht verhalten hatte. Obwohl sie einander verehrten, hatte er mit der Geburt ihres Bruders sein Verhalten zu ihr plötzlich verändert. Bis zum Alter von drei Jahren sah sie sich in den Armen ihres Vaters, auf seinen Schultern sitzend oder ihm voller Freude entgegenlaufend. Dann kam dieser Horrormoment, als er dieses Neugeborene in seinen Armen hielt. Dieser Anblick hatte sie in Panik versetzt, und sie hatte sich auf ihn gestürzt. Er hatte sie rüde zurückgestoßen – ein unerträglicher und endgültiger Verrat. Plötzlich existierte sie für ihn nicht mehr, er hatte nur noch Augen für dieses Baby, auf das er so stolz war. Es schien, als hätte er jegliches Interesse für sie verloren, denn er kümmerte sich nur noch um sein liebes Söhnchen. Dann reihten sich die Bilder aneinander: Ihr Vater bat sie, auf ihr Brüderchen aufzupassen, und schob ihr immer die Schuld zu, wenn etwas Dummes passiert war oder es Streit gab. Gemeinsame Freizeitaktivitäten, Sport, das fand mit dem Sohn statt ... Sie hatte das Gefühl zu stören, überflüssig zu sein. Das Studium ihres Bruders zählte so viel mehr als ihres, die guten Schulen, die gute Handelsakademie. Sie hatte sich mit allen Mitteln bemüht, ihren Platz zurückzuerobern, indem sie ihm zu gefallen suchte, gute Noten brachte und sich seinen Interessensgebieten anschloss. Da er das starke Geschlecht bevorzugte, war es ihr Mangel, kein Junge zu sein. Es gab Momente, in denen sie zwar etwas mehr Nähe zu ihm fand, aber es genügte, dass ihr Bruder auftauchte, und er ignorierte sie sofort und verstärkte so das Szenario des endlosen Verrats. Es war leicht für diesen selbstsicheren Jungen, die Aufmerksamkeit des Vaters an sich zu binden, da ihm alles gelang. Im Heranwachsen gab sie es völlig auf zu verdrängen, wie sehr dieses kleine dreijährige Mädchen ihren Papa geliebt und vergöttert hatte. Sie begann ihn zu hassen und wollte so oft wie möglich der Familie entkommen. Diese ersten Bilder des hoffnungslos verlorenen Glücks wiederzusehen, riefen stärksten Schmerz bei ihr hervor: Wie konnte er ihr nur so das Herz brechen?

Über die Emotion hinaus

»Ein Zustand des Friedens und der Freude, der sich im Lying zeigen kann, dadurch, dass man in den Kern des stärksten Leids vordringt, das ist ein Zustand, dem nichts mehr entgegensteht, weil er keinen Gegensatz mehr gelten lässt zu dem, was wir lieben und was wir nicht lieben.«[68]

Sie spürte eine große Welle der Liebe für dieses Kind in ihr, das sie am liebsten trösten und liebevoll umsorgen würde. Das versetzte sie wieder in einen Zustand der Ruhe und des Wohlgefühls. Während ihrer Todesangst hatte sie mehrmals gespürt, dass genau im Moment, in dem sie sich völlig ohne Widerstand auslieferte, alle Äußerungen des Schmerzes sie weiter quälten, aber dennoch ging es ihr nicht schlecht.

In ihr war noch der Schauplatz dieses Aufruhrs, aber nicht mehr der Aufruhr an sich. Im ruhigen, unbewegten und stillen Bewusstsein schaute sie auf diesen wilden Strudel. Es war also doch möglich, im Herzen eines Gewittersturms heil zu bleiben, wie das Schilfrohr in der Fabel*. Man musste sich nur darauf einlassen und sich dem Toben der jähen Windböen völlig beugen: Die Wurzel beugt sich nicht. Diese Entdeckung erschütterte sie, aber die in ihr verwurzelte Erfahrung wollte – wie gewohnt – widersprechen: Mir geht es schlecht, wieder und wieder. Manchmal zweifelte sie auch und vermutete eine neue, noch subtilere und raffiniertere Form der Unterdrückung. Überhaupt keinen Schmerz mehr zu spüren, brachte sie aus dem Konzept und erschien ihr fast irreal. Diese ruhige Leere beeindruckte sie, sie hätte sich am liebsten fast schon wieder an ihre früheren Wahrnehmungen geklammert, weil sie fürchtete, sie könnten verschwinden. In der Tat nahm ihre Intuition sehr genau wahr, dass sie in einen Bewusstseinszustand eintrat, in dem das Ego abwesend erscheint. Die Gefühlsregung, die sich entfaltete, war nur noch ein Phänomen, eine gemischte Empfindung, die für sie so neutral war wie Schmerzlosigkeit. Das, was diese Empfindungen schmerzhaft erlebt hatte und sich dagegen wehrte, war von der inneren Bildfläche verschwunden, es blieb stumm. Und siehe da! Ohne das Ego, das ständig vergleicht, wurde die gerade erst durchlebte Erfahrung von jeder negativen Last befreit, ohne von Wertung getrübt zu sein.

»Es gibt nur noch zwei, mich und meine Emotion, mich und mein Unbewusstes, mich und meine profunde Wahrheit. Es gibt eigentlich nur noch eins. Ich bin wieder vereint, ich bin, was ich bin.«[69]

Die innere Erfahrung nahm Eva so sehr in Anspruch, dass sie dabei fast die Herausforderung ihrer Beziehung zu Adam vergaß. Über mehrere Tage war sie völlig in Ruhe aufgegangen und es blieb kein Raum für anderes. Wenige Gedanken drangen zu ihr durch und keine Emotion regte sie mehr auf. Allerdings hatte sie immer wieder ein Bauchgefühl, dass sie die Lyings weiterverfolgen sollte. So wie eine winzige Wolke

---

* Anmerkung der Übersetzerin: Die Fabel »Die Eiche und das Schilfrohr« von Jean de La Fontaine.

am Horizont einen Wirbelsturm ankündigen kann, spürte sie noch eine gewisse Beklemmung in der Brust, die anschwoll und wuchs, um schließlich aufzubrechen. Warum hatte der Verrat ihres Vaters sie schier umgebracht? Sie hatte das Gefühl, dass noch etwas anderes dahintersteckte. Das Leid des Babys, als sie von ihrer Mutter rüde angefahren worden war, kam mit Wucht zurück und es wurde ihr mit erstaunlicher Deutlichkeit möglich, die Gedankenverbindung zu diesem Ereignis wiederherzustellen. Ab dem Tag, an dem ihre Mutter sie attackiert hatte, war ihr Vertrauen hoffnungslos zerstört. Sie hatte ihre Mutter als mörderisches Monster gesehen. Im Schreck hatte sich ihr Herz verschlossen, sie wollte nichts mehr von ihrer Mutter. Wenn sie gefüttert werden sollte, wehrte sie sich, und ihre Fläschchen spuckte sie aus. Sie hatte daraufhin all ihre Liebe auf den Vater ausgerichtet, der ihr einziges Ziel der Zuneigung geworden war. Als sie auch ihn verlor, verlor sie damit jeden gefühlsmäßigen Halt durch die Eltern. In der Szene mit ihrem Bruder brach die Welt für sie komplett zusammen. Sie hatte nun niemanden mehr. Getötet, ja, das war sie, psychisch gemordet. Diese Gewissheit befreite sie jetzt von einer großen Last, anstatt sie weiter zu quälen. Sie fühlte sich jetzt als Kind des Lebens und nicht mehr als Kind ihrer Eltern.

Während der Sitzung stellte sich wieder eine innere Ruhe ein und existierte zusammen mit dem Schmerz. Das Bewusstsein hatte sich von ihrer Person entfernt und umschloss die gesamte Situation, anstatt sich einzig auf ihre Verzweiflung zu konzentrieren. Die Welt drehte sich nicht mehr nur um sie. Ihr Blick auf sich als das kleine Mädchen unterschied sich nicht mehr von der Sicht auf Eltern und Bruder – jetzt war es ein und derselbe Blick auf alle, gleich, neutral, ohne Wertung. Sie empfand das, was jeder erlebte, durch Teilhabe an der Situation, und sie verstand die Dynamik in ihrem Innersten: es konnte nicht anders sein. Was passiert war, hatte sich abgespielt wie ein präzis choreografiertes Ballett. Aus diesem Blickwinkel betrachtet, war es perfekt. Sie nahm es nicht mehr persönlich. Ihr Vater und ihre Mutter – beide von ihren jeweiligen emotionalen Reaktionsmustern geleitet – hatten genau nach den Regeln des eigenen Unterbewusstseins agiert. Bei Eva war jegliche Verbitterung, jegliche Traurigkeit verschwunden und durch Frieden und Wohlwollen ersetzt worden, was sich nun auf jedes Familienmitglied ausweitete.

Jetzt sah sie die Anspannung und das starke Unbehagen ihrer Mutter, die diese unzugänglich und aggressiv gemacht hatten, sie sah die Unzufriedenheit ihres Vaters in der Ehe, die ihn zunächst dazu bewegt hatte, seine Kraft in die Beziehung zur Tochter zu investieren, vielmehr für ihn selbst als für das Kind. Die Geburt des Bruders genügte, dass er sie im Stich ließ, was er aber völlig kaschierte.

Die Gelassenheit und derartige Ruhe, vor allem das wohlwollende Verständnis, überraschten sie. Das waren jetzt Gefühle, die sie für ihre Eltern bisher nie empfunden hatte. Groll und Verbitterung waren verflogen. Und, was ist jetzt eigentlich mit Adam?

Ihr Unvermögen, auf ihn zuzugehen, war verschwunden. Sie fühlte sich, als wäre sie von einer langen, weiten Reise zurückgekehrt, so sehr hatte sich ihre innere Perspektive verändert. Seine Untreue erschien ihr nicht mehr in derart dramatischem Licht. Ja, es war nun einmal passiert. Die Überzeugung, diesem – für sie unerträglichen – Schmerz bis zum Ende widerstanden zu haben, beherrschte sie. Sie tat, was sie tun musste, fühlte sich im Frieden und war bereit, ihn wiederzusehen. Gleichzeitig war von ihr ein Stück Abhängigkeit abgefallen: Ihr Leben hing nun nicht mehr von dieser Beziehung ab und sie suchte nicht mehr um jeden Preis nach beruhigender Sicherheit. Im Gleichgewicht zwischen innen und außen setzte sich die glückliche und fruchtbare Seite durch.

Beim Wiedersehen nimmt Adam sehr schnell wahr, dass sich bei ihr eine für ihn zwar unerklärliche, aber deutliche Veränderung abgespielt hatte. Er hatte den Eindruck, dass sie ihm entgleitet. Nicht, weil sie sich distanziert zeigt, sondern weil sie in sich selbst zu ruhen scheint. Darüber ist er etwas verunsichert. So wie ihn abhängige Frauen abstoßen, beunruhigt ihn diese unabhängige Kraft ein bisschen, und was er bei ihr wahrnimmt, zwingt ihn, sich anders zu positionieren. Er könnte auch selbst in unangenehme Abhängigkeit abgleiten, wie ein Junge, der die Aufmerksamkeit seiner Mutter sucht, oder er könnte dem unausgesprochenen Impuls folgen, stärker in sich hineinzuhören.

Nach einigen Tagen in Unentschlossenheit und einer gewissen Verunsicherung zu seiner Männlichkeit und Sexualität nimmt er doch die Herausforderung an. Er versteht, dass ihre Beziehung eine neue Qualität bekommen hat, weniger auf wechselseitiger Abhängigkeit basierend. Er formuliert sein Gefühl mit den berühmten Worten Saint-Exupérys: »Liebe besteht nicht darin, dass man einander ansieht, sondern darin, dass man gemeinsam in die gleiche Richtung schaut«. Wenn beide an der Quelle ihres Seins trinken, wenden sie sich auch dem zu, was ihnen gemeinsam ist, und dem, was sie – über Worte, Bilder und eine grundlegende Wahrheit hinaus – miteinander vereint, jenseits aller Stimmungsschwankungen. Stimmungen gibt es ja immer, sie variieren, sie sind bald gut, bald schlecht, aber ihre Bedeutung ist relativ, sie ähneln Wolken, die am Himmel ziehen.

Diese Wandlung vom Zustand der verliebten Anhänglichkeit zu einem Gleichklang ist keine endgültige Errungenschaft – man darf sich auf diesen »Lorbeeren« auch nicht ausruhen – sondern vielmehr ein Ergebnis, das man erhalten sollte, solange Gefahr besteht, dass die alten emotionalen Gewohnheiten hartnäckig sind und wiederkehren könnten. Ihr Innenleben ist für beide Partner Fundament und Bedingung. Jeder Partner wird von dem gefördert und angeregt, was der andere in diesem Bereich erlebt. Das ist das schönste Geschenk, das man sich gegenseitig machen kann, das ist wertvoller als alle Rosensträuße, Diamanten oder romantische Abende – obwohl diese natürlich auch ihren Charme haben.

Seite an Seite mit jemandem zu leben, der in sich ruht, garantiert eine wahre Beziehung, ein tiefes Vertrauen. Auf diesem tragfähigen Fundament entsteht der Impuls, den anderen glücklich zu machen und ihm Aufmerksamkeit und Achtung zu schenken. Da der andere, in seiner Übereinstimmung mit mir, dieselbe Wahrheit teilt, freut ihn, was mich freut, und umgekehrt. In seine Richtung zu gehen, nimmt mir nichts, sondern kann mir noch mehr Freude bringen, als wenn ich es alleine täte.

Solch eine Liebe erkennen wir spontan in der Qualität der Beziehung zu unseren Kindern, zumindest in manchen Momenten, wenn wir etwas für sie tun und ihre zufriedene Freude uns anstrahlt. Auch wenn unsere Kinder nicht sofort dankbar sind oder es anerkennen – wir empfinden dennoch einen Zustand der ausgeglichenen Zufriedenheit und Ruhe, wenn uns etwas, was wir für sie tun, gut scheint.

Für Eva war die Beziehung zu einem Mann jetzt nicht mehr das beherrschende Thema für den Erfolg im Leben. Sie, die früher immer Zurückgewiesene, die Ungeliebte, die Versagerin, fühlte sich jetzt im Vollbesitz eines Wertes, an dem sie nicht mehr zweifeln konnte. Sie lernte eine neue Fülle an Empfindungen kennen und schätzen, deren Reiz sich allem, was sie bisher kannte, überlegen zeigte. Gleichzeitig genoss sie intensiv, was sie mit Adam teilte, behielt aber dabei den Preis dafür noch aufmerksamer im Blick. Großzügig zeigte sie ihm ihre Zärtlichkeit, freute sich an einer winzigen Kleinigkeit genauso wie an den großen liebevollen Umarmungen. Sie stützte sich jetzt nur auf die einzige Sicherheit, die Wirklichkeit der Momente mit ihm. Von nun an wusste sie es: Was später ist, ist definitiv unvorhersehbar. Jetzt schreckte sie davor zurück, sich an ihn zu klammern. Das hätte sie früher gemacht, jetzt wäre es für sie unwürdiges Betteln. Sie widmete sich ihrem Roman, arbeitete viel und traf Autoren, die sie begeisterten. Wenn sie von ihren Geschäftsreisen zurückkam und sie sich trafen, sprühte sie nur so vor Leben und Geschichten, sie hatte Lust auf Spielen und Lachen.

Wenn Lyings mit solch tiefer Anteilnahme praktiziert werden, führt das über bedingungslose Akzeptanz zur Erkenntnis, dass wir im Kern unseres Lebens intakt bleiben, gleichgültig, was uns widerfährt, selbst wenn uns der Schmerz psychoaffektiv trifft und quält. Die Erfahrung von zwei gleichzeitig vorhandenen und doch so unterschiedlichen Bewusstseinsebenen verändert unseren Blick auf Emotionen. Wir erkennen, dass sie – wenn auch heftige – doch nur Turbulenzen sind und zwangsläufig ein Ende haben werden, dass sie also nur vorübergehend existieren und uns in dem, was wir wirklich sind, nicht treffen können.

Wenn wir diesem »anderen« in uns den gesamten Raum überlassen, erleben wir etwas Paradoxes: Ich liefere mich dem Schmerz aus, ich lasse mich von ihm verschlingen und mir passiert dennoch nichts, ich komme unversehrt – ja sogar noch lebendiger als vorher – heraus. Dies ist eine besondere Form der Meditation, die eng mit der wahren Grundaussage des Tantrismus[70] verbunden ist: wir können alle Erfahrungen – sogar die schlechtesten – zu Erkenntnis und Liebe wandeln.

Kapitel 13
Dem Mentalen den Käfig öffnen

*»Als ganz kleines Kind haben Sie zugleich die Erfahrung von
Befriedigung Ihrer Bedürfnisse und von Frustration gemacht;
dies ist die Grundlage Ihrer gesamten mentalen Anlagen;
diese Anlagen bleiben ein Leben lang dieselben,
es sei denn, Sie betrachten sie bewusst neu
aus neutraler und objektiver Perspektive.«* [71]

Das tiefe Abtauchen während der Lyings erfordert es, die negative
Überzeugung gegen den emotionalen Komplex abzuwägen, der
aus der Vergangenheit hervorgeht. Damit kann der Wandlungsprozess abgeschlossen werden. Diese duale Entwicklung läuft parallel und ist ein untrennbares Paar.

Wie ein Fremdkörper, der reizt, und wenn er nicht entfernt
wird, eine Entzündung aufflackern lässt, nährt die Überzeugung
immer wieder dieselben Emotionen, wenn ihr nicht völlig die
Wurzel entfernt wurde. Durch schmerzhafte Erfahrung in der
Kindheit hat man eine Schlussfolgerung gezogen, die selbst zum
unantastbaren Gesetz geworden ist, das eine Grundhaltung des
Lebens diktiert. Ein Kind, dessen verzweifeltes Rufen nicht gehört wird, schließt daraus, dass man niemanden braucht und sich
nur auf sich selbst verlassen kann. Sein ganzes Verhalten zur Außenwelt, aber auch – zwar nuancierter – seine Wesensart werden
durch diese Überzeugung bestimmt.

Wenn ein Mensch erkennt, dass er sich gut fühlen kann, aber
nur bis zu einem gewissen Punkt, heißt das, dass ein inneres Gesetz es ihm nicht erlaubt, völlig glücklich zu sein. Er hat sicherlich erlebt, dass ihm dies Ärger einbringen würde, was sich dann

im Leben bestätigte. Das Schlimme an diesen Überzeugungen ist, dass sie ständig versuchen, Bestätigung zu bekommen, und das gelingt ihnen auch.

Wenn die therapeutische Arbeit einmal eine Bresche geschlagen hat, muss man immer wieder darauf zurückkommen, damit man die Überzeugungen vollständig und endgültig eliminieren kann, sonst verderben sie die Lebensfreude und schränken die Fähigkeit zu lieben ein.

Den Denkmalsockel des Ego untergraben

Charakteristisch für das Ego ist seine Tendenz, alte Verhaltensmuster trotz negativer Folgen zu wiederholen. Ursprünglich aus dem Leid hervorgegangen, reproduzieren sie es, indem sie eine Verbindung herstellen und ähnliche Situationen wieder abspulen, ob real oder symbolisch.

Hierin liegt das ganze Paradoxon dieses Mechanismus, wobei zum Beispiel eine Person, die von elterlicher Ablehnung gezeichnet ist, verzweifelt danach strebt, geliebt und angenommen zu werden. Gleichzeitig zieht sie durch Misstrauen und Verteidigungshaltung genau das an, was sie fürchtet.

Warum eine derart grausame Wiederholung? Warum sich verlieben in Partner, die wenig liebevoll sind, die einen rücksichtslos benutzen? Zu einem großen Teil verstehe ich es als den Versuch, die eigene Geschichte neu zu schreiben, wobei man immer vom selben Ausgangspunkt startet: »Ein Mann, der genauso wenig liebevoll ist wie meine Eltern, wird mich schließlich doch irgendwann anerkennen und lieben, und das wird meine Verletzung reparieren.« Unter diesem Gesichtspunkt hat ein Partner, der spontan liebevoll und herzlich ist, keinen Wert, denn man muss die eigenen negativen »familiären Zutaten« wieder aufgreifen. All das betrifft das, was wir in vorangegangenen Kapiteln bereits angesprochen haben, nämlich den Versuch, sich vom Einfluss der Vergangenheit frei zu machen.

Betrachten wir nun die tiefere Schicht, wenn dieses Verhaltensmuster seine Allmacht verloren hat. »Ich bin unerwünscht« verleiht dem Ego seine Identität, seine Geschichte und hier eine Tragödie in mehreren Akten. Das passt zum besonderen inneren Erleben, das die Authentizität des Fühlens erklärt: Wenn ich das empfinde, ist das gut für mich. Trotz seiner schmerzhaften Resonanz repräsentiert dieses Empfinden meine Grundlage, meine gewohnte innere Landschaft. Das Ego, das immer die Herrschaft sucht und dabei fürchtet, überrascht oder überwältigt zu werden, bevorzugt es, auf das zurückzukommen, was es kennt, auf dieses »Geburtsland«, in dem es die Zukunft vorhersagen kann. Bis hierher behauptete es, dass der andere – was auch immer er dazu sagt – mich nicht liebt, und das wird früher oder später unweigerlich eintreten. Anstatt Neuland zu erobern, zieht das Ego es vor zu triumphieren, auch wenn das zu eigenen Lasten geht, und ruft: »Ich habe es doch gleich gesagt!«

Dank der Therapie gesteht das Ego zu, dass der andere mich eventuell lieben könnte, und beschränkt sich darauf zu denken, dass ich nicht wirklich so bin wie die anderen, sondern speziell – mit einem besonderen Schicksal –, und dass ich demnach keinen Zugang zu einem Glück ohne Schranken habe.

Wenn sich in meinem Dasein etwas Neues und Glückliches abspielte, würde das Ego einerseits den Boden unter den Füßen verlieren und könnte seine Nützlichkeit nicht mehr beweisen, zu viel Unsicherheit würde es in Panik versetzen und in große Leere stürzen. Andererseits würde sein Wissen und Können infrage gestellt. Alles, was es noch will, würde mit einer Heerschar von soliden Argumenten als fadenscheinig entlarvt – die Unmöglichkeit, glücklich zu sein, wegen der Unzahl von Ablehnungen, die im Archiv gespeichert sind. Seine letzten Argumente in Zweifel ziehen, stellt seine Berechtigung und Existenz infrage, was den

Widerstand gegen diese radikale Veränderung erklärt. Lieber mit Unglück regieren, als die Macht aufgeben!

Man muss es also bis in seine Deckung verfolgen, ohne ihm den Ausweg zu lassen, und gnadenlos seine Phrasendrescherei zerstören. Das nannte Swami Prajnanpad »die Zerstörung des Mentalen«. Bei solch einer pragmatischen Methode hat das In-fragestellen des Ego einen eingänglicheren Sinn, wenn man klar und deutlich feststellt, dass es das letzte unbedingt zu überwin-dende Hindernis auf dem Weg zur reinen Freude und Liebe ist. Es ist keineswegs mit moralisierenden oder philosophischen Be-gründungen dazu verurteilt. Es wird nur von ihm gefordert, die falsche Sichtweise anzuerkennen, sich nicht mehr wie ein Besesse-ner daran zu klammern und sich dem, was völlig überwältigt, zu beugen, sondern mit dem Leben und seinen absoluten Unvorher-sehbarkeiten vereint zu sein.

Die Wurzeln der Grundeinstellung lockern

Adam, der erstaunte Zeuge von Evas Verwandlung, stellte sich selbst wieder und wieder infrage. Hatte er wirklich seine ganze Bandbreite entfaltet? Seine alten Zweifel kamen wieder: War sein Leben letztlich doch nur zweitklassig? Was hatte er wirklich erreicht? Na gut, sein Start-up-Unternehmen war ganz nett, das fing ganz passabel an, und dann? Sowohl in der Musik als auch in der Spiritualität würde er wohl immer nur ein Amateur bleiben ... Er hatte nun mal nicht das Format eines Krishnamurti*. Er fing wieder an, sich darüber zu ärgern, dass er es nicht zu mehr gebracht hatte. Das bedrückte ihn. Er bat mich um ein Gespräch, in dem er mir von dem Rückfall berichtete, in den er

---

* Anmerkung der Übersetzerin: Indischer Philosoph und Theosoph; spiritueller Lehrer.

zu gleiten drohte. Ganz typisch war, dass er sich unter dem Einfluss einer negativen Überzeugung befand, die ihn daran hinderte, glücklich zu sein. Früher nahm seine Kritik vor allem die Außenwelt unter Beschuss, jetzt richtete sie sich gegen ihn selbst, indem sie an seiner Verwirklichung zweifelte. Der Schlüsselbegriff, der alles zusammenfasste, lautete »mittelmäßig«.

Wo hatte der Gedanke der Mittelmäßigkeit seine Wurzeln? Während der Therapie haben wir schon mehrfach an den Wurzeln seiner chronischen Unzufriedenheit gearbeitet. Dieses Mal war Adam sich bewusst, dass die Antwort nicht von einem erneuten Wechsel der Partnerin oder der Arbeitsstelle abhängen würde. Er musste den eigentlichen Kern der Unzufriedenheit angehen, der ihn ohne Wenn und Aber vom Bekenntnis zum Leben abschnitt und wo es keinen Rückzug mehr gab. Mittelmäßig ... oh, wie sehr bereiteten ihm die Beziehung seiner Eltern und die zweite Heirat seiner Mutter Überdruss. Mittelmäßig – die Kindheit, die er in diesem spannungsgeladenen Umfeld erlebt hatte: mit dem Vater, der die Familie verlässt, der klagenden Mutter und dem Stiefvater, den er ertragen musste. Also alle diese Erwachsenen, mittelmäßig?

Ja und nein, mittelmäßig in ihrer Lebensführung, wie sie miteinander und mit ihren Kindern umgehen, aber nicht mittelmäßig an sich. Gewiss fand er sie nicht brillant, was ihren gesellschaftlichen Erfolg, ihre Kultur oder ihre Intelligenz anging. Aber nach und nach merkte er, dass die größte Mittelmäßigkeit einen anderen Grund hatte. Eigentlich betraf sie das Herz: Er empfand sie als arm, ohne echte Freude. Wie konnten sie sich mit einem so engstirnigen mentalen Universum zufriedengeben, angefüllt mit Wertungen und Verbitterung! Als Kind hatte er sich vorgenommen, niemals so zu werden wie sie – lieber tot! Er hatte nicht bemerkt, dass die Wertung ihn genau in diesem Moment selbst vergiftet und sein Herz unmerklich verschlossen hatte.

Sobald er konnte, hat er sich von ihnen getrennt und mit Schlägen wie »Ich mag sie nicht« die Hülle um das Ego verfestigt. Indem er sich losriss, vergrößerte er die Empfindung der unüberwindlichen Trennung zwischen sich und diesem elterlichen Trio, dann aber auch zu allem, was ihnen ähnlich war. Diese Ähnlichkeiten registrierte er überall, wie mit einem Radar. Wenn man alle Mängel dieser drei Personen zusammenstellte, kam eine ordentliche Liste zusammen, es wurde dabei fast nichts ausgespart. Die wenigen Individuen, die unbeschadet aus diesem heftigen Beschuss kamen, überraschten ihn enorm und faszinierten ihn zugleich.

Eva, die zunächst der Truppe der Mittelmäßigen, die es zu meiden galt – Kategorie »Mutter, Opfer auf Nachfrage« –, angehört hatte, hat sich entgegen jeglicher Erwartung in die Elitetruppe vorgedrängt. Schlimmer noch, unmerklich lief diese heitere Großzügigkeit auf einen Vergleich hinaus. Er, Adam, war auch nicht besser als die breite Masse. Wenn er sich auch über den Normalsterblichen stehend eingeordnet hätte, würde er sich doch von ihnen nicht mehr unterscheiden. Durch seine Unfähigkeit, sich zu freuen, hatte er sich in diesen Trupp eingereiht.

Die ganz neue Entdeckung, dass das Mittelmaß sein Innenleben und die Qualitäten seines Herzens darstellte, veränderte sein Verständnis vollkommen. Er versteht nun die höllische Logik dieser Überzeugung, die genau das hervorruft, was sie verabscheut, anstatt davor zu schützen. Je mehr sich das Herz verschließt, desto mehr Frustration und Unbehagen wird von der Leere erzeugt, die es zurücklässt, wobei die Neigung zu werten steigt. Die Ablehnung, die den gesamten Mechanismus durchdringt, erklärt nur sich selbst und die negativen Folgen – psychische Isolation, Trennung, Spaltung und Unzufriedenheit. Auch wenn sich diese Taktik für ihn meist sehr gelohnt hatte, hat es doch eine subtile Einschränkung bewirkt, es hat genügt, seine Freude noch zu verdunkeln.

Seine Erfahrung zeigt, warum wir Freude daran haben, sehr offenen Menschen und mehr noch, spirituell entwickelten Menschen zu begegnen. Durch den Kontakt mit ihnen nehmen wir unsere inneren Beschränkungen und diese Sehnsucht wahr, Grenzen zu überschreiten. Wie die Rufe der Wildgänse, die auf Reise gehen, die in einem Hinterhof gefangenen Artgenossen aufrütteln, kann die Berührung mit authentischer Liebe in unsere mentalen Schranken eindringen und unser Herz aufwecken. Wenngleich Intelligenz dabei hilft, die Entstehung einer Überzeugung zu klären, reicht doch der Verstand nicht aus, wenn man sich von ihr frei machen will, da sie immer auf emotionaler Grundlage entstanden ist.

Adam trieb also sein Herz an, ihm die Pforten zu öffnen. Als er als Kind sich des disharmonischen psychischen Universums seiner Eltern bewusst geworden war, welche Empfindungen waren durch die Wertung in ihm verschleiert worden? Zweifellos große Traurigkeit, Unstimmigkeit zu spüren, aggressive Verschlossenheit, Klagen und Vorwürfe sowie schließlich die geringe Aufmerksamkeit, die den Kindern geschenkt worden war. In solch einem Umfeld konnten seine Schwester und er sich nur auf sich selbst verlassen. Es wurde ihm geradezu übel, im eigentlichen Sinn, sowohl für seine Eltern als auch für sich selbst. Welche Trostlosigkeit, so schlecht zu leben, so viel Unglück um sich herum entstehen zu lassen! Die Wertung war verschwunden, es blieben nur noch tiefer Schmerz und sogar ein Ansatz von Mitgefühl für diese leidende Familie. Er nahm seinen Platz mitten unter ihnen wieder ein, wobei er solidarisch zu dieser menschlichen Irrfahrt und zugleich befreit von der Blindheit war, die diese verursacht hatte.

Er wusste nun, dass man durch klare Entscheidungen das Leben gewinnen und die triste Existenz überwinden kann, die vom Mentalen und durch Reaktionen fehlgeleitet war.

Trotzdem gab es noch eine letzte Barriere im Verborgenen, die sein Glück einschränkte. Warum konnte er sich nicht mehr freuen, ohne zu glauben, dass das gefährlich sei? Hier tauchte das Wort »Angst« auf. Angst wovor? Angst zu sterben. Er ist glücklich – und das Leben hört plötzlich auf. Es gelang ihm nicht mehr, sich eine Zukunft ganz ohne Stürme des Zweifels vorzustellen. Vielleicht würde er vor Langeweile sterben! Außerdem spürte er ein moralisches Verbot. Er hatte sich so daran gewöhnt, neben den anderen auf sich selbst gestellt zu leben, dass er die Waffen nicht mehr strecken konnte. Zunächst lief er Gefahr zu sterben, er konnte sich nicht vorstellen, ohne diese innere Kontrolle zu existieren, das wäre ein erster Tod gewesen. Gleichzeitig hatte er das Gefühl, das zu verraten, was ihn so viele Jahren geleitet hatte. Seinen Posten zu verlassen! Wieder zum Gewöhnlichen zurückzukehren und dann sich darin zu verlieren ...

Ich erlaubte mir zu bemerken, dass – vorsichtig ausgedrückt – das reine Glück nicht auf der Straße herumliegt und dass Spannungen und Verdrossenheit das Gewöhnliche und in unserer modernen Gesellschaft sehr verbreitet sind. Er liefe ja »nur« Gefahr, in der grauen Masse unterzugehen! Aber letztlich gehörte dieses Argument noch in die Liste der Vorbehalte und konnte somit durch einen anderen Gedanken, durch ein »Aber ...« bestritten werden. Wahrzunehmen, dass keine der Überlegungen letztlich Konsistenz hatte, führte ihn dahin zu sehen, dass sich das Ich noch festklammerte, um die Identität zu retten, dass er *außerhalb dessen bleiben wollte, was für alle gilt.* Ein Lächeln kam auf seine Lippen: Er entdeckte die Komik in diesem Versuch, seine Vorrechte zu wahren ... Der Sprung ins Leere, den er gefürchtet hatte, endete in lautem Auflachen!

Diese Öffnung führte Adam zu einem leichteren Leben, sie befreite ihn von der Wertung, die alles genau mit der Lupe nach Mittelmäßigkeit absuchte. Endlich zeigte sich die fröhliche Spontaneität, die er immer gezügelt hatte, und das stellte ein neues Einvernehmen mit Eva her. Sie konnten diesen frohen Blick auf das Leben teilen.

Über die Überzeugung hinaus

»Frei sein, heißt frei sein vom Bewusstsein oder dem Anspruch, der einen dazu bringt zu sagen: ›Ich bin jemand, ich bin etwas.‹«[72]

Man bekommt Freiheit von einer mental verwurzelten Überzeugung, indem man ihre Gedankenebene verlässt, das heißt, indem man sich nicht mehr auf sie einlässt, sondern ihr in positiver Überzeugung widerspricht. Das ist ein wichtiger Punkt, denn genau hier haben die Ergebnisse, die man mit positiven Gedanken erzielen kann, ihre Grenzen. Wie ein wiederkehrendes Krebsleiden kann eine Überzeugung zurückkommen und zur Last werden und dabei das, was man ihr als Widerspruch entgegensetzt, über den Haufen werfen.

Es geht nicht darum, Adam zu überzeugen, dass es keine Mittelmäßigkeit gibt, weder bei ihm noch beim Rest der Welt, sondern ihn dahin zu leiten, dass er erkennt, dass der Gedanke der Mittelmäßigkeit sich wie ein Keil dazwischenspreizt und seine gesamte Wahrnehmung verzerrt. Die Mittelmäßigkeit gehört nicht zu dem, was er sieht: sie hat sich in seinem Blick etabliert. Daher sieht er weder Dinge noch Wesen so, wie sie wirklich sind, sondern er denkt sie sich mit dem angelegten Maßstab der Mittelmäßigkeit. Der Glaube an diese Überzeugung verleiht ihm eine Machtposition, aus der heraus er seine Urteile verteilt, was ihm die Illusion einer bequemen Überlegenheit gibt. Der Preis dafür ist der bittere Geschmack, der sich daraus für sein Leben ergibt, und die Trennung von dem, was ihn umgibt. Jetzt, da diese Illusion ihn angreift, trennt sie ihn von sich selbst. Um sich davon zu befreien, muss er zulassen, diese Selbstgefälligkeit loszulassen. Das ist Vorbedingung, um mit sich einig zu sein und sich mit dem Leben auf einer Ebene zu fühlen.

Auf dem Weg zu dieser Entwicklung kommt man nicht daran vorbei, sich diesen irrigen Charakter der Überzeugung bewusst zu machen. Überzeugung kategorisiert und behauptet, objektiv zu sein, obwohl es sich nur um eine auf die Welt projizierte Subjektivität handelt. Das lässt sich genauso auf positive Wertungen anwenden: »Das ist genial« hat nicht mehr Berechtigung als »Das ist mittelmäßig«.

Eine Überzeugung – egal welche – fallen zu lassen, stellt einen Akt der Demut dar, indem man anerkennt, dass wir weder wissen, was wir sind, noch, was die anderen wirklich sind. Wenn wir uns vor diesem Mysterium des Lebens und der Menschen verneigen, gelangen wir zur Wahrheit unseres Nichtwissens. In dieser inneren Haltung, befreit von verzerrender Sicht, beginnen wir, mit anderen Augen zu sehen, was wir »wahr«nehmen. Die Überzeugung, die eine Mauer um unser Leben errichtete, um unser Ego zu schützen, steht nun nackt da. Die Wahrheit kann also widerstandslos in unser Ego eindringen und Ruhe fordern. Es bleibt dem Ego nichts anderes übrig, als diskret zu verschwinden.

Wir erleben eine solche Erfahrung manchmal bei dem grandiosen Schauspiel der Naturgewalten, wenn ihre Macht den Fluss des Geredes und der verinnerlichten Urteile unterbricht. Wir gelangen zur Ruhe, ohne dass es irgendetwas Besonderes braucht. Das Leben in seinen kleinsten Details ist genug, dass wir uns in seine Betrachtung vertiefen.

Überzeugungen, die uns offensichtlich und wahr erscheinen, projizieren sich nicht nur in verzerrter Betrachtung auf uns selbst, auf andere und auf das Leben, sondern auch auf den eigentlichen Wandlungsprozess. Viele Menschen glauben in ihrem Innersten nicht wirklich, dass so echte Veränderung möglich ist, obwohl sie sich einem Wandlungsprozess unterziehen. Sie glauben, sie verdienten es nicht, das sei nichts für sie, sie könnten nur davon träumen und verschieben es auf ein »Morgen«, das es nie geben wird. Ich muss sie also in die Enge treiben und Schritt für Schritt ihre Argumente bekämpfen, damit sie – wenigstens im Moment, für den Augenblick – die Erfahrung machen, dass sie ein wahres Sich-Öffnen erreichen können.

Kapitel 14
Nur von sich selbst abhängig

»Frei von Mutter und Vater sein, das ist frei sein.«[73]

Wenn es um die hartnäckigsten Konditionierungen, Verletzungen und die am meisten gespürten Mängel geht, sind bei den meisten von uns die Eltern daran beteiligt. Swami Prajnanpad definierte mit obigem Zitat auch die innere Freiheit eines Weisen. Wie soll man diese Behauptung verstehen? Es beginnt schon damit, dass seine Formulierung nicht klarstellt, ob frei von meiner Mutter und meinem Vater. Sie führt uns zu der breiter angelegten Überlegung, die die Abhängigkeit gegenüber einer Elternfigur und nicht nur von unseren Erzeugern betrifft. Das erstreckt sich von der frühen Kindheit bis zum Eintritt ins Erwachsenenalter. »Von sich selbst abhängen« (»self-dependent«, wie es der indische Meister ausdrückte) entspricht also dem reifen Erwachsenen, der nicht mehr von seinen Eltern oder deren Stellvertreter erwartet, sich um seine Bedürfnisse zu kümmern.

Tatsächlich heißt frei von Wunsch nicht, keine Wünsche mehr zu haben, unabhängig nicht, keine Bedürfnisse zu haben, und Autonomie ist nicht gleichbedeutend mit Autarkie. Anders ausgedrückt: Freiheit besteht darin aufzuhören, von anderen etwas zu erwarten, nämlich dass sie Verantwortung für unsere Bedürfnisse übernehmen. Dieses »Self-dependent« könnte man also auch übersetzen mit »zu 100 Prozent für sich selbst verantwortlich«. Solange ich von jemandem etwas erwarte, bleibe ich seinem guten Willen ausgeliefert und meine Stimmung hängt von seiner Antwort ab. Ich laufe Gefahr, zwischen Zufriedenheit und

Unzufriedenheit zu pendeln. Je stärker die Abhängigkeit, desto schwindelerregender werden die Ausschläge des Pendels.

Wer in der Kindheit zu wenig Zuwendung erlebt hat, gibt der Versuchung nach, ein Bedürfnis zu negieren, und glaubt, damit sei das Problem gelöst. Erinnern wir uns: Freiheit findet sich mit keiner Ablehnung ab. Dieser Weg führt nicht zum Ziel. Meine Bedürfnisse müssen von mir selbst erkannt werden, und es liegt voll und ganz nur bei mir, sie zu pflegen. Der andere ist mir nichts schuldig, aber ich kann ihn um alles bitten, sofern ich ihm zugestehe, anzunehmen oder abzulehnen. Sobald ich irgendeinen Druck auf ihn ausübe, verliere ich meine Freiheit. Meine Energie fokussiert sich und ich spanne mich an, weil ich Befriedigung meiner Wünsche bekommen will – ich beginne zu erwarten und es ist aus mit Frieden, Schluss mit Entspannung!

»Frei von Mutter und Vater« beinhaltet zwei wichtige Aspekte: Uns befreien, einerseits vom negativen Einfluss dessen, was wir in der Kindheit mit unseren Eltern erlebt haben, auch von den Abhängigkeiten, die im Erwachsenenalter zu ihnen bestehen bleiben; und andererseits, um gleichzeitig Eltern für uns selbst zu werden. Dieser zweite Aspekt verweist auf die Eigenliebe, die ich oben erwähnt habe.

Mangel und Abhängigkeit

»Zwei können nicht immer zusammenbleiben,
deshalb kann nichts auf Abhängigkeit begründet werden. [...]
Von allem, was außerhalb ist, müssen sie sich trennen.
Das ist ein Naturgesetz. Nur was nicht getrennt werden kann,
ist real.« [74]

Ein Haupthindernis für Freude und Liebe entsteht aus der hartnäckigen Nachwirkung von zu wenig Zuwendung und den Gefühlsmangel in der Kindheit. Jedes menschliche Wesen wird in unterschiedlichen Abstufungen damit konfrontiert. Dies kann sich sowohl im Bereich des Seins als auch des Habens zeigen. Swami Prajnanpad sagte, dass ein Kind vor allem »haben« muss, um »sein« zu empfinden. Die Liebe, die es bekam, verleiht ihm sein Rückgrat, sein Selbstvertrauen. Viele von uns hatten keine Liebe oder nicht genug davon.

Wenn in unseren jungen Jahren Aufmerksamkeit, Wärme, Zärtlichkeit, Anerkennung, Schutz und Unterstützung gefehlt und wir keine Führung bekommen haben, erwarten wir, sie endlich zu »haben«. Ja, wir fordern sogar, dass das Leben diese Ungerechtigkeit mit einem liebevollen Partner »repariert«. Der Partner soll uns endlich das geben, was wir nicht bekommen haben, und wenn er nicht darauf anspringt, versuchen wir, es uns auf die eine oder andere Art zu erfüllen, es zu bekommen, oder einen Partner zu finden, der es uns nun endlich gibt.

Hierbei gibt es eine Tendenz zur Wiederholung, die dazu führt, dass wir uns Partner wählen, die die gleichen Zutaten wie in unserer Kindheit mitbringen und uns genau das nicht bringen, was wir suchen. Mit diesem unstillbaren Hunger, der uns plagt, müssen wir mehr »haben«, als wir bekommen, viel mehr, unendlich viel mehr; im Grunde wollen wir grenzenlose Liebe, absolut und bedingungslos. Wir hoffen auf ein »Ja« ohne »Nein« und lehnen alles ab, was uns als Begrenzung erscheint. Suchtverhalten verschleiert diese innere Bewusstseinsänderung und stillt gleichzeitig das Verlangen, diese Grenzen zu überschreiten. Dort, wo das Kind keinerlei Kontrolle hatte, sein Bedürfnis zu stillen, und nur Frustration kennengelernt hat, ermöglicht Sucht die »Erfüllung«, scheinbar schrankenlos und grenzenlos.

Therapeutische Arbeit erhellt die Ursache dieses Mangels und hilft dagegen anzugehen, indem man aufhört, sich zu betäuben oder zu fliehen. Mangel wird begleitet von Emotionen, die zunächst verschleiert sind und fordern, vollbewusst erlebt zu werden: Verzweiflung in Einsamkeit, extreme Angst vor der Leere und wütende, destruktive Machtlosigkeit, denn indem wir sie erleben, befreien wir uns. Tatsächlich, die Qualen, die der Mangel dem Kind auferlegt, bringen tiefe unbewusste Ablehnung, die man ans Licht bringen und auflösen muss.

Wir kommen also dahin zu akzeptieren, dass das Leben uns während unserer Entwicklung um wesentliche Dimensionen betrogen hat und dass das nun einmal so ist. Die Entwicklung führt uns auch dahin, Eigenliebe zu entwickeln, um uns von diesen Erwartungen zu befreien, die wir auf andere projizieren. Unter Berücksichtigung des individuellen Schicksals trägt jeder von uns archetypische Grundbilder von Mutter und Vater mit besonderen Qualitäten in sich, die sie für uns verkörpern – Zärtlichkeit, Schutz, Unterstützung, Aufmerksamkeit und Stärke. Wir müssen eine Verbindung in uns selbst mit diesen Qualitäten herstellen, um uns mit intelligenter Liebe zu umgeben. Diese Art Liebe wird mit allen Mitteln versuchen, das nötige Umfeld zu schaffen, sodass wir das Beste von uns geben können und uns voll und ganz den anderen widmen können, wie es unsere Kraft zulässt.

Im Bereich der Spiritualität benutzt man oft den Begriff »Achtsamkeit«, den manche als eine Art permanenter Selbstüberwachung interpretieren. Eigentlich kommt Achtsamkeit von »beachten«, also von dem, was liebevolle Eltern zum Wohl ihres Kindes tun.

Eigenständigkeit ist demnach die Fähigkeit, über sich zu wachen, aufmerksam wie Eltern, damit das Herz unbeschränkt lieben und sich unbeschwert fühlen kann. Wir haben die Entwicklung von Eva und Adam auf diesem Weg zu ihrem Ziel gesehen, wie sie die Hindernisse überwunden haben, die ihnen ihre Emotionen, Überzeugungen und Erwartungen aufgestellt hatten.

Diese zunehmende Autonomie beobachtet man besonders in Paarbeziehungen. Das Vertrauen, das sich im Lauf der Zeit aufgebaut hat, ermöglicht ihnen die wachsende gegenseitige Freiheit, zu bitten, zu akzeptieren oder abzulehnen, zu geben oder zu nehmen, und dabei für sich selbst doch jeweils vollständige Verantwortung zu übernehmen.

Wenn die schlimmsten Mängel beseitigt sind, zeigt sich ein weit subtilerer Mangel, nämlich der Mangel im Sein. Wir empfinden etwas »zu eng« in uns, wir streben nach Weiterem, nach Lebendigerem, mehr, mehr, mehr ... Jetzt wollen wir es allerdings nicht mehr von außen bekommen, der Schrei nach mehr ist in uns selbst. Das »ohne Grenzen« zieht uns an und wir suchen nach inneren Erfahrungen, die uns das geben.

Bei diesem Streben nach »Mehr-Sein« werden wir zusätzlich vom Wunsch nach »Mehr-Haben« animiert ... »Sein«! Und wieder finden wir Ablehnung: Was ist und wie es ist, das reicht uns nicht – zu gewöhnlich, zu banal, nicht intensiv genug. Wir wollen besser und mehr. Wie Adam erleben wir nun durch den Mangel die Qual, die sich auf die existenzielle Suche projiziert. Dabei stoßen wir auf unser mentales Gefängnis, das in dem Wort »haben« besteht. Das Ego vergleicht und entwertet die Wahrnehmung des inneren Augenblicks, der nicht befriedigt und als unzureichend gewertet wird. Das Ego findet ihn mittelmäßig und lehnt ihn ab, übersieht dabei aber, dass es sich damit den Zugang zum Herzen verbaut. Es ist der Kontaktverlust zum Herzen, der Leere und Mangel erzeugt.

»Nicht-Mangel«

»Spiritualität? Das ist nur ein anderer Name für
Unabhängigkeit und Freiheit in all ihren Facetten.«[75]

Wenn wir überzeugt sind, dass uns etwas Wesentliches fehlt, realisieren wir nicht, dass diese Überzeugung in sich schon gleichzeitig den Mangel nährt. Das Ego, das sich die Qualitäten des
Seins aneignen will – es gelingt ihm aber nicht –, glaubt mehr zu
brauchen. Es will Frieden haben, Liebe haben, und erkennt dabei
nicht, dass es selbst mit der gegenwärtigen Realität Krieg führt,
die in seinen Augen unzureichend ist, und dass das Selbst einziges
Hindernis für Frieden und Liebe ist.

Der Zustand des Herzens muss so genommen werden, wie er ist
– wie er auch sein mag –, denn der Dreh- und Angelpunkt einer
Wandlung befindet sich genau dort. Wenn wir alle Emotionen,
die in Verbindung mit dem Mangel stehen, ohne Widerstand erleben, hören wir auf, von der Außenwelt (von Gott und anderen!)
etwas zu erwarten, denn unsere Aufmerksamkeit ist ganz darauf
ausgerichtet, was wir empfinden. Wir entdecken die Fülle genau
dort, genau im Augenblick. Von der Zukunft hängt nichts mehr
ab – weder Erwartung noch Projektion.

Die Sehnsucht nach Fülle kann uns anregen, diese Fülle verzweifelt zu suchen, Gott, alle Weisen und die Heiligen anzuflehen, uns
diese Fülle zu schenken. »Sobald Ihr Gott außerhalb von Euch
ansiedelt und Göttlichkeit erreichen wollt, vergesst Ihr, wer Ihr
seid.«[76] Obwohl unser Herz bebt, außer sich ist, und der Gedanke
des Mangels verschwindet, erfüllt uns ganz und gar die Sehnsucht,
die wir spüren, wenn wir einfach akzeptieren, dass »die Empfindung sich selbst genügt und nur von sich selbst abhängt.«[77]

Diese Erfahrung ist möglich, sobald wir aufhören, etwas anderes zu suchen als unseren augenblicklichen Zustand. Wir finden

dieselbe Wahrheit in allen Stufen der Entwicklung: Der Weg zur Öffnung des Herzens führt über die bedingungslose Akzeptanz des emotionalen Augenblicks in seinem Zustand. An der Emotion führt kein Weg vorbei: Die Ausstrahlung des Herzens verlangt nur, so angenommen zu werden, wie sie ist, dann kann sie sich in der Akzeptanz entspannen und zu einer Empfindung von Einheit und Liebe werden.

Schlusswort

*»Alles, was Ihnen begegnet,
kommt als Herausforderung und Chance auf Sie zu.«*[78]

Die Wandlung der Gefühle ist Teil einer Entwicklung, die Zeit in Anspruch nimmt und eine ganzheitliche Entwicklung der Person voraussetzt. Diese Entwicklung darf keinesfalls außer Acht lassen, dass es auch die Möglichkeit dieser Wandlung im Augenblick einer bestimmten Situation gibt. Das kann man erleben, ohne sich einem langwierigen und vereinnahmenden Prozess unterziehen zu müssen. Nicht jeder will sich darauf einlassen.

Deshalb finden Sie hier eine Zusammenfassung der »Zutaten«, die es Ihnen ermöglichen sollen, diese Alchemie für sich selbst zu erproben. Was sind die notwendigen Bestandteile dieser Alchemie?

- *Alles nehmen.* An erster Stelle gilt es, sich jeglicher diskriminierender Ablehnung bestimmter Emotionen und des Vorurteils zu enthalten, dass man sie für sich unwürdig, kindisch und schlecht hält: Jede Gefühlsregung ist so anzunehmen, wie sie sich spontan aufdrängt, und nicht infrage zu stellen, allein um ihre Wesensart zu erkennen – Angst, Wut, Neid, Verzweiflung, Verbitterung. »Kein wie immer auch geartetes Ablehnen, nie!«[79], empfahl Swami Prajnanpad. Wir sind oft mit Bewertungen und sekundären Emotionen konfrontiert, die sich überlagern und unser Bewusstsein stören, wie zum Beispiel Angst, Scham und Schuld. Sie müssen identifiziert werden, um einen möglichst genauen Status quo der vorhandenen Kräfte zu bekommen, der auch auslösende Faktoren einbezieht. Zum Beispiel: Nach einem Konflikt mit meiner Partnerin fühle ich mich schlecht. Wie empfinde ich? Ich bin ihr böse, bin genervt und verärgert.

- *Klarstellen.* Was hat sie dazu beigetragen? Sie hat wieder einmal materielle Gesichtspunkte vorrangig eingeschätzt, was mir sekundär erscheint, obwohl ich versucht habe, ihr rüberzubringen, was für mich wichtig ist. Allein um dies zu erkennen, muss ich zunächst meine Bewertungen gegen sie wahrnehmen, ebenso wie die Rachegelüste, die mich sonst völlig gefangen nehmen und meine Gefühlsregungen verschleiern könnten. In meiner Animosität bestätigt sich, dass ich auf sie böse und wütend bin.

  Ich kehre nun wieder zu mir zurück: Welcher sensible Punkt wurde berührt? Diese Frage ist grundlegend, denn unter dem Einfluss von Wut will ich mich verschließen und entscheide, dass sie zu borniert ist, dass sie mich definitiv nicht verdient hat und dass mir das völlig gleichgültig ist. Es ist also wichtig, sich einzugestehen, in einem sensiblen Punkt berührt zu sein, und nicht das Gegenteil zu behaupten. In vielen Situationen möchte unsere Eigenliebe über gewissen emotionalen Reaktionsmustern stehen – das ist ja schon einmal gar nicht so schlecht! – weshalb wir Tendenzen haben, diese Reaktionen abzulehnen. Es gilt also, uns nicht zu belügen, nur um des guten Image willen, das wir von uns bewahren wollen.

- *Voll und ganz wahrnehmen.* Wir können sagen: »Ich weiß sehr wohl, dass ich genervt bin«, aber eigentlich bleibt dieses Bewusstsein sehr oberflächlich. Das ist die Falle, in die wir häufig tappen. Wenn wir sagen: »Ich weiß sehr wohl«, entscheiden wir uns nicht für die Emotion, sondern übergehen sie, ohne sie wirklich auszuleben. Wir werden von ihr in Beschlag genommen, ohne uns wirklich bewusst zu werden, was sich durch diese Emotion psychisch und physisch in uns verändert. Wir stehen in ihrem Bann und können das nicht einschätzen.

  Festzustellen, dass man genervt und böse ist, muss uns zu der Momentaufnahme führen: Wenn ich so stark reagiere, wurde bei mir ein sensibler Punkt berührt, welcher? Ich nehme wahr, dass für sie ihre materiellen Sorgen mehr zählen als das, was mir am Herzen liegt, also mehr als ich. Zudem hatte sich diese Situation wiederholt, was erklärt, dass ich böse war. Ich bin dadurch verletzt und teilweise tief gedemütigt, wenn ich so etwas sehen muss nach all diesen Geschichten von einkaufen gehen und Schränke umräumen. Je mehr ich mich diesem sensiblen Punkt nähere, desto stärker wandelt sich die Wut in Traurigkeit. Hinter meiner Gereiztheit habe ich Mühe zu verstehen, dass meine Partnerin die Wichtigkeit dessen, was ich ihr mitteilen will, einfach nicht wahrnimmt. Und dann, wenn ich genauer hinschaue, werde ich gewahr, dass ich mich dabei nicht gut fühle, denn ich weiß, dass ich sie angegangen habe, dass ich nichts von ihrer Meinung hören und ihr nur widersprechen wollte, so sehr hatte mich die Wut im Griff. Jetzt spüre ich voll und ganz die Nähe zur Fülle der Gefühle, die von dieser Situation ausgelöst wurden. Ich habe meine Emotionen identifiziert, ich spüre sie, ich sehe, wo es wehtut.

- *Loslassen.* Ich beginne mich zu entspannen, und es kommt der Augenblick, in dem Loslassen willkommen wäre. Loslassen? Was denn loslassen? Den Gedanken, dass ich zwangsläufig recht habe, dass meine Erwartung Vorrang hatte und folglich sie im Unrecht war und sehr wohl Vergeltung verdient hatte. Auch dass ich mich nicht auf die Interpretation versteife, die behauptet, sie sorge sich mehr um Materielles als um mich. Ist das zu 100 Prozent sicher? Nein. Ich bin lediglich sicher, dass sie nicht dafür bereit war, was ich ihr sagen wollte, und dass ich diese Situation negativ erlebt und mich verletzt gefühlt habe.

- *Zugeben, dass ich nicht weiß.* Loslassen impliziert anzuerkennen, dass ich etwas nicht weiß und einen Großteil der Elemente, die zu dieser Szene beigetragen haben, gar nicht kenne. Meine Ansicht ist auf nur eine Ansicht beschränkt. Das wirklich anzuerkennen, bringt mich dazu, den schroffen und keinen Widerspruch duldenden Ton der Wut aufzugeben und eine offenere

Haltung einzunehmen. Akzeptanz wird erst dann möglich, wenn ich sehe, dass es nicht unbedingt notwendig ist, alle erdenklichen Umstände zu verstehen, um anzunehmen.

- *Annehmen, um zu verstehen.* Oft wollen wir vor allem verstehen, bevor wir annehmen. Aber wenn man annimmt, ergibt sich daraus das Verstehen wie von selbst.

- *Wahrnehmen statt denken.* Je länger ich über die Situation grüble, desto weniger gelingt es mir anzunehmen. Wenn ich mich jedoch dafür interessiere, was ich in meinem Körper und in meinem Herzen wahrnehme, fällt es mir leichter: Ich spüre den Druck auf der Brust, die Spannung in den Armen und Beinen, die Verkrampfung des Gesichts, mein emotionales Erleben. Ich lasse diese Wahrnehmungen sich entfalten, indem ich sie annehme und mich so gut wie möglich entspanne.

- *Entscheiden statt ertragen.* Damit das Annehmen befreiend und fröhlich wird, muss es als echte Entscheidung erlebt werden, und zwar positiv: Es ist leicht zu verzichten, auf die passive Art zu akzeptieren, also halbherzig – gut, das ist halt so ... meine Partnerin ist so ... – Aber in diesem Fall besteht die Gefahr, dass man von dieser Halbherzigkeit entsprechend enttäuscht wird.

- *Eine Herausforderung und eine Chance sehen.* Ich kann mich leichter aktiv für diese Situation als Herausforderung entscheiden, denn sie ist gleichzeitig eine Chance. Sie fordert mich heraus, weil sie meine Erwartung enttäuscht: Finde ich Mittel und Wege, um die Gelegenheit zum Annehmen beim Schopf zu packen, oder wiederhole ich – wie zu erwarten war – einmal mehr den Ehekrach? Sie bietet mir die Chance, mich zu öffnen, die Oberflächlichkeit hinter mir zu lassen und das Feld meiner Möglichkeiten zu erweitern.

- *Öffnung zu Kreativität und Unvorhersehbarkeit.* Diese Haltung, die eine Herausforderung identifiziert, bringt mich zu Neuem, zu Unvorhersehbarem. Ich weiß nicht, was aus mir herauskommt, ich werde es gleichzeitig mit meiner Partnerin entdecken – das wird spannend. Ich habe Vertrauen in die Intelligenz des Herzens, die ihren Weg finden wird, ohne dass ich mir den Kopf über irgendeine Strategie zerbrechen muss. Während der Verstand Fronten aufstellt (ich habe recht/sie hat unrecht), integriert das Herz die gegensätzlichen Ansichten, indem es uns beide in seine wohlwollende Sichtweise einbezieht: Wie eine Mutter, die streitende Kinder mit gleicher Liebe umgibt. Ich vertraue auf den Körper, der seine eigenen Antennen und seine eigene instinktive Intelligenz hat.

- *Sich der Entspannung überlassen.* Annehmen hat bewirkt, dass ich mich körperlich entspannen kann. Ich kann noch weiter in diese Richtung gehen, indem ich die Bauchatmung einsetze, den Bauch in Bewegung bringe und Energie in Fluss und in Umlauf bringe. Sich so zu mobilisieren, schafft sinnliches Vergnügen und man spürt nach all diesen Gefühlsregungen auch noch intensiver das Pulsieren des Lebens. Je besser ich mich körperlich fühle, desto lebendiger ist meine Antwort.

- *Mich voll und ganz einbringen.* Kopf, Herz und Körper nehmen gemeinsam an dieser Alchemie teil, die einen genervten und aggressiven Menschen zu einem liebevollen Menschen wandelt – zunächst liebevoll mit sich selbst, dann auch mit anderen. Ja, der Prozess fordert meine Teilnahme mit ganzem Herzen. Nichts darf weggelassen oder vermieden werden. Liebe verlangt diese Ganzheit der völligen Hingabe, die mich dabei erfüllt.

- *Auf die Situation antworten.* Auf diesem fruchtbaren Boden entwickelt sich die Antwort ganz natürlich. Sie sieht nicht nur meine persönliche Sicht, sondern bezieht die ganze Situation ein. Die Wandlung bleibt nicht bei einer Wandlung des emotional Erlebten stehen, ihr Erfolg wird durch Handeln konkret, ein Handeln, das die Einheit mit dem anderen und der Situation ausdrückt. Liebe ist die Antwort auf das, was mein Leben jetzt von mir verlangt. Der Egozentrik werden die Scheuklappen genommen und es öffnet sich der Blick auf die Situation, in der ich – wie die anderen auch – zu einem gleichberechtigten Element werde.

Dieser gesamte Prozess bleibt sehr diskret, sucht nicht spektakulär nach Glitzereffekten, Glorienschein oder bunten Regenbogen! Die Entspannung in der Akzeptanz führt zu Einfachheit und Gleichmaß. Das ist die Exaktheit der Liebe, genau, was gefordert wird, nicht mehr und nicht weniger. Ich fühle mich eng mit dem verbunden, was mich umgibt, entsprungen aus derselben Wahrheit.

Ich komme auf mein Beispiel zurück und frage: »Was ist aus meiner anfänglichen Verärgerung geworden?« Der innere Weg der Wut bis zum sensiblen Punkt sowie die Öffnung und Entspannung haben meinen Zustand verändert. Ich sehe nun uns beide versunken in das besondere Anliegen – die Wahrheit des Unterschieds! »Wenn Sie den Unterschied sehen, werden Sie eins.«[80]

Ich sehe auch, dass bei mir Leiden entsteht, wenn ich das Unvermögen meiner Partnerin als gegen mich gerichtet sehe. Dieses Leiden tritt in Form von Aggressivität auf und will ausgelebt werden, indem ich meine Partnerin verletze. Das entfernt mich im Moment, in dem ich ihr nah sein wollte, noch mehr von ihr. Wenn ich jedoch wahrnehme, was uns eint, wird ihr momentanes Unvermögen als kleine Panne am Wegesrand gesehen, die ohne großen Wirbel, ja sogar mit Humor erlebt werden kann.

Liebe wurde zur Herausforderung und nährt sich paradoxerweise aus dieser Schwierigkeit: Liebe ich mich selbst ausreichend, um diese Situation nicht als Angriff gegen mich aufzufassen? Liebe ich meine Partnerin so, wie sie ist, ausreichend, um mich ihr zu öffnen? Es geht keinesfalls darum, eine Empfindung entschlossen zu erzwingen, sondern um den völligen Perspektivenwechsel: *Der Übergang vom Standpunkt des Ego zur Wahrnehmung dessen, was ist.*

Das Ego hat sich auf einen Aspekt fokussiert und dabei die unendliche und unermessliche Weite der Realität darauf eingeengt, dass meine Partnerin in dieser Situation für mich nicht begreifbar war. Das, was ist, kann definiert werden, kann sich auf ein Ereignis beziehen – das ist das Geheimnis des Lebens. Davor darf sich das Ego nicht fürchten, im Gegenteil, es muss sich von diesem Geheimnis aufnehmen lassen und mit ihm verschmelzen.

Die Liebe reißt es also in ihrem Strom mit und bringt dabei gleichzeitig mein Problem zum Verschwinden. Kein Ego mehr, kein Problem mehr! Kein Ego mehr heißt jedoch nicht, es zu beseitigen, sondern vielmehr zu erkennen, dass genau das Ego der Unruhestifter ist, wie der Dieb, der ruft »Haltet den Dieb!«, um die Aufmerksamkeit abzulenken. Man muss nur von ihm verlangen, sich nicht mehr einzumischen und diskret zu verschwinden. Es gibt vor, meinen Interessen bestens zu dienen, obwohl sein Ungeschick, seine engstirnige Sichtweise, seine Verletzlichkeit und Gier das alles eigentlich konterkarieren und mir schaden.

Die Emotion war während des gesamten Prozesses – vom Leiden zum Schmerz, vom Schmerz zur Empfindung – der rote Faden bei der Wandlung. Das emotionale Empfinden ist Schauplatz und Bote zugleich. Es ermöglicht uns zu beobachten, wie wir uns positioniert haben, wenn wir parallel dazu die vier Positionen – *nur ich, ich und die anderen, die anderen und ich, nur die anderen* – eingenommen haben. Im vorangegangenen Beispiel können wir sie leicht ausfindig machen. Hier stößt *nur ich* auf die Existenz des anderen, um ihn schließlich einzubeziehen und sich ihm nicht mehr zu widersetzen. *Nur die anderen* heißt nicht nur meine Partnerin, sondern bezieht die Gesamtheit der

Situation ein, und zwar nur so, wie sie ist, ohne Einmischung des Ego, ohne mich und meine Kommentare. *Nur die anderen* drückt einfach aus, dass ich den Schauplatz verlassen habe: die Instanz, die sich dazwischen stellt, urteilt, vergleicht, ablehnt und klammert, ist verschwunden und der direkte Kontakt zum Leben ist entstanden. *Nur die anderen* ist: nur Leben, nur bedingungslose Liebe.

Epilog
Eine Meditation zur Wandlung
des emotionalen Schmerzes

Um Ihre Emotion anzunehmen, müssen Sie ihr im Inneren Raum schaffen.

Dazu nehmen Sie eine stabile Sitzhaltung ein, je nach Beweglichkeit entweder im Schneidersitz oder auf einem Stuhl. Richten Sie die Wirbelsäule auf. Etablieren Sie sich in dieser Position und spüren Sie, wie die Füße auf dem Boden und der untere Teil des Körpers auf Stuhl oder Kissen verankert sind. Ihr Rücken muss gerade und aufrecht sein, um sich vertikal zu strecken. Das ist die stabile Basis, auf der sich die Wirbelsäule als zentraler Pfeiler aufrichtet, das Gerüst, das Halt gibt und sich während der gesamten Übung nicht bewegen sollte.

Nach diesem ersten Schritt können Sie alle überflüssigen körperlichen Spannungen loslassen, was innerlich befreit und Raum schafft. Der emotionale Schmerz begibt sich in Ihrem Kopf auf die Suche nach Lösungen, die den Schmerz beenden wollen. Halten Sie Ihren Geist davon ab, abzuschweifen, regen Sie ihn an, loszulassen, sich auszuruhen und nichts mehr – was auch immer – zu suchen, bis Sie im Kopf einen Raum wahrnehmen, bis Ihr Kopf im eigentlichen und übertragenen Sinn atmet:

Spüren Sie bei der Einatmung die frische Luft durch die Nase direkt zu Ihrem Schädeldach strömen und lüften Sie dieses wie ein Zimmer, in dem Sie das Fenster öffnen. Die Ausatmung schafft die eingesperrten mentalen Verspannungen aus dem Kopf.

Verfahren Sie so auch mit dem Brustkorb, spüren Sie die Herzregion und weiten Sie diesen Raum, den die emotionale Spannung einengen will, mithilfe der Ein- und Ausatmung.

Auch der Bauch ist ein wertvoller »Empfangsraum«: Entspannen Sie Ihr Zwerchfell, indem Sie mehrmals tief durch den Mund ausatmen und so der Atmung ermöglichen, in Richtung Becken zu gehen.

Nun sind Sie bereit, eine schmerzhafte Gefühlsregung anzugehen. In diesem ruhigen und bedächtigen inneren Rahmen fragen Sie sich nun so genau wie möglich, was Sie schmerzt, was Sie am stärksten reagieren lässt. Finden Sie die Worte, die in Ihnen genau das, was Sie spüren, hervorrufen – genau das ist es –, und Sie haben den sensiblen Punkt gefunden. Sie erkennen ihn an der Tatsache, dass die Emotion zustimmt und der Körper reagiert. Spüren Sie dieser Emotion einen Augenblick nach, einfach so, ohne etwas zu tun, damit sich die Dinge selbst klären.

Fragen Sie sich dann, was Sie vielleicht in dieser Situation benötigen, aber ohne die Situation zu verändern. Zum Beispiel: Ich habe Angst zu sterben, weil bei mir Krebs festgestellt wurde. Ich könnte denken: Ich brauche, dass man mir sagt, dass dies ein Irrtum war und ich nicht krank bin. – Nein, es geht darum, mich zu fragen, was ich – an diesem Krebs leidend – brauche: Einen mir nahe stehenden Menschen, der mich mit seiner Liebe einhüllt und mir Mut macht, einen Arzt, zu dem ich Vertrauen haben kann. Dann, wenn dieser Wunsch an die Außenwelt erkannt worden ist, fragen Sie sich erneut, was Sie bräuchten, aber diesmal von sich.

In diesem Beispiel könnte ich sehen, dass ich mich nicht von meiner Panik treiben lassen muss, keine schwarzen Gedanken im Kopf beherbergen sollte. Ich könnte auch sehen, dass ich einer der größten Prüfungen meines Lebens begegne und voll und ganz bei mir sein muss, all meine Lebensenergie, meinen Instinkt, meine Intuition, meine Intelligenz in Anspruch nehmen muss. Ich könnte auch sehen, dass ich mich mit der Perspektive des Todes vertraut machen muss, den ich – gegen jede Vernunft – bis jetzt in eine ferne Zukunft verbannt habe. Nicht im Sinne eines Fatalismus – ich habe Krebs, ich werde sterben –, sondern als eine Wahrheit, die man annehmen kann. Die Tatsache, dass die Wahrscheinlichkeit des Todes größer wird, dient mir dazu zu erwägen, ob meine Art zu leben wirklich meinem tiefen, sehnsüchtigen Verlangen entspricht. So kann ich sehen, dass ich gewisse Dinge nicht mehr unbeachtet lassen darf, wie meinen Körper, wichtige Beziehungen, mein Innenleben und so weiter.

Diese Frage nach meinen eigentlichen Bedürfnissen ist ein wichtiger Moment. Aufmerksames In-sich-Hineinhören ermöglicht das kreative Aufblühen einer neuen Sichtweise, völlig offen gegenüber dem, was aus meinem Innersten kommt – einschließlich der Wahrheiten, die mich stören. Das entsteht auf der Basis einer Vereinigung um dieses schwierige Ereignis herum. Es kann sein, dass mir eine Idee zu konkretem Handeln in den Sinn kommt, an die ich überhaupt nicht gedacht hatte, aber ich versuche, sie nicht aktiv herbeizuführen. Ich lasse die Dinge von selbst kommen, und zwar durch Entspannung und Öffnung.

Dank

Ich danke allen, die mir ihr Vertrauen geschenkt haben, sie auf ihrem Weg zu begleiten. Die Erfahrung mit ihnen hat zur Entstehung dieses Buchs beigetragen und die beiden Hauptpersonen geschaffen.

Mein Dank geht an Geneviève Imbot-Bichet, meine Frau Muriel und an Pascale Senk für ihre wertvollen Ratschläge zur abschließenden Gestaltung des Manuskripts.

Quellenangaben und Endnoten

1. Swami Prajnanpad, ABC d'une sagesse, Paris, La Table Ronde, 1998, Seite 95 [Anmerkung der Übersetzerin: deutsch »Das ABC der Weisheit«].

2. Swami Prajnanpad, mündlich überliefert (Arnaud Desjardins).

3. Swami Prajnanpad, ABC d'une sagesse, op. cit., Seite 59.

4. Swami Prajnanpad, ABC d'une sagesse, op. cit., Seite 59.

5. Ebenda, Seite 95.

6. Ebenda, Seite 97.

7. »Die Wachenden haben eine einzige und gemeinsame Welt, doch von den Schlafenden ist jeder in seine eigene Welt abgewandt«, Heraklit. »Ihr lebt nicht in der Welt, sondern immer in eurer Welt; denn ihr wollt immer in der Welt leben, die euch gefällt«, Swami Prajnanpad, ABC d'une sagesse, op. cit., Seite 70.

8. Ebenda, Seite 96.

9. Swami Prajnanpad, mündlich überliefert (Arnaud Desjardins).

10. Swami Prajnanpad, mündlich überliefert (Arnaud Desjardins).

11. Swami Prajnanpad, La vérité du bonheur. Lettres à ses disciples (III), Paris, Éditions Accarias-L'Originel, 1990, Seite 23 [Anmerkung der Übersetzerin: deutsch »Die Wahrheit des Glücks. Briefe an seine Schüler (III)«].

12. Swami Prajnanpad, mündlich überliefert (Arnaud Desjardins).

13. Dito.

14. Swami Prajnanpad, ABC d'une sagesse, op. cit., Seite 95.

15. Ebenda, Seite 24.

16. Ebenda, Seite 111.

17. Ebenda, Seite 139.

18. Ebenda, Seite 125. Die wörtliche Übersetzung lautet: »Alles hängt von der Art und Weise ab, auf die Sie Dinge empfangen, und nicht von dem, was Ihnen von außen gegeben wird.«

19. Swami Prajnanpad, De la sérénité: »Ananda-Amrita«. Paris, Éditions Accarias-L'Originel, 2011, Seite 44 [Anmerkung der Übersetzerin: deutsch »Von der heiteren Gelassenheit: ›Ananda-Amrita‹«].

20. Swami Prajnanpad, ABC d'une sagesse, op. cit., Seite 61.

21. Ebenda, Seite 115.

22. Ebenda, Seite 29.

23. Ebenda, Seite 20.

24. Ebenda, Seite 70.

25. Ebenda, Seite 64.

26. Arnaud Desjardins, mündlich überliefert.

27. Swami Prajnanpad, mündlich überliefert (Arnaud Desjardins).

28. Swami Prajnanpad, De la sérénité: »Ananda-Amrita«, op. cit., Seite 28.

29. Ebenda, Seite 17.

30. Swami Prajnanpad, mündlich überliefert (Arnaud Desjardins).

31. Swami Prajnanpad, La vérité du bonheur. Lettres à ses disciples (III), op. cit., 1990, Seite 19.

32. Swami Prajnanpad, mündlich überliefert (Arnaud Desjardins).

33. Arnaud Desjardins, Le védanta et l'inconscient. À la recherche du soi, Paris, La Table ronde, 1978, Seite 191 [Anmerkung der Übersetzerin: deutsch »Vedanta und das Unterbewusstsein. Auf der Suche nach dem Selbst«].

34. Swami Prajnanpad, mündlich überliefert (Arnaud Desjardins).

35. Swami Prajnanpad, ABC d'une sagesse, op. cit., Seite 13.

36. Swami Prajnanpad, De la sérénité, op. cit., Seite 88.

37. Arnaud Desjardins, Le védanta et l'inconscient, op. cit., Seite 212.

38. Ebenda, Seite 217.

39. Ebenda, Seite 221.

40. Ebenda, Seite 205.

41. Ebenda, Seite 213.

42. Ebenda, Seite 195.

43. Swami Prajnanpad, mündlich überliefert (Arnaud Desjardins).

44. Mündlich überliefert. Dieser Satz geht auf einen orthodoxen Mystiker zurück.

45. Arnaud Desjardins, Le védanta et l'inconscient, op. cit., Seite 234.

46. Zur Prägung durch die Geburt und ihre Folgen im Leben des Erwachsenen siehe mein Buch »Le bébé et l'amour«, Paris, Aubier, 1996 [Anmerkung der Übersetzerin: deutsch »Das Neugeborene und die Liebe«].

47. Swami Prajnanpad, La vérité du bonheur, op. cit., Seite 53.

48. Arnaud Desjardins, Le védanta et l'inconscient, op. cit., Seite 191.

49. Swami Prajnanpad, Collected Letters, Band I: Lettre à Daniel Roumanoff, Neu Delhi, Adhikarilal Sadh, 1981, Seite 53.

50. Ebenda, Seite 53.

51. Swami Prajnanpad, De la sérénité, op. cit., Seite 89.

52. Swami Prajnanpad, La vérité du bonheur, op. cit., Seite 41.

53. Swami Prajnanpad, L'art de voir. Lettres à ses disciples (I), Paris, Éditions Accari-as-L'Originel, 1989, Seite 24 [Anmerkung der Übersetzerin: deutsch »Die Kunst des ›Sehens‹. Briefe an seine Schüler (I)«].

54. Swami Prajnanpad, La vérité du bonheur, op. cit., Seite 19.

55. Swami Prajnanpad, L'art de voir, op. cit., Seite 177.

56. Swami Prajnanpad, ABC d'une sagesse, op. cit., Seite 99.

57. Swami Prajnanpad, mündlich überliefert (Arnaud Desjardins).

58. Swami Prajnanpad, ABC d'une sagesse, op. cit., Seite 46.

59. Daniel Roumanoff, Psychanalyse et sagesse orientale, Paris, Éditions Accarias-L'Originel, 1996, Seite 108 [Anmerkung der Übersetzerin: deutsch »Psychoanaly-se und fernöstliche Weisheit«].

60. Swami Prajnanpad, mündlich überliefert (Arnaud Desjardins).

61. Swami Prajnanpad, ABC d'une sagesse, op. cit., Seite 127.

62. Swami Prajnanpad, La vérité du bonheur, op. cit., Seite 58.

63. Mündlich überliefert.

64. Swami Prajnanpad, De la sérénité, op. cit., Seite 265.

65. Ebenda, Seite 207 und Seite 84–85.

66. Swami Prajnanpad, ABC d'une sagesse, op. cit., Seite 126.

67. Sumongal Prakash, L'Expérience de l'unite. Dialogues avec Swami Prajnanpad, Paris, Éditions Accarias-L'Originel, 1986, Seite 453–454 [Anmerkung der Über-setzerin: deutsch »Die Erfahrung von Einheit. Dialoge mit Swami Prajnanpad«].

68. Arnaud Desjardins, Le Védanta et l'inconscient, op. cit., Seite 227.

69. Ebenda, Seite 221.

70. Tantrismus ist eine Strömung im Hinduismus und Buddhismus, die bewusste Erfahrung des Lebens (»bhoga«) statt Verzicht predigt, um sich von der Abhän-gigkeit des Verlangens zu befreien.

71. Swami Prajnanpad, La Vérité du bonheur, op. cit., Seite 21.

72. Swami Prajnanpad, ABC d'une sagesse, op. cit., Seite 42.

73. Swami Prajnanpad, mündlich überliefert (Arnaud Desjardins).

74. Swami Prajnanpad, ABC d'une sagesse, op. cit., Seite 81.

75. Swami Prajnanpad, L'art de voir, op. cit., Seite 181.

76. Swami Prajanpad, De la sérénité, op. cit., Seite 44.

77. Swami Prajnanpad, ABC d'une sagesse, op. cit., Seite 126.

78. Swami Prajnanpad, mündlich überliefert (Arnaud Desjardins).

79. Dito.

80. Swami Prajnanpad, ABC d'une sagesse, op. cit., Seite 127.

Über den Autor

Christophe Massin, geboren 1953, Psychiater und Psychotherapeut, seit 1983 in eigener Praxis in Paris. Er hat sich vor allem auf die »innere Arbeit« beim Menschen und den Umgang mit Emotionen spezialisiert. Autor zahlreicher Werke zu folgenden Themenkreisen: Gefühlswelten, Stress im Beruf, Schwangerschaft und Geburt. Für die französische Originalausgabe von »Lieben oder leiden« – »Souffrir ou aimer« – erhielt er 2014 in Frankreich den »Prix Psychologies-Fnac du meilleur essai«.

Weitere Werke des Autors:
Moins d'ego, plus de joie! Un chemin de liberté, Paris,
collection »Points Vivre« éditions du Seuil 2019.

Une vie en confiance. Dialogues sur la peur et autres folies, Paris,
Odile Jacob 2016.

L'enjeu: soigner sans s'épuiser, mit Isabelle Sauvegrain,
Paris, Doin 2014.

Réussir sans se détruire. Des solutions au stress du travail,
mit Isabelle Sauvegrain, Paris, Albin Michel, 2006.

Swami Prajnanpad et les lyings, mit Éric Edelmann
und Olivier Humbert, Paris, La Table Ronde, 2000.

Vous qui donnez la vie, Paris, Aubier-Flammarion, 2001.

Le bébé et l'amour, Paris, Aubier, 1997.

Die Übersetzerin

Sabine Ecker, geboren 1972, studierte in Lausanne und Heidelberg und schloss ihr Studium als Diplomübersetzerin für Französisch und Spanisch ab. Seit 1998 ist sie beeidigt und Fachübersetzerin sowie Lektorin für medizinische, komplementärmedizinische, psychologisch-psychotherapeutische, technische und juristische Texte. Nach Ausbildung und Zulassung zur Heilpraktikerin ist sie in beiden Funktionen seit 2002 in München niedergelassen.